KB127614

고수의
공부법,
메타센스

고수의 공부법, 메타센스
ⓒ 박동호, 2016

초판 1쇄 2016년 11월 24일 찍음
초판 1쇄 2016년 11월 30일 펴냄

지은이 ㅣ 박동호
펴낸이 ㅣ 이태준
기획 · 편집 ㅣ 박상문, 박효주, 김환표
디자인 ㅣ 최진영, 최원영
마케팅 ㅣ 박상철
인쇄 · 제본 ㅣ 대정인쇄공사

펴낸곳 ㅣ 북카라반
출판등록 ㅣ 제17-332호 2002년 10월 18일

주소 ㅣ (121-839) 서울시 마포구 서교동 392-4 삼양E&R빌딩 2층
전화 ㅣ 02-325-6364
팩스 ㅣ 02-474-1413

www.inmul.co.kr ㅣ cntbooks@gmail.com

ISBN 979-11-6005-008-0 03370

값 14,000원

북카라반은 도서출판 문화유람의 브랜드입니다.
저작물의 내용을 쓰고자 할 때는 저작자와 북카라반의 허락을 받아야 합니다.
파손된 책은 바꾸어 드립니다.

이 도서의 국립중앙도서관 출판예정도서목록(CIP)은 서지정보유통지원시스템 홈
페이지(http://seoji.nl.go.kr)와 국가자료공동목록시스템(http://www.nl.go.kr/
kolisnet)에서 이용하실 수 있습니다. (CIP제어번호 : CIP2016027951)

고수의 공부법, 메타센스

온몸의 공부감각을 일깨우는
핵심 공부기술

박동호 지음

북카라반
CARAVAN

세상은
고수에게는 놀이터
하수에게는 생지옥

"세상은 고수에게는 놀이터요, 하수에게는 생지옥이야."

영화 〈신의 한수〉에 나오는 대사입니다. 공부의 세계도 마찬가지입니다. 공부 고수에게는 이 세상이 놀이터고 공부 하수들에게는 피하고 싶은 생지옥입니다.

소중한 아이들이 한 번뿐인 삶을 사는 동안 이 세상이 생지옥이아닌 멋진 놀이터이기를 부모인 우리는 누구나 바라고 있습니다. 아이들의 인생이 아름다운 소풍이 되기를 바랍니다.

이 책은 15년간(전공까지 20여 년) 현장에서 발견한 완성도 높은 공부방법으로, 아이들이 노력한 만큼 최고의 공부 고수가 될 수 있는 방법을 연구해온 교육공학 및 공부공학 전문가의 결과물입니다. 대치동과 목동의 다수의 학생이 이루어낸 최고의 결과에 기반을 두고 더 많은 학생에게 좋은 공부의 기회를 주고자 이 책을 집필하게 되었습니다.

이 책은 최고의 공부방법을 모색하고, 공부에 도움이 되는 독서법을 찾는, 그리고 아이의 변화에 관심이 많은 학부모와 전문가들을 위한 책입니다. 부모와 교육자들이 타인에게 아이 운명을 맡기지 말고 올바른 기준을 갖고 아이들을 지도해가기 바랍니다.

메타센스meta-seuse는 메타생각과 공부센스의 합성어입니다. 오감을 넘은 육감, 제7의 지능이자 감각으로 이해해주시면 좋겠습니다. 메타센스는 메타인지가 아닙니다. 필자가 재정의한 개념이자 철학이며 공부 도구입니다.

메타센스의 **메타**meta는 기존의 생각의 생각으로서 자신의 생각을 점검하고 조절하는 상위인지인 메타인지와 어원적 의미를 살려 보다 실용적으로 만든 메타생각(현재 생각보다 한 단계 상위에서, 전체적으로 지식과 지식, 생각과 생각, 감정과 감정 사이에 숨어 있는 의미, 의도를 파악하고 상호 간의 관계와 변화의 전체 과정을 파악하려는 **의지적 상위 시스템 사고**이며, 반복적으로 지나간 과정을 반성하고 현재 과정을 높은 곳에서 고찰하며 미래를 예측하면서 지식과 정서, 인지 도구 등을 이용해 목표를 달성하기 위해 태도와 전략을 점검 생성 조절하는 **자기주도적 발전 성찰사고**)의 복합개념입니다. 메타생각은 이성 및 인지의 최고 경지의 사고로서 환경 변화에 대응하고 새로움을 창조하는 강력한 시고도구입니다.

메타센스의 **센스**sense는 공부의 핵심 원리와 실제 경험이 하나가 되었을 때 느낄 수 있는 복합 감각입니다. 공부는 인지를 넘어 감각의 영역으로 가야 최고의 경지에 이를 수 있습니다. 어느 분야든 최고의 경지는 센스입니다. 센스는 말로 형언할 수 없는 최상의 고수만 가지고 있는 완벽한 공부 경험과 성공적인 논리의 복합 감각입니다. 아이들은 공부가 된다는 느낌이 오면 누구나 변화하기 시작하고feeling, 완벽한 공부를 경험하면 최고가 됩니다sense. 최고가 된 아이들은 새로운 긍정적인 미래, 창조적인 미래를 꿈꾸며 기적을 향해 달려갑니다.

메타센스 능력이 인지능력인 정보처리, 문제해결, 의사결정 및 의사소통 기술을 만나고 비인지능력인 자기조절력, 자기동기력과 만나면 최고의 고수가 될 수 있습니다. 메타센스는 인지를 뛰어넘는 공부감각을 훈련시켜 문제해결 능력을 극대화하는 신개념 공부법입니다. 고수의 학생들에게는 마지막 1~2퍼센트 부족한 부분을 채워 완벽한 균형을 잡아주고 하수의 학생들에게는 고수가 되는 방향과 길의 안내자가 되어 일등을 더 강력하게, 꼴찌에게는 일등의 희망을 줄 것입니다. 여러분에게 메타센스가 '신의 한수'가 되길 희망합니다.

이 모든 것 허락해주신 하나님께 진심으로 감사드립니다. 이 책을 쓰게 된 계기와 힘이 되어 준 모든 분에게 감사드립니다. 특히 이 책을 시작하는 결정적 계기와 힘이 되어주었던 멋진 친구에게 감사드립니다. 이 책을 읽는 모든 독자에게 감사드립니다. 공부 감각을 글

로 풀어내는 순간 감각이 사라진다는 느낌을 받습니다. 사라진 감각
은 현장에서 실천하며 고민해 볼 때 다시 살아나리라 믿습니다.

2016년 하늘이 열리는 날

박동호 목동 연구실에서

박동호

1부 이론 편 – 이젠 진짜가 필요하다

★ ★ ★

1장 진짜 공부 전문가는 다르다

2장 성공하는 자녀의 학습설계는 다르다

3장 진짜 진로지도는 다르다

5장 수준별 공부 기술은 다르다

8장 공부 트레이닝

9장 독서 트레이닝

1부

:

이젠 진짜가 필요하다

1장

★ ★ ★

진짜 공부 전문가는 다르다

Metacognition, Metathinking, Metasense

왜 우리 아이들은 죽도록 공부하지 않는가?

왜 중·고등학생이 되면 대다수 학생이 교실에서 자고 있을까요? 왜 그들은 미래를 포기하고 학교와 학원의 들러리가 될까요? 최상위 5퍼센트의 학생들은 공부를 잘 합니다. 공부를 잘 하니까 점수가 나오죠. 점수가 나오면 약속된 미래가 선명히 보이고 눈앞에 꿈이 현실로 이루어지는 것 같습니다. 이들은 기꺼이 미래를 위해 현재의 공부에 몰입합니다. 자신들이 하는 만큼 공부가 되고 점수가 나오니까 재미도 있고, 친구와 선생님, 어른들에게 인정을 받습니다. 이기는 게임을 왜 포기하겠습니까? 그리고 얼마나 재미있겠습니까? 이들은 말합니다. 공부가 가장 쉽다고. 이들은 공부의 고수이자 수업 시간의 주인공입니다.

하위 80퍼센트의 학생들도 학년이 바뀔 때면 나름 한 번씩 공부를 해 봅니다. 하지만 이들은 여러 가지 이유로(배경지식 부족, 이해력과 기억력 부족 등) 공부가 잘 안 됩니다. 재미도 없고, 귀찮아 공부를 미루거나 포기합니다. 점수는 당연히 나오지 않습니다. 미래도 보이지 않습니다. 어차피 20대 이후의 생은 깜깜합니다. 미래가 보이지 않습니다. 인정받지 못하고 고생할 텐데 어떻게든 되겠지, 지금 학창시절이라도 자신이 해보고 싶은 것을 마음껏 해보자고 공부 이외에 자신이 인정받을 수 있는 것에 눈을 돌립니다. 외모가 멋진 학생은 이성친구를 사귀어 자랑하고, 운동을 잘하는 친구는 운동으로 스트레스를 풀고 자존감을 보상받습니다. 힘 센 친구는 힘을 내세워 권력을 누리려 합니다. 이런 학생들은 쉬는 시간에 주인공이 되고, 수업 시간에는 들러리가 됩니다.

가장 불쌍한 학생들이 있습니다. 바로 상위 5퍼센트와 하위 80퍼센트 사이에 있는 상위 15퍼센트, 즉 반에서 3등에서 10등을 하는 학생들입니다. 이 학생들은 시험 기간에는 최상위권 학생들보다 더 열심히 공부합니다. 하지만 평소에는 집중을 잘 못 합니다. 왜일까요? 공부를 안 해도 하위권 학생들은 자신을 쫓아오지 못하고, 공부를 해도 최상위권 학생들을 이길 수 없기 때문입니다. 공부도 놀기도 어정쩡하게 합니다. 이것도 저것도 아닌 거죠. 이 학생들은 공부도 잘하고 놀기도 잘하는 최고의 학생들을 부러워합니다. 하지만 최상위권 학생들을 따라잡는 것은 불가능하거나 아주 어렵다고 생각합니다. 평소 공부와 놀기 중에 좀더 쉽게 흉내 낼 수 있는 놀기 쪽에 관심을 가집니다. 이 친구들이 최상위권 학생들은 따라잡을 수 있다는 확신만 있다면 이렇게 하지 않을 텐데 안타깝습니다.

어설픈 상위 15퍼센트 학생들은 위아래로부터 공격을 받습니다. 하위권 학생은 시간이 날 때마다 친구들을 유혹합니다. 조금이라도 더 많은 사람이 공부 외의 다른 길을 가면 더 마음이 가벼워지기 때문에 자신들과 함께하면 친구, 아니면 적으로 간주합니다. 어떻게든 상위 15퍼센트 학생들을 하위권으로 끌어내리려는 의도하지 않은 음모를 펼칩니다. 더 무서운 학생들이 있습니다. 최상위권 중에서 공부도 잘하고 놀기도 잘하는 학생들입니다. 소위 '엄친아'라고 하죠. 부모는 자녀가 공부를 잘하는 친구들과 어울리기를 바랍니다. 과도하게 특출한 아이들의 패턴에 맞추는 것은 오히려 더 큰 비극의 시작이 될 수도 있습니다.

엄친아들은 자신들의 절대 실력을 통해 15퍼센트의 친구들에게 좌절감을 주는 것은 물론, 의도하지 않게 다른 아이들의 공부를 방해합니다. 100미터 달리기를 하는데 나는 20미터 달리고 있는데 상대방이 50미터 달리고 있거나, 축구경기 전반전 10분 지났는데 5:0으로 지고 있으면 그 게임 계속 하고 싶겠습니까? 또 함께 공부하다 보면 '애매아'들은 끓는 물속의 개구리처럼 서서히 무너질 수도 있습니다. 머리도 좋고 공부도 잘하는 엄친아와 아직은 공부의 틀이 갖추어져 있지 않은 어설픈 애매아는 공부를 시작할 때 서로 다른 양상을 보입니다. 엄친아는 바로 집중하고 단시간에 공부를 마치는 반면 애매아는 바로 집중하지 못하고 공부를 하는 데 시간이 오래 걸립니다. 엄친아는 배경지식과 사고력이 갖춰져 있고 공부방법과 공부 방향을 잘 알기 때문에 애매아가 두세 시간 해야 할 공부를 한 시간이면 마칩니다. 문제는 애매아가 공부를 끝마치지도 않고 엄친아가 다른 공부를 하거나 놀 때 같이 따라 하는 것입니다. 하다만 공부는 금세 사라져 지식으로 남지 않기 때문에 엄친아와 같은 패턴으로 시간을 쓰다 보면 시간이 갈수록 애매아는 '포기아'가 되고 맙니다. 엄친아가 의도적으로 그런 것은 아닙니다. 어쨌든 부모들은 자녀들이 매우 공부를 잘하는 친구들과 함께 공부하는 것을 무조건 좋아해서는 안 됩니다.

대부분의 아이들은 마음속 깊이 공부를 잘 하고 인정받고 싶어 합니다. 그러나 그동안 공부에 실패한 경험들과 부정적 생각이 마음속 확신을 사라지게 하고 공부에 힘이 나지 않게 합니다. 아이들이 공부에 집중이 안 되는 이유를, 그리고 그 마음을 우선 이해해야 합니다. 성적이 떨어졌으니 학원을 옮긴다는 1차원적인 생각이 아니라 근본적인 해결이 필요합니다.

그럼 이 문제를 어떻게 해결할까요?

가짜 공부 이젠 그만! 가짜 vs 진짜

지난 15년간 최고의 공부 고수들을 많이 만났지만 아쉽게도 가짜인 분들도 많이 만났습니다. 과장되고 제대로 알지 못하면서 충분히 실험하고 검증하지 않고 남의 말을 짜깁기하는 사이비 전문가들이 아이들의 시행착오를 유발합니다. 저도 잘못 알고 있었는데 알고 있다고 생각한 부분도 많았습니다. 알면 알수록 더 부족함을 느껴 말하고 드러내기 어려웠던 것 같습니다. 심지어 진짜를 알기 전까지의 모든 것이 부끄럽기까지 했습니다.

진짜는 유행을 따르지 않는다

진짜 전문가는 유행에 따라 변하지 않습니다. 왜냐하면 본질을 알면 진짜와 핵심이 보이기 때문에 가짜를 구분해 일관성 있고 올바른 길을 선택할 수 있습니다.

모르는데 안다고 생각하면 용감해집니다. 안 되고 모르는 걸 알면서도 아는 척하면 선무당이 됩니다. 일부분은 사실이지만 그것을 전부라고 생각하고 말하면 눈 먼 장님이 됩니다. 무식해서 용감한 사람이나 선무당, 눈먼 장님들은 대단히 위험합니다. 혼자가 아닌 여러 사람들을 잘못된 길로 인도할 수 있으니까요.

무엇이든 진짜 좋은 것은 다수에게 더 오랜 기간 동안, 더 높은 수준으로 필연적으로 영향력을 끼치고 도움이 됩니다. 메타센스는 진짜를 추구해왔고 진짜라고 자부합니다. 최근 유행하는 교육 방법의 장점과 단점을 알아보겠습니다. 교육전문가는 장점만이 아니라 그 한계와 단점도 알고 있어야 합니다. 장점만을 안다는 것은 모르는 것과 같습니다. 그것은 적용해보지 않았다는 것을 의미하니까요.

공부법은 없다 – 가짜 공부법 vs 진짜 공부법

많은 공부법 책이 쏟아지고 공부법 강연도 많습니다. 정말 도움이 되는 책이나 강연도 많습니다. 거지에게도 배울 점이 있듯이 모든 책에는 배울 점이 있습니다. 하지만 주의해야 할 책이 세 종류 있습니다. 하나는 지나친 '천재형' 공부법 책으로 자신의 머리를 자랑하는 책이고, 다음은 '오기형'으로 자신의 의지와 노력을 너무 내세우는 공부법 책입니다. 세 번째는 중학교 때까지는 괜찮지만 고등학교에서는 무너질 수 있는 '학력형' 공부법 책입니다.

천재형 공부법은 선행학습과 학원은 필요 없다는 등 극단적인 주장을 하거나 시간과 기간을 설계하더라도 기초가 부족한 학생들, 심지어 보통 학생도 따라 할 수 없는 계획을 내세우는 경우가 많습니다. 보통 학생이 이 책만 믿고 따라가다 보면 후회하는 경우가 생깁니다. 이미 갖추어진 사람과 갖추어지지 않은 사람의 공부법과 설계는 달라야 합니다. 그들만의 공부법을 따라하면 '뱁새가 황새를 따라가면 다리가 찢어진다'는 말처럼 정신적으로 가랑이가 찢어질 수도 있습니다.

오기형 공부법은 '동기가 중요하다', '의지와 노력이 중요하다'는 것인데, 평범한 학생들이 따라 하기 힘든 노력과 열정을 강요합니다. 더 열심히 해야 하겠다는 자극을 주기도 하지만 반대로 '하기 힘들구나', '하고 싶지 않다', '할 수 없을 것 같다'는 부정적인 마음을 심어줄 수도 있습니다. 구체적인 방법을 제시하지 않으면 어떻게 시작해야 할 지 모르는 학생들에게 공부법은 필요 없다는 선입견을 심어줄 수도 있습니다.

학력형 공부법은 초·중등 공부법으로 고등학교 모의고사나 수능에서 실패하게 되는 공부법입니다. 이런 공부법은 중학교 때까지는 어느 정도 점수가 나오다 고등학교 때 성적이 폭락하는 이유가 됩니다. 암기 중심의 실력으로 남지 않는 공부법이지요. 초등학교와 중학교를 이러한 공부법으로 보내면 고등학교 때 방법을 바꾸고 다시 수학修學 능력을 기르는 것은 너무 힘듭니다. 초등학생 때부터 수능형 공부의 준비가 절대적으로 필요합니다. 현실을 파악 못하고 고등학교에서의 역전을 말하는 사람도 있지만, 그것은 여러 가지 여건이 맞아 떨어져야 가능한 신화라는 사실을 모르고 하는 말입니다.

학력형 공부법이 정리와 기억 중심의 지식 공부라면 수능식 공부법은 이해와 추론 그리고 응용 중심의 생각 공부입니다. 물론 기본 배경지식의 확보는 수능식 공부의 중요한 전제 조건입니다. 그래서 역으로 초·중등 때의 수능형 공부의 전제 조건은 정리와 기억입니다. 따라서 탄탄한 정리와 기억 능력을 기본으로 이해와 추론, 응용 공부 등 수능형 능력과 실력 중심의 공부가 진행되어야 합니다.

자기주도학습은 없다 – 가짜 자기주도학습 vs 진짜 자기주도학습

'자기주도학습'이라는 말이 신물이 날 정도입니다. 그래서 무관심해지기까지 하고 있습니다. 고등학생 때는 반드시 자기주도학습을 할 수 있어야 하는데 말입니다. 이것은 학습코칭이라는 형태로 이루어지기도 합니다. 이렇게 된 것은 자기주도학습의 본질을 왜곡해서입니다. 자기주도학습이라는 말이나 다음에 다룰 메타인지는 오래된 교육학 용어이지만 필자가 이를 공개적으로 사용한 것은 십여 년 전입니다.

자기주도학습이 유행하게 된 배경은 두 가지입니다. 하나는 너무 학원을 많이 다니거나 학원 의존적이 된 현실입니다. 그렇게 되니 정작 실력을 발휘해야 할 고등학교에서 모두 무너지게 된 것이죠. 공부량이 급격히 많아지는데 그것을 자신의 것으로 만드는 시간이 꼭 필요하고, 야간 자율학습으로 학교에 있는 시간이 많아지면 숙제가 아닌 자신의 공부를 할 수 있는 기술이 있어야 하는데 대부분의 학생들이 이 기술이 없기 때문입니다. 다른 하나는 입시 정책에서 자기주도학습 전형이 생기면서 자기주도란 표현을 남용하게 된 것입니다.

자기주도학습의 가장 큰 문제점은 두 가지입니다. 하나는 학생이 자기주도학습을 하면 자기 수준만큼만 공부한다는 것입니다. 즉 60퍼센트 수준의 아이는 60퍼센트를, 80퍼센트 수준의 아이는 80퍼센트를 100퍼센트 수준의 아이는 100퍼센트를 공부한다는 것입니다. 60퍼센트 아이는 60퍼센트 정도가 공부의 다 인줄 알거나 그 이상을 할 줄 몰라서 더 완전한 공부를 하지 못합니다. 이런 아이가 자기주도학습을 계속하면 부족한 학습 능력이 맴을 돌아 오히려 독이 됩니다. 웬만큼 공부하는 학생도 그 이상을 치고 올라가지 못하는 속성이 있습니다. 혼자 공부만 하면 공부를 잘하게 된다는 이상적인 생각이 문제입니다. 사실 공부 잘하는 아이들은 이미 스스로 할 수 있기 때문에 스스로 하는 것이지 스스로 했기 때문에 스스로 할 줄 아는 게 아닙니다.

다음은 자기관리력과 학업능력의 구분입니다. 혹시 수학 유형 문제로 대표되는 수학문제집 한 권을 아이들이 계획을 세우고 스스로 공부하고 복습도 하고 오답노트도 만들어 점수도 90점대가 나왔다면 문제가 없을까요? 결코 그렇지 않습니다. 물론 자기관리력에 칭찬받아 마땅하지만 유형수학 문제집의 속성상 수학적 사고력의 역량을 키운 것은 아닙니다. 이 정도로는 고등학교에 와서 잘하기 어려운 게 현실이죠. 영어도 수학도 스스로 했느냐 이전에 진정한 영어와 수학의 실력과 사고력을 길렀느냐가 중요한 것입니다. 발달심리학자인 비고츠키Lev Vygotsky의 근접발달영역 이론에 근거해서도 학생 스스로만의 공부에서 그치면 안 되는 것입니다.

초·중학생 때는 언어적 역량과 수리적 역량을 기르는 게 우선입니다. 역량을 최대화하기 위해 스스로 하는 것이 필요하면 스스로 하는 시간을 갖고, 도움이 필요하면 도움을 받아야 합니다. 고등학생이 되어 학원을 안 다니거나 적게 다니면서도 학교수업 중심의 공부를 통해 좋은 성과를 얻을 수 있도록 해야 합니다.

고등학교에서의 자기주도학습을 위해 가능한 중학생이 되기 전(늦어도 고등학생이 되기 전) 학교 성적의 영향력이 적을 때 천천히 스스로 공부를 시키면서 자신만의 공부 기술과 스스로 공부하는 습관을 갖게 해야 합니다. 그 바탕 위에서 각 과목들의 지식을 흡수할 수 있어야 합니다.

메타인지는 없다 – 가짜 메타인지와 vs 진짜 메타인지

텔레비전 프로그램에서에서 메타인지와 상위 0.1퍼센트 아이들의 성적을 연관 짓자 너도 나도 메타인지를 교육에 갖다 붙이고 전문가인양 행세합니다. 다큐멘터리나 시사적인 내용의 속성상 일반인이 쉽게 알아들을 수 있게 부분적으로 언급한 내용을 전부인양 잘못 이해하고 여기 저기 인용하면서 그 가치를 왜곡하고 있습니다.

지금 상용되는 메타인지는 두 가지 차원에서 이루어지고 있습니다. 하나는 방송미디어 수준에서 이해되는 메타인지입니다. '아는지 모르는지를 아는 것'이라는 수준에서의 메타인지에 대한 이해입니다. 셀프테스트나 설명해보기로 메타인지를 확인하거나 기르겠다는 것입니다. 다른 하나는 교육심리학적, 학문적 이해의 수준입니다.

처음 플래벌Flavell에 의한 개념으로 한 단계 고차원을 의미하는 '메타 meta'와 안다는 뜻의 '인지Recognition'를 결합한 용어로 인지활동에 대한 인지인 상위 인지능력을 말합니다. 이는 자신의 인지능력에 대해 알고, 조절할 수 있는 고등 능력을 말합니다. 플래벌은 학습자들이 자신의 인지적 능력을 포함해 학습 상황의 다양한 측면들에 관해 지니고 있는 지식과, 읽고 연구하고 문제를 해결하는 데 있어서의 자기 규제적 메커니즘으로 구분했습니다.

브라운Brown도 '인지에 대한 지식'와 모니터링, 자기조절, 실행적 컨트롤, 계획, 검토 등 문제해결 과정에서 필요한 전략적 행동과 의사결정을 포함하는 '인지에 대한 조절' 등을 포함한 개념으로 메타인지를 설명합니다. 즉 학문적인 의미는 정보처리 및 문제해결에 대한 지식 및 계획 점검 조절능력을 중요시해 자기관리 기록지를 강조합니다. 메타인지는 완성된 개념이라기보다는 만들어가는 진행형 개념입니다. 심리학적으로는 3~40년 된 용어지만 철학적으로는 이미 수천 년 전부터 다른 이름으로 개념화되어 왔기에 원형적 의미와 어원적 의미로 보는 것이 보다 포괄적이고 효용성이 높아 보입니다. 이 부분은 뒤에서 설명하겠습니다.

실제 의미는 학문적인 것이 더 정확합니다. 최근 교육학자, 심리학자, 뇌 과학자들은 자신의 인지활동에 대해 알고know, 스스로 자신의 인지활동을 능동적으로 조절하는 자기조절Self-Regulation의 메타인지를 계발해야 한다고 주장합니다. 하지만 이 정도의 이해 수준에 있어서 공부에 미치는 메타인지의 영향이 과장되면 안 됩니다. 다른 인지능력에 비해 후천적이고 보다 쉽게 훈련할 수 있다는 장점이 있지만 지나치게 과장 홍보되고 있습니다.

비유적으로 메타인지는 축구경기의 감독이나 자동차의 운전자와 같은 존재입니다. 히딩크와 같은 명장에 의해 축구팀이 4강까지는 가더라도 선수들이 최고가 아니면 한계가 있습니다. 자동차도 마찬가지입니다. 운전자는 정말 훌륭하지만 자동차의 성능이 떨어지면 카레이스에서 승리할 수 없습니다. 즉 조절자로서의 메타인지는 주어진 조건에서 개발시킬 수 있는 최선이지만 우선 축구선수나 자동차에 해당하는 공부 기술이나 역량을 개발해두는 것이 우선이라는 겁니다. 따라서 스키마 지식체계는 물론 정보처리, 문제해결, 의사결정 및 의사소통 등의 인지능력을 길러야 합니다.

하브루타는 없다 – 가짜 하브루타 vs 진짜 하브루타

하브루타chavruta는 히브리어로 '하베르'라고 하는 친구, 짝, 동료를 뜻하는 단어에서 파생되었습니다. 즉 두 사람이 짝이 되어 함께 질문도 하고 대화도 하며 토론식으로 학습하는 것입니다. 하브루타에 관심을 갖게 된 것은 〈공부하는 인간〉이라는 다큐멘터리가 방송되고 책으로 출간되면서부터입니다. 그 전에도 일부의 사람들이 관심을 가져왔지만 『탈무드』 교육기관 및 도서관인 예시바와 유대인의 예배당 교육방식은 충격 자체였습니다.

조용히 책상에 앉아서 혼자 지식을 흡수하는 것과는 너무 달랐기 때문입니다. 질문을 통해서 생각을 정교화하고 자신의 생각만이 아닌 상대방의 새로운 관점도 알고 이를 표현하며 논리력을 기르는 암기가 아닌 해석과 판단, 표현 중심의 교육은 무릎을 치게 했습니다. 지혜의 책인 『탈무드』가 유대인의 교육으로 인식될 정도의 저차원의 이해에서 교육방식의 혁명을 본 것입니다.

한국에서는 이것을 토론수업으로 잘못 이해하고 진행하는 경우를 봅니다. 하브루타는 1:1의 학생과 학생의 토론 진행방식입니다. 이것을 제대로 이해하려면 두 가지를 더 알아야 합니다. 먼저 유대인은 『탈무드』를 통한 하브루타를 하기 전에 유대인의 구약성경인 『토라』의 히브리어적 의미를 이해하고 문장을 암송했으며, 최고의 랍비들의 『토라』 해석과 관점들을 충분히 학습한 상태에서 진행되었다는 것입니다. 이것은 단순히 지식과 지혜를 키우기 위한 것이 아니라 하나님, 즉 세상을 창조한 신의 숨은 의미와 의도를 파악하며 삶에 적용하려는 강렬한 의지와 가치가 연관되어 진행되고 있습니다.

작금 하브루타의 문제는 겉껍질의 이해에 불과할 수도 있습니다. 근본적으로 『탈무드』와 하브루타 교육방식의 좋은 점이 대한민국에 영향력을 미치려면 보다 근본적이고 폭넓은 관점이 필요합니다.

플립러닝 거꾸로 학습법은 없다 – 가짜 플립러닝 vs 진짜 플립러닝

플립러닝flipped learning은 거꾸로 학습이라고도 하는데, 기존 학습은 학교에서 선생님께 수업을 받고 집에 가서 각자 복습하는 구조였다면, 플립러닝은 집에서 각자 책을 읽거나 강의를 듣고 수업시간에는 학생들 간 확인학습 및 발전학습 위주로 이루어지는 겁니다. 기존의 학습은 수업이 수동적이고 복습을 개인에게 맡김으로써 공교육에서 책임감을 저버리다 보니 학습력이나 공부 의욕이 떨어지는 학생들은 계속 뒤처진 채로 교육이 진행되고 있습니다. 반면 플립러닝은 예습 위주이고 수업시간에 한 명이라도 제대로 공부되었는가를 관

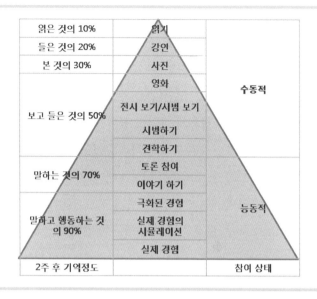

읽은 것의 10%	읽기	
들은 것의 20%	강연	
본 것의 30%	사진	
	영화	수동적
보고 들은 것의 50%	전시 보기/시범 보기	
	시범하기	
	견학하기	
말하는 것의 70%	토론 참여	
	이야기 하기	
	극화된 경험	능동적
말하고 행동하는 것의 90%	실제 경험의 시뮬레이션	
	실제 경험	
2주 후 기억정도		참여 상태

에드가 데일(Edgar Dale)의 학습의 원추(Cone of Learning)

리하고 배운 내용을 반복할 수 있어 인터넷강의 및 미디어가 발달한 대한민국의 공교육의 미래가 될 수 있다고 생각합니다.

혹자는 플립러닝이 마치 교사와 학생이 역할을 바꾸어 학생이 교사 역할을 하는 것으로 플립러닝으로 작게 해석합니다. 일부분 그런 활동이 가능한 것이지 플립러닝의 본질적 문제가 아닙니다. 최근에는 학생이 설명하거나 강의하는 수업방식을 사교육에서 차별성으로 제시하는데 과연 효과가 있을까요?

에드가 데일Edgar Dale의 학습의 원추는 학생이 설명하는 방식의 수업 효과가 가장 좋은 것으로 보여줍니다. 설명하고 경험하는 것이 오랫동안 기억하는 데 가장 도움이 된다고 합니다. 또한 설명을 해보면 자신이 알고 모르는지를 분명히 알 수 있고 일부 설명하면서 알게 되는 정교화 학습이 이루어질 뿐만 아니라 복습도 되고 표현력도 높여 준다는 다양한 장점이 있습니다.

문제는 이런 식으로 공부하면 자신이 기억한 것의 확인 및 단순 반복 이상은 되기 어렵다는 점입니다. 자신의 수준만큼 교육이 이루어질 수는 있어도 더 탁월하게 실력을 끌어올리는 데는 한계가 있습니다. 특히 수학의 경우 수학의 고수가 1:1로 고난도의 수학적 사고 경험을 할 수 있도록 유도해주고, 복습 때 확인용으로 학습자에게 설명하기를 사용하면 좋지만, 학생들끼리 서로 설명는 것은 수학적 사고력을 기르는 데는 일정 한계가 있다는 점입니다.

숙제와 문제풀이는 없다 – 가짜 숙제 및 문제풀이 vs 진짜 숙제 및 문제풀이

숙제와 문제풀이는 목적이 있어야 합니다. 수업의 효과를 증진시키기 위한 준비로서의 활동인지, 심화 활동을 통한 성장과 발전을 가져오기 위한 활동인지, 수업한 내용의 단순 숙달을 통한 인지 강화 활동인지 목적이 분명해야 합니다. 특히 수학과 관련해 무조건 많은 문제를 풀게 하는 부모나 학원을 볼 때가 있습니다. 이건 나쁜 겁니다. 왜냐하면 좋은 문제를 통해 숙고의 기회를 주어 실력을 향상시켜야 하고, 그 문제풀이로 인해 독서, 생활 경험 등 좋은 것들을 할 수 있는 기회를 박탈하기 때문입니다. 전부는 아니겠지만 성공적인 핀란드 교육의 성공 핵심 요소에서 숙제를 없애니 성적이 더 올랐다는 것에 주의를 기울여야 합니다. 학교도 학원도 부모도 숙제나 문제풀이는 목적을 분명히 하고 제한적으로 주어야 합니다. 문제를 많이 주어 아이가 문제를 푸는 모습을 봐야 공부한다고 생각하고 그렇게 만드는 학원이 좋은 학원이라고 생각하는 부모들이 참 안타깝습니다.

실력이 떨어질수록 문제를 많이 풀어야 한다고 생각하는데 오히려 그 반대입니다. 실력이 이미 갖추어진 친구들은 문제의 양이 많아도 빨리 풀 뿐만 아니라 문제 적응력을 높여주는 효과가 있습니다. 실력이 약한 친구들은 적당한 양의 문제를 풀고 분석하고 생각하는 시간을 많이 주어야 합니다. 어느 정도 실력이 오를 때까지는 문제 양을 늘리는 것은 독약입니다.

독서는 없다 – 가짜 독서 vs 진짜 독서

독서는 중요합니다. 지금처럼 주 1회 독서토론을 진행하는 건 어떤 도움이 될까요? 선별된 좋은 책을 읽을 수 있는 기회가 주어지고 이야기를 나누고 글을 써본다는 건 소중한 경험들입니다. 학년이 올라가면서 아이들 손에서 책이 멀어지는 이유가 무엇일까요? 독서를 했는데 왜 우리 아이들은 탁월한 변화가 없을까요?

독서의 목적에 따라 다르겠지만 어려서는 재미있는 책, 좋은 책들을 읽는 것으로 만족하겠지만 초등 고학년 이상이 되면 책 한 권을 읽더라도 가슴을 울리는 깊은 감동이 있어야 하지 않을까요? 또 책을 통해 흥미진진한 모험의 세계를 꿈꿀 수 있거나 읽은 책이 지식이 되어 힘이 되어야 하지 않을까요? 아이들을 지켜보면 교양 정도에 머무르는 피상적인 독서, 단편적인 독서, 시간이 흐르면 다 사라지는 형식적인 독서, 깊은 감동과 변화가 없는 영혼 없는 독서, 독서를 위한 독서가 이루어지고 있지 않나요? 독서의 진짜 목적이 무엇일까요?

우선 형식적인 독서가 아닌 변화와 감동을 주는 진짜 독서를 아이들이 할 수 있도록 패러다임을 바꾸면 좋겠습니다. 읽은 것이 가슴이든 머리든 남는 독서가 되어야 의미가 있습니다. 독서의 양이 아니라 삶을 변화시키는 충격적인 독서가 필요합니다. 최소한 독서가 머리를 좋게 하려면 요약정리 및 심층 대화를 통한 심층 활동들이 필요합니다. 같은 책이든 같은 주제든 반복이 필요합니다. 일회성의 독서지도 방식은 아이들의 큰 변화를 가져올 수 없습니다. 쉬는 시간의 독서가 휴식이 되고 친구가 되도록 만들어야 합니다. 진짜 독서의 도움을 받은 친구들은 거의 모두가 특정 독서 지도를 받아서가 아니라 시스템으로 독서가 생활이 된 친구들이라는 사실을 직시해야 합니다. 이를 위해서는 부모들도 독서를 중요시 하는 문화도 필요하고 아이들이 독서를 할 수 있는 시간적 여유도 필요합니다.

살펴본 바와 같이 적당히 알아서는 아무리 좋은 것도 효과가 제한적일 수밖에 없습니다. 그리고 학생들에겐 아까운 시간과 기회를 빼앗는 결과를 가져올 수도 있습니다. 장님 코끼리 만지듯 일부의 진실로 전체 진리인양 착각하면 안 되는 것입니다. 학부모는 물론 교육을 담당하시는 분들도 책임감 있는 교육을 통해 당당하고 존중받는 분들이 되었으면 합니다. 옛말의 '언 발에 오줌 누기'처럼 주먹구구식으로는 근본적 문제가 해결되지 않습니다. 오히려 고통이 커질 뿐입니다. 성적이 아닌 근본적인 실력을 길러주는 진짜 좋은 교육으로 책임 있는 교육으로 전환되어야 합니다.

성적이라는 것은 잘 나오더라도 계속 유지된다는 보장은 없습니다. 일반적으로 학부모님들은 시험성적이 나쁘면 무작정 학원을 옮기던지, 새로운 강의를 추가하던지 등을 생각합니다. 이때 학원을 옮기거나 새로운 교재로 바꾸는 것보다는 근본적으로 학생의 부족한 부분을 점검하고 학생의 공부법을 반성하고 조절하는 것이 훨씬 더 중요합니다. 자신을 진짜로 만드는 방법은 다양한 시도와 시행착오 속에서 깊은 자아성찰과 반성을 통해 이루어집니다. 이때 이용되는 것이 메타인지입니다. 뛰어난 학생들은 근본적으로 메타인지를 가지고 있습니다. 자신을 깊게 성찰하고 객관적인 눈으로 문제를 확인하고 다양한 시행착오 속에서 자신만의 효과적인 공부방법을 생성해내는 힘과 눈을 가지고 있습니다. 그 힘이 바로 메타인지력입니다.

진짜 공부 이젠 시작!

상위 1퍼센트 공부를 아시나요? 극상위권과 최상위권까지가 1퍼센트입니다. 반에서 1, 2등을 한다고 같은 등수가 아닙니다. 관건은 평균적인 보통의 학교인 경우 전교 5등 안에 드느냐 입니다. 절대 점수로 본다면 평균 98점대 이상이냐 입니다. 상위권과 최상위권을 구분하는 방법은 중2 이상에서 영어, 수학 외에는 학원을 다니지 않고 국어, 사회, 과학, 도덕, 등을 스스로 빠르게 공부해서 평균 96을 넘느냐 입니다. 평균 96점은 최상위권의 시작 점수이고 평균 98점대가 안정적인 최상위권입니다. 단 시험의 난이도가 상식적이어야 합니다. 일부 지방 학교의 경우 문제를 너무 쉽게 내거나 일부 힌트를 주기도 하는데 이런 경우들은 예외입니다.

평균 96점과 평균 94점의 차이는 하늘과 땅의 차이입니다. 평균 96점 이상은 대부분의 과목에서 만점대가 나오고, 정말 어렵게 낸 한두 과목에서 몇 개 더 틀려서 나온 점수의 평균입니다. 반면 평균 94점은 대부분이 90점대 전반이고 쉽게 낸 과목 또는 운이 좋은 과목에서 100점을 한두 개 맞은 경우를 의미합니다. 벼락치기로 평균 94점대가 나온 학생들은 꼭 그런 말을 합니다. '엄마 내가 시험 직전에만 해도 이 정도 나오는데, 내가 마음만 먹고 하면 96점대 문제 없는 거 알죠?' 말해 놓고는 다음 시험에도 같은 점수를 맞습니다. 사실 94점과 96점의 차이는 공부를 아느냐와 모르느냐의 차이로 넘을 수 없는 벽이 있습니다. 사실 94점이나 평균 80점대나 거의 같은 점수인 겁니다. 단지 문제를 많이 풀어봤느냐, 열심히 했느냐, 운이 좋았느냐 등의 차이일 뿐입니다.

높은 산도 중간에 쉬엄쉬엄 가면 대부분 오를 수 있습니다. 아무리 지상에서 열심히 뜀뛰기를 한다고 해도 하늘을 날 수 있는 건 아닙니다. 이건 노력의 문제가 아닙니다. 날개가 있고 없음의 문제입니다. 어떤 학생은 새처럼 태어날 때부터 날개가 있는 친구가 있습니다. 날개가 없는 대부분의 동물들은 영원히 하늘을 날 수 없습

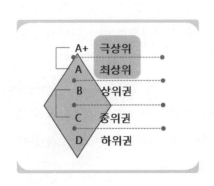

니다, 예외적으로 인간은 날개가 없이 태어났지만 스스로 과학기술을 이용해 비행기를 만들어 하늘을 날고 심지어 훨씬 더 빨리 멀리 날 수 있게 되었습니다.

이것이 의미하는 것은 뭘

까요? 아이들이 최고의 공부 고수가 되려면 노력이 가장 중요하지만 노력만으로는 되지 않는다는 겁니다. 바로 공부의 날개를 달아야 한다는 겁니다. 그렇다면 공부의 날개는 무엇일까요? 구체적으로 최상위 1퍼센트의 친구들과 중상위권 학생들 사이에 존재하는 벽을 넘을 수 있는 그 날개의 정체가 무엇인지를 살펴보겠습니다.

오른쪽 날개 – 교과서 중심의 공부법

공부의 첫째 날개는 교과서 중심의 공부를 할 수 있는 힘입니다. 최상위권 이상의 학생들은 교과서 중심으로 공부하면서 다른 자습서나 문제집을 활용하는 반면, 보통의 학생들은 교과서 같은 건 학교에 두고 보통 자습서나 문제집 또는 학원 교재 중심으로 공부합니다. 교과서 속에 숨어 있는 공부의 비밀은 무엇일까요? 교과서와 자습서의 차이를 보면 됩니다.

첫 번째 차이는 교과서는 서술 식으로 되어 있는 반면 자습서는 정리되어 있다는 겁니다. 즉 공부를 잘하는 친구들은 교과서를 보면서 지식을 구성하고 정리할 수 있는 힘이 있는데 보통의 학생들은 교과서를 봐서는 머리에 정리가 안 되어 이미 정리된 교재를 봐야 그나마 머릿속에 정리가 되고 이해가 되는 겁니다. 즉 공부를 잘 하는 학생들은 지식을 구성하고 정리할 수 있는 힘이 있는 반면 공부를 못하는 학생들은 그 능력이 없다는 겁니다.

두 번째 차이는 교과서는 압축적으로 핵심만 나열되는데 반해 자습서는 설명이 아주 자세히 되어 있다는 겁니다. 압축적인 교과서를 제대로 이해하기 위해서는 교과서에 생략되어 있는 내용을 학생의 배경지식이나 생각의 힘으로 채워 넣어야 이해가 될 수 있습니다. 반면 자습서는 설명이 자세하기 때문에 기초 지식이 부족해도 이해할 수 있도록 구성되어 있습니다. 자습서 중심으로 공부하면 더 쉽고 빠르게 내용을 이해하고 관련 문제들을 해결할 수 있을지라도 교과서처럼 생략된 부분을 추리해서 알아내는 힘과 생각하는 힘은 커지지 않는다는 단점이 있습니다. 동시에 일부의 배경지식을 채웠지만 근본적인 스키마 배경지식이 채워져 있지 않기 때문에 공부의 힘이 크지 않을 수 있습니다. 따라서 초등학교 때 역사나 과학 등 비문학 도서를 여러 번 읽어두면 좋습니다.

이번에는 교과서와 문제집의 관계입니다. 문제집은 왜 볼까요? 실력을 확인하거나 약점을 보완하기 위해 보는 경우가 대부분입니다. 문제 유형을 파악하기 위해 보는 경우도 있습니다. 공부를 잘 하는 아이들은 교과서만 보더라도 무엇이 중요하고 어떤 형태로 나올지 간파하는 눈이 있습니다. 또한 자신이 약한 부분이 어디인지를 정확히 알고 보완하는 힘이 있습니다. 반면에 보통의 아이들은 무엇이 중요하고 어떤 형식으로 문제가 나올지 감을 잡지 못해 비슷한 문제가 나오기를 바라는 마음으로 막연히 문제를 푸는 경우가 대부분입니다. 문제를 푸는 목적을 분명히 하고 문제를 역으로 분석해봐야 합니다.

왼쪽 날개 – 스스로 공부법

공부를 진짜 잘하는 친구들은 자신만의 공부법이 있습니다. 겉으로 드러나는 양상은 달라도 성공하는 공부방법들의 근본 원리는 같습니다. 어떤 분들은 스스로 깨우쳐서 자신만의 공부법을 터득하는 거 아니냐고 반문하기도 합니다. 물론 그렇습니다. 시행착오를 통해 배우는 방법을 저도 좋아합니다. 한 가지 방법만 배우면 응용력이 떨어지는데 수많은 시행착오 속에 깨우치면 상황에 따라 다양한 방법을 쓸 수 있기 때문입니다. 문제는 시행착오를 견딜 정도의 근성과 시간적 여유가 있는 친구가 많지 않다는 것입니다. 핵심 원리를 가르쳐주면 그 원리를 바탕으로 자신에게 맞는 다양한 방법을 응용하기에 효과적입니다. 물속에서 개헤엄을 배웠다고 수영선수가 될 수 있는 것은 아닙니다. 운동장에서 무조건 축구 경기를 한다고 탁월한 선수가 될 수 있는 것은 아닙니다. 피아노 앞에 앉아 무작위로 건반을 건드려 보면서 시행착오를 겪어야 스스로 연주할 수 있는 건 아닙니다. 절대 음감과 행운이 맞아야 가능합니다.

공부방법을 배우는 것은 자동차나 자전거 운전을 배우는 것과 같습니다. 배우고 숙달하면 누구나 탈 수 있는 겁니다. 물론 자동차 경주에 참가할 정도의 난도는 특별 훈련을 받아야겠지요. 스스로 공부법은 우선 공부의 기본이 깔린 것을 전제합니다. 스키마 지식, 정리 능력 등의 기초 인지력이 확보되어야 의미가 있습니다. 힘없는 아이에게 기술을 준다고 배틀에서 살아남을 수 있는 것이 아닙니다. 기술 이전에 힘을 키워야 합니다. 아이가 스스로 공부할 수 있는 아이인지 판단하기 위해 학생 앞에 교과서, 자습서, 문제집, 유인물 등을 주고 공부해보라고 하면 세 부류로 나눕니다.

첫번째 부류는 무엇부터 해야 할지를 몰라 하고 교과서부터 읽어 보라고 하면 눈이 멍한 아이가 있습니다. 소위 '멍파'입니다. 이 친구들은 기본이 안 되어 있는 겁니다. 공부 기술의 문제 이전에 앞에서 살펴본 이해력과 독해력을 길러야 합니다.

두 번째 부류는 막연히 무식하게 아무거나 닥치는 대로 공부하는 '막파'입니다. 교과서를 무조건 반복해 읽거나 밑줄을 그려가며 외우거나 문제를 주구장창 풀어대는 스타일입니다. 대다수를 차지하는 이 부류는 다시 '노력파'와 '벼락치기파'로 나누어볼 수 있습니다. 노력파는 평소 열심히 하는 부류고, 벼락치기파는 시험 직전에만 열심히 하는 부류입니다. 노력파는 공부를 잘하고자 하는 마음은 있으나 머리가 좋지 않고, 벼락치기파는 머리는 좋은데 욕심과 실행력이 떨어지는 친구들입니다.

세 번째 친구들은 똑 부러지게 자신들만의 공부 순서와 방법으로 공부를 제대로 합니다. 이 똑똑한 친구들을 '똑파'라고 합니다. 이 똑파도 두 부류로 나뉩니다. 빠르게 완벽히 공부하느냐, 완벽히 공부했다는 것을 인지할 수 있느냐의 기준에 따라 진짜 최상위와 가짜 최상위로 나눌 수 있습니다. 진짜 최상위는 빠르고 완벽하게 공부하면서도 완벽히 공부를 했다는 것, 즉 공부를 끝냈다는 것을 인지하고 느낄 수 있어야 합니다. 즉 메타센스가 있어야 합니다. 단순히 공부방법을 적용해서 결과가 나온다고 진짜는 아닙니다. 이정도 난도에 이 정도 양이면 30분 혹은 두 시간 걸려, 또는 평소부터 준비해야 해, 시험 직전에 해도 충분해 등의 기간을 감지할 수 있어야 하고, 이정도 하면 90퍼센트, 이정도 하면 100퍼센트를 판단할 수 있어야 합니다. 이러한 공부감각을 기르는 최적의 방법은 시행착오와 반성입니다. 계속 시도해보고 점검하면서 자신을 이해하고 조절해야 합니다. 메타센스의 능력을 갖추어야 최고의 경지에 안정적으로 안착할 수 있습니다.

머리 부분 – 학교 예복습

교과서 중심의 공부와 스스로 공부가 새의 양 날개라고 한다면 학교 수업 중심의 예복습을 철저히 하는 것은 새의 머리에 해당합니다. 학교에서 지내는 시간은 절대적으로 많습니다. 따라서 학교 수업을 효과적으로 사용하지 못한다면 비효율적일 수밖에 없습니다. 자세한 내용은 뒤에서 살펴보겠지만 예복습에 대해서는 먼저 언급할 것이 있습니다. 일일 예복습 공부법은 정말 효율적인 공부방법이지만 전제 조건이 있습니다. 예복습 공부는 유지형 속성을 지녔기 때문에 공부를 잘하는 학생은 계속 효율적으로 잘하게 도와주겠지만 반대로 공부를 못하는 학생들에게 효과적인 공부법은 아닐 수 있다는 겁니다.

이상 전국 수석권의 친구들의 수십 년간의 3대 거짓말의 진실을 풀어보았습니다. 교과서 중심, 스스로 중심, 학교 예복습 중심의 세 가지 공부는 아무나 따라 할 수 있는 것이 아닙니다. 그것을 할 수 있는 역량이 준비되어 있어야 하는 것입니다.

메타센스는 최고의 공부법이 아니라 온몸의 공부감각을 일깨우는 공부법입니다. 군더더기 없이 예리하게 정제된 최적의 공부 기술로 독서는 물론 글쓰기, 심지어 책 쓰기까지 쉽고 완벽하게 해낼 수 있는 힘을 길러줄 것입니다.

2장

성공하는 자녀의 학습설계는 다르다
-공부의 절대 시기인 골든타임을 사수하라

Metacognition, Metathinking, Metasense

교육은 타이밍이다

화로에 달궈진 쇠를 식기 전에 망치로 두들기면 어떤 모양이든 만들어낼 수 있습니다. 일단 만들어진 모양은 평생 갑니다. 반대로 쇠가 식을 때까지 그대로 두면 하나의 쇠막대기로 남고 더욱 단단해져 변화하기 어렵습니다. 나무가 어릴 때 원하는 모양으로 틀을 잡으면 나무가 쉽게 휘어져 원하는 모양으로 만들 수 있는데, 큰 나무가 되었을 때 변화시키려면 대단히 힘들 뿐만 아니라 나무가 꺾일 수도 있습니다. 두 가지 이야기는 공통적으로 변화에는 골든타임, 즉 절대 시기가 있다는 것을 의미합니다.

인간은 두뇌의 발달시기와 정서적 변화 시기가 있기에 학습의 양과 진도가 요구하는 타이밍이 중요합니다. 두뇌의 발달시기와 정서적 변화시기가 가장 불일치하는 게 중1, 2 때인 사춘기입니다. 가장 역동적으로 뇌가 변하는 시기이기에 가슴의 열정으로 정교한 두뇌를 만들 수 있는 절호의 기회인데 사춘기라는 정서적 불안정으로 인해 그 기회들을 놓치는 게 안타깝습니다. 외부적으로 아이들을 변화시키기에 좋은 학년이 초등학교 5학년입니다. 혹시라도 태도가 좋지 않다면 초등학교 5학년 때를 놓치지 않기 바랍니다. 때를 놓치면 변화시키기가 어렵거나 불가능할 수도 있습니다.

대표적으로 독서를 예로 든다면 초등학교 때 독서력 및 독서 습관이 잡히지 않으면 중학교는 물론 고등학교 때도 독서하기는 어렵습니다. 성적과 연관된 공부할 시간도 부족해지기 때문입니다. 반대로 초등학교 때 독서력 및 독서 습관이 잡혀 있으면 중·고등학교 때 아무리 바빠도 자투리 시간을 이용해 독서하면서 휴식과 자기 충전을 할 수 있습니다. 따라서 초등학교 때의 독서가 평생 독서를 결정합니다. 실제로 독서 습관이 베이는 것은 네 살부터 인 듯합니다. 초등학교 2, 3학년 때까지는 가정에서 자연스럽게 독서습관을 잡아 줄 수 있습니다. 그때까지도 안 되어 있으면 다양한 해법을 찾아야 합니다. 먼저 말했듯이 주 1, 2회 독서 수업을 위한 숙제로서의 독서가 아닌 생활 습관 및 시스템으로서의 독서가 진행되어야 합니다. 다른 과목도 마찬가지인데 초등학교 3, 4학년 때 평생성적 결정된다는 말이 결코 과장이 아닐 수도 있습니다. 자녀의 성향 및 발달 수준을 잘 이해해 적절한 준비를 잘 해주시기 바랍니다.

공부방법도 마찬가지입니다. 막연히 공부방법을 시행착오를 통하여 터득하면 된다는 분이 의외로 많습니다. 보통 그 경우는 자신이 스스로 자연스럽게 터득해 공부를 잘 한 분이나 아예 무지하거나 둘 중 하나입니다. 실제 학생들이 공부의 완성도가 높은 경우는 극히 일부입니다. 스스로 터득한 것도 과거에는 우수한 학업결과를 가지고 있는 형제자매가 많거나 부모의 학력이 좋은 집에서 자녀가 공부할 때 언제나 적절할 조언을 받을 수 있거나 부모형제의 공부하는 모습을 보면서 간접적으로 또는 무의식적으로 공부방법들을 모방하거나 터득하는 경우가 많았습니다. 최근에는 학생들이 학원을 많이 다니면서 자신의 공부시간 기회가 적고 형제도 거의 없는 경우가 다반사입니다. 독자이거나 장남인 경우이면서 부모가 바쁘다 보니 때에 따라 적절한 공부방법을 터득하는 기회가 대단히 적습니다. 시행착오를 통해 배우면 좋지만 워낙 하는 것들이 많다 보니 완성도가 떨어지는 경우가 대부분입니다 공부방법을 터득하는 데 있어 가장 중요한 초등학교 고학년에서 중학교 기간을 놓치는 경우가 태반입니다.

지능은 더 일찍 결정됩니다. 지능은 계속 변하지만 가장 왕성하게 변하는 시기는 만 아홉 살부터 초등학교 3학년 때까지와 초등학교 6학년에서 고등학교 1학년 사이입니다. 아홉 살 영재 발굴단에서도 초등학교 4학년 영재를 찾기가 어렵다고 하더군요. 만으로 9살 정도까지 이미 타고난 영재는 결정된다고 봅니다. 물론 어느 한 분야에 관심을 갖고 계속 전문성을 키워 특출하게 되는 창의적 영재 및 수재, 인재, 리더는 언제나 가능합니다.

성공적인 학습설계를 위해서는 다음의 것들을 참작해야 합니다. 성공적인 학습설계는 역으로 산출해야 합니다. 현재의 자기가 아닌 목표를 보고 자신이 변화해야 하는 것입니다. 부모가 자녀의 교육을 설계할 때 같이 역으로 무엇들을 갖추어야 되는지 설계하면 좋습니다. 모든 것이 지나치게 진행되거나 소극적으로 진행되어도 문제가 생깁니다. 강약 리듬을 주면서 설계하도록 해야 지속성이 있고 생동감도 있습니다. 시간의 설계도 분산설계와 몰입 설계가 균형을 이루는 T자형 설계(일정 시간 꾸준히 하는 공부와 과업 중심으로 될 때까지 하는 몰입 공부 설계)가 좋습니다.

　준비, 실행, 마무리, 최소 3단계로 진행합니다. 이는 망각의 원리에 기반을 둡니다. 한 번 기억했다고 영원히 기억되는 것이 아닙니다. 특히 시험 전에는 전에 공부한 것을 활성화할 필요가 있기 때문에 시험 직전에는 한 번 더 모두 볼 수 있는 방법을 구안해 둡니다. 시험계획은 시간 중심이 아닌 과업 중심으로 해야 합니다. 특히 공부하는 힘이 약한 친구들은 자신과 교과목에 대한 이해가 부족하고 그것을 해낼 수 있는 전략의 경험과 이해가 부족하기 때문에 시간 중심으로 계획을 세우면 지키기 어려울 뿐만 아니라, 설령 지키더라도 비효율적입니다. 지식은 하나를 하더라도 완벽히 그리고 여러 번 봐야 되는 속성을 지녔기 때문입니다.

　학습 설계 시 반드시 이기는 설계를 해야 합니다. 그 방법 중의 하나가 완충 여백 시간을 두는 겁니다. 예를 들어 시험 직전 사흘 정도에는 하루 정도 무계획인 날을 계획하는 겁니다. 혹시라도 중간에 어떤 일이 생겨서 또는 자신이 할 수 있는 이상의 목표를 세워 못 지킬 때 그것을 만회할 수 있는 시간을 중간에 빼 두는 것입니다. 반드시 지키는 계획을 세울 때 역량의 최고치에서 80퍼센트 양을 설정하고 120~150퍼센트 완성합니다. 자신이 최대한 할 수 있는 공부 시간의 80퍼센트만 계획으로 세웁니다. 20퍼센트는 보충하거나 반복 강화, 다지기를 할 수 있도록 합니다. 학습 설계 시 또 고려할 것은

'했다'가 중요한 것이 아니라 '남았다'가 중요하다는 것입니다. 망각의 원리를 이해해서 기억을 잘 관리하는 설계를 해야 합니다.

마지막으로 시간은 기계적으로만 생각하지 말고 동기의 힘도 고려해야 한다는 것입니다. 예를 들어 한 달에 한 번 이상 밤을 세워보라고 합니다. 밤을 새워 공부하면 다음날 머리가 멍해지고 실질적으로 공부한 시간은 같거나 더 적어집니다. 사흘정도 영향을 미치기도 합니다. 하지만 밤을 새워 공부하다 본 아침 태양은 가슴에 붉은 열정을 새겨 넣어 마음과 정신적으로는 더 강하게 더 오래 공부하는 힘을 길러 줄 수 있습니다

반드시 성공하는 학년별 학습설계 로드맵

학년별 학습설계와 관련해서는 파도와 윈드서핑론을 제시하고자 합니다. 여름 휴가철 커다란 파도가 치는 바다 앞에 섰을 때 수영도 할 줄 알고 윈드서핑도 탈 줄 아는 사람에겐 큰 파도가 기쁨이 되지만 수영도 할 줄 모르고 윈드서핑도 탈 줄 모르는 사람에겐 큰 파도는 공포일 겁니다.

공부도 마찬가지입니다. 고등학교에 들어가서 내신이라는 커다란 파도 앞에서 미리 준비된 사람들은 시험은 하나의 도전거리이자 기쁨이지만 준비되지 않은 사람들에게는 공포이자 그 공부의 바다에 빠지는 경우를 수없이 봅니다. 필자는 중학교 때까지의 준비를 중요시 여깁니다. 고등학교에 진학하는 순간 두세 달 사이의 시험이라는 것에 치여 2, 3년이 금방 지나갑니다. 자신의 패턴으로 공부를 지배해가기 위해서는 중학교 시기가 절대 중요한 것입니다.

반대로 고입을 위해서는 초등학교 때 준비할 사항들이 달라질 것입니다. 실질적으로 필자가 가장 중요하게 생각하는 게 중학교지만 그것은 마무리를 의미하는 것이고 더 중요한 것은 세 살부터 아홉살, 열두 살까지 입니다. 즉 유아부터 초등까지가 절대적으로 중요하다는 겁니다. 대한민국 입시 제도를 탓하며 아이들의 불행을 이야기하지만 실제 초등학교까지 공부법을 숙지한 학생은 입시가 어떻게 변해도 잘 대응할 수 있습니다. 결국 교육혁명을 일으키려면 세살부터 열두 살에 집중해야 합니다. 물론 입시제도 및 사회환경과 문화도 바뀌면 아이들이 더 행복해지겠지만요.

학습설계는 학교공부를 바로 할 것인가, 뛰어 넘을 것인가, 일반 고등학교를 갈 것인가, 외고 및 자사고 또는 과학고를 준비할 것인가, 일반 고등학교를 가더라도 문과를 갈 것인가 이과를 갈 것인가에 따라 다른 설계가 나옵니다. 수시냐 정시냐의 진학설계에 따라또 달라질 수 있습니다. 다음은 평균 기준으로서의 일반 고등학교 정시일 경우의 설계입니다. 나머지 경우는 각각의 특징을 고려해 다음을 참고로 설계하시기 바랍니다.

학습 설계는 역 산출해야 합니다. 고등학교부터 시작해보죠. 고등학교 3학년은 수능 준비를 해야 합니다. 고등학교 2학년까지는 주요과목 진도를 마쳐야 합니다. 최고의 대학을 안정적으로 준비하기 위해선 선행을 하지 않을 수 없습니다. 최소 1년의 선행이 필요하다고 봅니다. 고등학교 1, 2 학년 때는 내신을 준비하면서 기본서 중심으로 토대를 잡아주어야 합니다. 이때의 수학의 공부량은 문과의 경우는 6개월에서 1년 정도 선행이면 충분하지만 이과의 경우는 조금더 필요하지 않을까 생각합니다. 고등학교 때는 절대적인 공부량이 많기 때문에 스스로 공부하는 시간이 많아야 합니다. 뒤집어 말하면 영어, 수학, 과학, 국어에 있어 필요하다면 중학교 때 준비를 해두어야 한다는 얘기입니다.

　중학교 2, 3학년 때는 내신 점수가 고입과 직결되기 때문에 점수 관리를 해야 합니다. 영어, 수학 중심으로 심화 및 선행을 하면서 국어, 과학, 사회 정도의 핵심 과목은 스스로 빨리 완벽히 공부할 수 있는 힘을 가지고 있어야 합니다. 여유 시간에 물리, 화학에 대한 심화 학습을 하거나 고등 언어 및 논술을 위한 고급독서, 주제별 글쓰기를 하면 좋습니다. 중2부터는 내신관리가 들어가야 하기에 초등학교 6학년 내지 중1까지 영어의 문법체계를 잡아두고, 국어, 과학, 사회, 역사 등의 과목을 완벽히 공부할 수 있는 힘을 키워 두어야 합니다. 그래야 이후 5년간 수학 중심으로 영어를 다져갈 수 있고 여유 시간에 독서 및 과학 심화를 준비해갈 수 있습니다. 물론 영재고와 과학고 준비생들은 1, 2년 빨라야 되는 게 현실입니다.

　초등학교 3, 4, 5, 6학년은 영어는 기본적인 듣기, 말하기의 바탕 위에 영어독서 등을 통해 독해력 및 어휘력을 확보하고 수학은 점차 비중을 늘리면서 무작정 중학교 선행으로 넘어가기보다는 수학을 완벽히 공부해두는 것이 좋습니다. 분수나 비와 관련된 내용이 이후 수학은 물론 과학에도 절대적인 영향력을 행사하기 때문입니다. 초등학교 1~3학년은 한자와 독서, 피아노, 운동, 미술 등 기초 교육에 중점을 두고 몰입하는 시간을 충분히 주기 바랍니다. 영어와 수학은 기초적인 것에 만족하면 어떨까 생각합니다. 5~7살 때는 독서와 충분한 놀이, 한자에 집중하라고 권하고 싶습니다.

과목별 중심 세부 설계 – 한자는 고등학교를 결정하고, 수학은 대학을 결정하며, 영어는 직장을 결정한다

영어의 경우, 초등학교 2학년 때까지는 가벼운 회화와 듣기 중심으로 하다가 초등학교 3학년부터 6학년 1학기까지는 기본적인 듣기, 말하기의 바탕 위에 독해력과 어휘력을 기를 수 있도록 합니다. 초등학교 2, 3학년까지는 짧은 뮤지컬을 그대로 따라하면 좋습니다. 초등학교 3~5학년 때는 필요하면 랩실에서 듣고 따라 말하기를 계속 하면서 영어 독서에 신경 써주면 좋습니다. 6학년 여름방학부터 중1겨울 방학까지 1년 반 정도는 영어 단어집을 두세 개 외우면서 영문법과 수능스타일의 독해 및 문제풀이 훈련을 추천합니다. 입시제도는 바뀌어도 내신은 계속 문법과 독해력 비중이 큽니다. 중학교 2학년 전에 영어를 안정화시키지 못하면 수학에 집중하지 못해 어려움이 생깁니다. 중학교 2학년부터는 가볍게 내신 준비를 하면서 텝스 등을 준비해 가면 좋을 것 같습니다. 이후 고등학교 입학 전까지 어느 정도 완성도를 높이고 고등학교에서는 비중을 낮추는 게 좋습니다.

　수학은 원칙적으로 선행보다는 현행 심화가 중요하다는 것을 원칙으로 하고 6개월 한 학기 예습은 필수라고 봅니다. 초등학교 학생의 선행 여부는 학생 역량에 맞게 하되 중학교 수학을 하기 전 초등학교 5, 6학년 수학을 완벽히 하기를 권고합니다. 특히 분수와 비는 중학교 과학의 응용력의 핵심입니다. 이후 중등 수학에서 가장 어려운 부분이 중학교 2학년이고 그때 가서 수학적 사고력을 모두 만회하기가 쉽지 않습니다. 따라서 중학교 1학년 학기말까지 중학교 2학년 수학에 대한 자신감을 갖는 게 가장 중요합니다. 이후의 선행은 고등학교 1학년 수학까지 가능하다고 보는데 각자 자신의 상황에 맞게 조절하기 바랍니다. 고등학교 1학년 수학 개념이 잡혀 있는 상황에서 중학교 2학년 심화까지 완벽하다면 좋은 고등학교를 준비하는 데 편할 것입니다. 주의할 점은 고등학교 1학년 수학 이상의 선행은 고민해보라는 것입니다. 고등학교 1학년의 완벽한 학습이 그 이상의 선행보다 백 배 중요합니다. 혹시라도 그 이상의 진도를 계획하는 사람은 중학교 3학년 여름방학 전이나 기말고사 때까지 고등학교 1학년 수학을 완벽히 해두고 나머지 기간 그 이상의 진도에 대한 선행을 집중적으로 해도 늦지 않습니다. 고등학교에 들어가서는 문과와 이과에 따라 진도 계획을 다르게 잡으면 됩니다.

독서, 한자는 초등학교 3학년까지는 독서 및 한자가 가장 중요하다고 봅니다. 욕심을 부려도 됩니다. 독서는 많이 했는데 머리와 가슴에 남지 않아 공부에 힘이 되지 않는 경우가 상당히 많습니다. 초등학교 3학년까지는 감성 및 인성독서의 비중을 많이 두시기 바랍니다. 문학과 비문학은 3:1+α 의 비율로 설정해 주시면 좋습니다. 문학 책을 세 권 이상 읽었다면 비문학 지식 책도 한 권 이상은 반드시 읽도록 합니다. 최고로 좋은 것은 나머지 여유 시간에 비문학 책을 아이 스스로 읽는 것입니다. 이 경우 구조적 사고가 발달할 수 있습니다.

초등학교 4~6학년은 머리가 좋은 친구는 좋고 나쁜 친구는 나쁜 때입니다. 잘 변하지 않습니다. 이때는 좋은 책을 선별하여 비문학과 문학의 비율이 3:1이 되도록 해주시기 바랍니다. 비문학은 역사와 과학 등의 책이 특히 중요합니다. 오로지 글로 이루어진 책을 읽으면 더 좋지만 만화책도 학습에 도움이 되기 때문에 피할 필요는 없습니다. 학습 내용 위주의 학습만화가 있고 만화 이야기 위주의 학습만화가 있습니다. 만화 이야기 위주의 학습만화는 가짜 학습만화입니다. 이것은 전혀 도움이 되지 않습니다. 초등학교 6학년 때는 고전 학습만화를 추천합니다.

중학생 때는 중학교 및 고등학교 수준 이상의 고급독서에 도전해도 좋습니다. 인문과학, 사회과학, 자연과학의 비문학 독서는 물론, 시, 현대 소설, 고전소설, 수필 등도 학년을 구분하지 말고 높은 수준의 독서에 도전하면 좋습니다.

고등학교 때는 시사지와 과학 잡지 정도를 새롭게 읽어 나가며 중학교 때 읽었던 책과 고등학교에서 추천되는 독서를 쉬는 시간에 읽어 가면 좋습니다.

학년		비문학 영역	능력
고등		시사지, 과학 잡지, 전공 관련 도서	교과 통합, 주제별 통합사고 정교화, 글쓰기
탐구 독서	중3	자연과학+언어학, 수학, 시사	연구 논문 쓰기. 리포트 쓰기 주제별 통합 사고, 토론, 발표, 논술
	중2	사회과학(정치, 경제, 사회)	
	중1	실용+인문과학(심리, 철학, 역사)	
학습 독서	초6	경제, 미시사(과학사, 미술사, 문학사 등) 철학 독서, 기초 고전(만화 고전)	기초논리, 철학적 사고력
	초5	한국사, 세계사, 문학 독서	독해력 강화: 글 의도 분석, 표현 능력
	초4	지리 문화, 사회, 정치, 과학, 수학	이해력 강화: 지식 구조화 능력
	초 1/2/3	인물 독서, 감성 독서 과학 교양 지식 독서	개념 이해력(한자) 스키마 배경지식

국어, 과학, 사회 교과는 초등학교 5학년부터는 지리, 역사, 사회 문화, 정치, 경제 등의 도서와 물리, 화학, 지구과학, 생물, 수학과 관련된 도서 등 학습독서를 통해 배경지식 확보를 하고 교과서는 요약 훈련 도구로 활용하면서 예복습 위주로 진행하면 됩니다. 특히 초등학교 6에서 중학교 1학년까지 공부방법을 정교화해 중학교 2학년부터는 스스로 빨리 완벽히 공부할 수 있도록 준비해주면 좋습니다. 과학고 준비생들은 1, 2년 빨리 준비하면 됩니다.

시기별 시간 설계 세우는 법(시험계획 세우는 법)

학습에 중요한 시기는 방학, 학습기간, 수험기간 및 시험 기간 세 부분으로 나누어 볼 수 있습니다. 방학은 실력을 끌어 올릴 수 있는 절

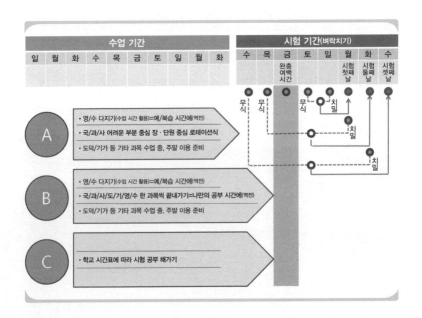

대적인 시간입니다. 학원을 많이 다니기 보다는 영어와 수학, 자신이 약한 한 과목을 중심으로 집중적으로 실력을 끌어 올리도록 절대적인 자기공부 시간을 확보하는 것이 좋습니다. 특히 전 학기 복습과 심화보충, 다음 학기의 예습 및 선행의 조화를 잘 이루도록 합니다.

학습기간은 보통 시험 전 한달 전까지를 말합니다. 이때는 영어, 수학을 중심으로 공부하고 다른 과목은 학교 수업에 충실하면서 예복습을 열심히 하고, 여유 시간에 독서 및 과학 심화 등을 하면 됩니다.

시험 기간이 다가오면 시험 2주 전부터 집중 시험공부 계획을 세웁니다. 실력이 부족한 학생은 3, 4주 전부터 부족한 과목을 중심으로 시험 준비를 해야 합니다. 특히 1학기 첫 중간고사를 대비할 때는 실력이 있는 학생들도 만반의 준비를 위해 3, 4주 전부터 시험 준비를 하는 것이 좋습니다.

시험을 준비하는 구체적인 방법에는 세 가지 유형이 있습니다. 전제 조건은 시험 기간 전에 영어, 수학은 충분히 공부해두고 나머지 과목도 예습 복습을 충실히 해두어야 한다는 것입니다.

시험 전 1, 2주 전에 영어, 수학 위주로 공부하는 학생은 절대로 최고의 고수가 될 수 없습니다. 사실 전교 5등 판별법은 간단합니다. 이때 영어, 수학 위주로 하는가, 기타 과목 중심으로 공부하는가 입니다. 이때 국어, 과학, 사회 등 다른 과목을 열심히 하고 있는 친구들이 최상위 학생들입니다. 이 친구들은 영어, 수학 정도는 평소 실력으로 시험을 봐도 만점을 받을 수 있도록 준비를 해두었기 때문입니다. 평소 영어, 수학에 시간을 할애하는데도 점수가 나오지 않는다면 분명히 무언가 잘못된 거겠죠. 평소에는 선행, 시험 기간은 현행이라는 논리로 정당화 하는 경우도 있는데 수학과 영어는 결코 그렇지 않습니다. 영어와 수학은 언어와 능력과목으로써 커다란 체제를 갖추고 있기 때문에 심화나 선행이 분리되어 있을 수가 없습니다.

벼락치기 기간에는 학원에 가지 말고 오로지 자신만의 정리 시간을 가지는 것이 좋습니다. 시험 2주 전부터는 선택적으로 조절합니다. 특히 시험 사흘 전 하루는 무계획이 계획이 되도록 해야 합니다. 아무 계획을 세워두면 안 됩니다. 혹시라도 내용이 어려워서 앞서 계획대로 진도가 나가지 않았거나 갑자기 학교 수행평가 과제가 주어지거나 또는 주변 사건이 일어나 계획에 차질이 생겼을 때 여백의 완충시간이 없으면 계속 이후 계획들이 무너지게 될 수 있기 때문입니다.

성공하는 방학 계획

방학 때 필요한 공부를 할 수 있는 시간이 많으므로 실력을 집중적으로 올릴 수 있는 몰입 학습을 해야 합니다. 학기 중에는 내신을 준비하고 학교 스케줄을 따라야 하기 때문에 실력을 급격히 올리거나 자신에게 부족한 부분을 채울 수 있는 시간이 부족합니다. 방학 때 실력을 올리고 학기 중에는 실력을 다지고 유지해야 합니다. 학습, 미래 준비, 취미 세 가지 영역별로 자신에게 맞게 방학 기본 설계를 세웁니다.

하위권은 학습 시간이 많이 걸리고 위계적 속성을 지닌 영어와 수학에 최대한 집중해야 합니다. 아이러니하게도 하위권일수록 학원 수업을 많이 받아 자신이 부족한 부분을 채우는 공부에 집중하지 못

방학공부	1. 학습		2.미래준비	3. 취미/충전
	영/수 집중	국/과/사 약점과목	진로탐색 진로준비	의식 교양독서 /여행/동아리 활동
최상위권 (뛰어넘기)	복습(심화):선행(심화)=10:10 • 영어: 독해+표현 • 수학: 복습/심화+선행/심화	• 약점과목 보완 • 전략과목 선행	• 목적 독서/ 탐구활동 • 자격증/ 경시준비	자율
중상위권 (바로하기)	복습(보충/심화):선행(기본) =1.0:0.5 • 영어: 독해/듣기+어휘 • 수학:복습/심화(1.0)+선행(0.5)	• 약점과목 보완_필수 • 약점과목 선행_선택	선택	자율-충전
하위권 (따라잡기)	바탕(보완):복습(보충)-1.0:0.5 • 영어:문법+어휘 • 수학:중1-현재학년 누적복습	선택		자율-충전

하는 경우를 많이 봅니다. 이 학생들은 혼자 하는 힘이 약하기에 도움을 받으면서 자신을 위한 공부 시간을 최대한 확보해야 합니다. 영어는 문법과 어휘를 집중적으로 잡고, 수학은 중학교 1학년 수학부터 현재 자신의 학년까지 교과서나 기본 개념서 중심으로 단기간에 체계를 잡는데 집중합니다. 시간이 남는다면 주요 과목 중 부담되는 과목을 가볍게 선행하도록 합니다. 인터넷 강의를 듣거나 관련 있는 책을 읽으며 모르는 개념을 정리해둡니다.

　중상위권은 영어, 수학은 기본이고 약점 과목의 약점 부분을 선택해 복습이나 예습을 해둡니다. 영어는 문법이 부족하면 다지고 독해와 듣기 실력을 올리도록 합니다. 어휘와 독해량을 늘리며 부족한 문법 사항만 보충하는 것도 한 방법입니다. 수학은 전 학기에 배운 내용 중 부족했던 부분을 집중적으로 보완해서 심화 문제까지 풀 수 있도록 하고, 다음 학기에 배울 개념을 전 학년별로 명확히 정리해

둡니다. 주말을 이용해서 자신을 충전할 수 있는 활동을 합니다.

최상위권 학생은 방학 본래의 목적을 살릴 필요가 있습니다. 학업을 보충하면서 입학사정관제를 고려해 취미, 적성 활동을 합니다. 외국 대학은 이 부분을 상당히 중요시 여깁니다. 영어, 수학은 '선 복습 후 예습' 원칙을 지키면서 심화 공부를 합니다. 국어, 과학탐구, 사회탐구의 부족한 부분을 심화 학습하고 선행은 진로와 관련 있는 과목의 필요한 부분만 합니다.

방학 계획을 세울 때는 다음과 같은 점에 유의합니다. 첫째, 무리한 계획은 절대로 세우지 않습니다. 무리한 계획을 세우면 부담도 되고, 자신감이 떨어질 수 있습니다. 해야 할 것을 모두 나열해 보고 자신의 상황에 맞게 우선순위를 정해 할 수 있는 것을 선택해서 집중합니다. 목표로 하는 양과 수준은 자세하고 명확하게 정합니다.

둘째, 빡빡한 시간표를 만들지 않습니다. 아직 공부의 고수가 아니라면 지키기 쉬운 단순한 계획표를 작성합니다. 예를 들어 하루를 오전, 오후, 저녁으로 나누어 오전에는 수학, 오후에는 영어, 저녁에는 약점 보완과 기타 사항 등으로 크게 시간을 나누어 몰입 학습을 하고 자투리 시간에 독서나 다른 과목을 복습합니다. 목표, 과목, 교재, 활동, 수준 등을 고려하여 일주일 정도 공부해 보면서 학습량과 시간을 조절합니다.

셋째, 계획이 밀릴 경우를 대비합니다. 시골에 내려가거나 캠프 등에 참가할 수 있으니 며칠 정도 만약을 위한 완충 여백 시간을 줍니다.

방학 때 공부하기 가장 좋은 곳은 공공도서관의 열람실입니다. 가장 좋지 않은 곳은 집입니다. 독서실이나 학원 자습실도 도움이 될 수 있지만 독서실에서는 낮에 집중하기 힘들 수 있습니다. 방학 때 학교 방과 후 수업이나 학원과 개인 과외는 최소한으로 합니다. 자신에게 부족한 것을 채우기 위한 수단으로 학원 수업이나 과외를 이용해야지, 이미 정해진 스케줄에 따라 간다면 자신의 인생 역전의 기회는 또 다시 사라지게 됩니다. 리듬을 살리기 위해 평일 한나절 정도 수업은 잘 활용해도 좋습니다. 방학에는 마음가짐이 중요합니다. 시간과 여유가 많을수록 자신을 절제하고, 집중해야 합니다. 매일 새벽에 일찍 일어나 공부하거나 가장 먼저 도서관에 가서 공부를 하거나 가장 늦게까지 공부하는 등 하루하루를 스스로 대견할 정도로 분발하고 노력하면서 생활하면 충만감을 느껴 열심히 공부하게 됩니다.

3장
★ ★ ★
진짜 진로지도는 다르다
Metacognition, Metathinking, Metasense

위나라의 임금이 편작에게 물었습니다. "그대의 형제 중에 누가 가장 병을 잘 치료하는가?" 편작이 대답했습니다. "저희 큰 형님의 의술이 가장 훌륭하고 그 다음은 둘째 형님의 의술이며 저의 의술이 가장 비천합니다." 임금이 그 이유를 묻자 편작은 다음과 같이 답변합니다. "큰 형님은 상대가 아픔을 느끼기 전에 얼굴빛을 보고 그에게 장차 병이 있을 것을 압니다. 그리하여 병이 생기기 전에 원인을 제거하여 줍니다. 상대는 아프지 않은 상태에서 치료를 받게 되고 따라서 의원이 자기의 병을 치료했다는 사실을 알지 못하게 됩니다. 큰 형님이 명의로 소문나지 않은 이유가 여기에 있습니다. 둘째 형님은 상대의 병세가 미미한 상태에서 병을 치료합니다. 이 경우의 환자도 의원이 자신의 병을 낫게 했다고 생각하지 않습니다. 그러나 저는 병이 커지고 환자가 고통 속에 신음할 때가 되어서야 비로소 병을 알아봅니다. 환자의 병이 심하므로 진기한 약을 먹이고 살을 도려내는 수술을 합니다. 사람들은 저의 행위를 보고 비로소 의원이 자신의 병을 고쳐 주었다고 믿게 됩니다. 그리하여 제가 명의로 소문이 나게 된 것입니다."

위 이야기는『갈관지』에 나오는 편작 이야기입니다. 세상에 떠도는 소문과 진실 사이에는 이렇게 큰 차이가 날 때가 많습니다. 가장 훌륭한 교육자는 편작의 큰 형님처럼 학생 스스로 공부할 수 있는 저력을 다지도록 어려서부터 독서와 학습의 기초 체력을 키워 주는 분입니다. 그 다음 훌륭한 교육자는 작은 형님과 같은 분으로 공부 방법과 기술을 가르치는 분입니다. 편작과 같은 교육자는 문제를 풀리고 지식을 암기시켜 눈에 보이는 결과를 만들어내는 수업을 하는 분입니다.

병이 생기기 전에 예방하는 것처럼 공부도 문제가 생기기 전에 어려서부터 독서를 많이 하고 스스로 공부하는 습관 및 역량을 기르는 것이 제일입니다. 때를 놓쳤다면 기본 지식을 보충하고 스스로 공부하는 훈련을 함으로써 더 큰 문제를 막아야 합니다. 마지막으로 스스로 할 수 없는 상태라면 다른 사람의 도움을 받는 최후의 수단을 강구해야 합니다.

이렇게 상황에 따라 처방이 다르듯이 이 챕터에서는 학생들의 수준과 목표에 따라 근본적으로 어떤 준비를 해야 하는지 살펴보겠습니다.

자녀를 공부의 주인공으로 만들기-학교 공부 따라잡기

다음에 제시하는 공부 내공은 공부방법보다 더 중요합니다. 아래의 것들이 잘 갖추어져 있으면 특별한 훈련 없이도 공부를 잘 할 수 있습니다. 올바른 가치관을 세우고 진로를 정해 사춘기를 현명하게 극복한다는 것을 전제로 삼는다면 말입니다. 뿌리가 상처를 입으면 꽃 피고 열매 맺는 데 많은 고통과 어려움이 따릅니다. 초등학교 때 평생 성적이 결정된다는 말이 조금도 틀리지 않습니다. 저학년 때부터 기초를 잘 닦아야 합니다.

공부 내공0: 통합인지-읽고 쓰고 듣고 말하기

실제 이해력과 독해력이 문제가 있는 학생들은 초등학교 6학년, 중학교 1학년의 경우 80퍼센트 이상입니다. 실제 영어, 수학은 어느 정도 해도 독서를 많이 한다고는 해도 심각할 정도입니다. 이해력은 글에서 설명하는 내용에 대한 개념과 구조를 파악하는 것이고 독해력은 글의 논리와 핵심 의도를 파악하는 것으로 나누어 볼 수 있습니다.

이 문제를 해결하기 위해 정교하게 읽고 요약하는 구조인지훈련, 혼자 또는 함께하는 질문사고훈련, 쓰고 말하기의 표현훈련이 필요합니다. 특히 머리가 좋다는 친구들도 대부분 문제가 심각한데 문제를 외면하는 경우가 대부분입니다. 형식적인 독서와 초등학교 교과과정의 활동중심 수업과 영상 수업 등으로 인해 아이들은 요약, 정리 능력이 상당히 떨어집니다.

독해력을 기르는 방법 중 하나가 심화 글 분석입니다. 짧은 좋은 글을 분석적으로 읽는 겁니다. 특히 경전을 연구하듯 치밀하게 단어의 의미와 문장의 맥락 의미, 다양한 해석 등 분석이 필요합니다. 교과서 지문도 좋은 재료입니다. 글에는 우리 몸처럼 뼈와 살이 있습니다. 글에서 문단을 나누고 그 안에서 생소한 단어를 찾아내어 그 의미를 사전에서 정확히 확인하도록 합니다. 이어 문장들의 구조와 의미를 파악하고 문장들 간의 관계를 구조화하여 중심 문장을 찾아 그 안에서 핵심어를 찾습니다. 중심 문장을 이어 지문의 줄거리를 만들고 핵심어를 이어 한 줄 요약 연습을 하는 것도 좋습니다. 모르는 단어 사전 찾기, 문맥을 이해해 문단 나누기, 핵심어 찾기, 핵심어로 중심 문장 만들기를 실천합다.

여기서 멈추지 말고 내용을 재구성해보고 글 속에 숨겨진 의미, 의도, 정서, 가치관 등을 파악하고 삶에 적용할 점을 찾는 등 하브루타 식으로 서로 질문하고 설명하며 그것을 통해 다시 글을 설계하고 쓰는 활동이 더해지면 금상첨화겠죠? 이런 훈련을 지속하면 지문이해 능력이 발전해서 책을 많이 읽기만 하는 아이들의 문제를 해결해줄 수도 있습니다. 위 과정대로 연습하면 어휘력 및 독해력, 구조화 능력 및 추론 능력까지 공부의 기초능력을 잘 형성할 수 있습니다.

공부 내공1: 독서 – 만능열쇠

에디슨, 빌 게이츠, 안철수의 공통점은 무엇일까요? 어린 시절 학교 또는 동네의 작은 도서관에 있는 모든 책을 읽었다는 겁니다. SAT 만점, 아이비리그 아홉 개 대학 동시 합격, 전미 최고 고교생을 뽑는

'웬디스 하이스쿨 하이즈먼 어워드' 아시아인 최초 수상 등 화려한 이력으로 세계를 놀라게 한 이형진은 부모님이 자신에게 준 가장 귀한 선물로 독서 습관을 꼽았습니다. 예일 대학교에서 윤리, 정치, 경제학을 전공한 그는 아주 어릴 때부터 부모님이 책을 사랑하는 유전자를 넣어 주신 것이 평생 가장 중요한 경쟁력이자 밑천이 될 것이라고 말합니다.

독서는 공부의 시작이자 끝입니다. 독서는 국어, 영어, 수학을 포함한 전 과목의 성적을 좌우하는 힘을 가지고 있습니다. 배경지식을 쌓게 하는 것은 물론이고 생각을 넓고 깊게 합니다. 또한 이해력과 집중력을 키워 줍니다. 필자는 사고력 학습 전략 등 공부공학 전문가로서 많은 기관에서 개발한 교육 프로그램을 분석했습니다. 어떤 프로그램도 학생이 자율적으로 몰입하는 독서를 능가하지 못했습니다. 포장은 요란하지만 건강에는 해로운 인스턴트 음식처럼 대부분의 프로그램이 겉은 그럴싸하지만 학생의 능력을 실질적으로 키워 주는 프로그램이 아니었습니다.

책에는 한 사람이 평생에 걸쳐 갈고 닦은 지식이 집적되어 있습니다. 영양 만점의 음식이 우리 몸을 건강하게 하듯이 독서는 우리의 정신을 풍요롭고 건강하게 합니다. 독서가 중요하다는 말은 진부한 말로 들립니다. 특히 공부할 시간도 없는 중·고등학생에게 이 말은 먼 나라의 이야기처럼 들릴 것입니다. 초등학교 때 책을 읽어야 중·고등학교 때도 독서할 수 있습니다. 유치원과 초등학교 때부터 독서하는 습관을 들여야 한다고 다시 한 번 강조하고 싶습니다.

학습 전략을 연구하면 할수록 독서가 정말 중요하다는 것을 알게 됩니다. 독서는 가장 강력한 내공의 핵심입니다. 앞서 말했듯 다섯 살 아이에게 좋은 기술을 아무리 가르쳐도 그 아이가 기술이 없는 스무 살 젊은이를 이길 수는 없습니다. 젊은이에게 아무런 기술이 없다고 해도 말입니다. 독서를 많이 한 학생들은 방법을 배우지 않아도 월등한 결과를 가져옵니다. 하지만 기초 내공이 없는 학생들은 아무리 좋은 방법을 배워도 다섯 살 아이처럼 배움의 효과가 적을 수밖에 없습니다.

이렇게 중요한 독서를 왜 안 할까요? 이유는 크게 두 가지입니다. 가장 큰 이유는 영어, 수학 공부에 너무 치중하기 때문입니다. 유치원과 초등학교 때는 독서와 수학에 더 큰 비중을 두길 권합니다. 이것저것 너무 많이 해서 바쁜 학생들도 독서를 소홀히 합니다. 어려서 많은 경험을 하는 것은 좋습니다. 하지만 하나라도 깊이 있는 경험을 하는 것이 풍성한 열매를 맺습니다.

둘째는 잘못된 독서 교육입니다. 주 1, 2회 독서 수업과 숙제로 일주일에 책 한두 권을 읽는 것은 별 도움이 되지 못합니다. 독서는 생활이 되어야 하고 반복되어야 합니다. 독서가 숙제여서는 안 됩니다. 숙제는 피하고 싶고, 빨리 끝내고 싶은 대상입니다. 하지만 독서는 기쁨이고 재미를 주는 친구로 느끼게 해주어야 합니다. 이를 위해서는 아이가 읽고 싶은 책을 읽게 해야 합니다. 문학 작품뿐만 아니라 역사나 과학 같은 비문학 책들도 조화롭게 읽어야 합니다. 문학보다 비문학 저술이 학업에 많은 도움을 줍니다. 독서가 비싼 과외보다 가치 있습니다.

성공적인 독서 방법은 무엇일까요? 세 가지 핵심 노하우를 알려 드리겠습니다.

첫째는 문학과 비문학 독서의 조화입니다. 어떤 학생은 소설이나 판타지 같은 문학만 좋아하고, 어떤 학생은 역사나 과학책만 좋아합니다. 성공적인 독서를 위해서는 문학과 신문, 잡지를 포함한 비문학을 조화롭게 읽어야 합니다. 이를 위해 자신이 좋아하는 책 한 권과 좋아하진 않지만 읽으면 좋은 책 한 권을 같이 읽는 방법이 좋습니다.

둘째는 신토피칼 독서입니다. 백 권의 책을 한 번 읽는 것보다는 열 권의 책을 열 번 읽는 것이 지식과 지혜를 더 키워 줍니다. 열 권의 책을 열 번 읽는 것보다 하나의 주제와 관련된 책을 백 권 읽는 것이 탁월한 지식과 지혜를 쌓게 합니다. 하나의 주제와 관련된 책을 폭넓게 읽으면 통합적 지식을 갖게 됩니다. 역사, 심리, 사회, 철학, 과학 등을 통합하여 통찰할 수 있게 됩니다. 이것이 천재를 이기는 독서법입니다. 몰입 독서의 힘은 정말 대단합니다. 주 1회 책 읽기를 넘어서는 독서 패러다임이 필요합니다.

셋째는 타이밍입니다. 유치원과 초등학교 때 독서 능력을 형성하기 않으면 대학생이 되어서나 독서할 수 있는 여유가 생깁니다. 중·고등학생 때는 독서를 할 마음의 여유가 없습니다. 평생의 친구이자 멘토가 될 책을 가까이 하는 결정적 시기는 유치원과 초등학교 때입니다. 나머지 독서의 기술은 부차적입니다. 이후 배울 공부방법을 여기에 더하면 충분합니다.

공부 내공2: 수학적 사고력 – 가까이 하기엔 너무 먼 당신

언어 능력과 함께 공부의 양대 축을 이루는 수학數學 능력은 말도 많고 탈도 많은 능력입니다. 수학을 잘하려면 기초 계산력, 개념과 공식 이해력, 수학적 감각(수, 방향, 거리, 공간 감각, 넓이, 무게, 부피, 수, 길이 보존력 등), 추론을 바탕으로 한 수학적 사고력(기호, 공식, 그림 등 수학 언어를 조작하여 문제를 해결하는 능력) 등이 있어야 합니다.

수학적 사고력은 열 살, 초등학교 3학년 전후로 전환기를 맞습니다. 초등 4학년부터는 그릇을 채우는 교육이 시작됩니다. 열 살 전까지는 그릇을 키우는 교육에 초점을 두어야 합니다. 종이 위에서 숫자 놀이를 하기보다는 일상생활과 실제 사물을 이용해 수학적 감각과 사고력을 높이는 교육에 초점을 맞추어 수학 근육을 길러야 합니다.

자녀를 MIT에 보낸 전평국 교수는 『국제적 우등생은 열 살 전에 키워진다』는 책에서 카드놀이, 윷놀이, 보드게임, 색종이, 시계, 차 번호판 숫자 더하기, 지도로 최단거리 찾기, 저울과 자 등을 이용해 수학적 환경에 노출하여 수학적 감각을 기를 것을 제안합니다. 전적으로 동의합니다. 더불어 충분히 운동하기와 몸으로 하는 놀이 게임을 적극 추천합니다. 운동과 놀이는 공간 감각은 물론 다양한 지구력과 집중력, 자신감을 갖게 합니다. 또한 블록이나 가전제품을 분해하고 조립하는 경험도 수학적 감각을 키우는데 도움이 됩니다.

초등학교 고학년이 되면 농구나 야구 등의 운동 기록을 분석해 보는 것이나 오목, 장기, 카드놀이 등을 하면서 승리를 위한 원리를 스스로 찾아보는 것이 도움이 됩니다. 수학 관련 책을 탐독하며 연구하는 것도 좋습니다. 재미와 함께 수학적 사고를 자연스럽게 키울 수 있습니다.

초등학교 고학년 수학에서 가장 영향력을 미치는 것이 분수와 비입니다. 요즘은 확률과 문제해결 과정이 더 중요시되는 것 같습니다.

의외로 중학교 수학 선행보다 초등학교 4~6학년 수학의 개념과 목표를 완성해두는 것이 훨씬 더 중요합니다. 왜냐하면 중학교 과학 응용의 바탕이 되는 모든 것이 그 안에 있고 실제로 수학적 사고력과 원리를 키우기에는 중학교 수학보다 초등 수학이 좋기 때문입니다. 좋은 문제들과 심화 문제들을 통해 깊게 고민해보고 다양한 방식으로 충분히 고민하는 시간을 주기 바랍니다.

특히 초등학교 고학년 때는 오랫동안 수학을 고민하는 시간을 주어야 합니다. 초등 고학년에서 준비해야 할 것은 중등 개념 선행과 초등 사고력 및 심화 문제에 대한 고민과 몰입의 시간을 확보하는 것입니다. 어느 한쪽만 진행해서는 문제가 심각해집니다.

고등학교 2학년으로 이과 전교 1등이고 모의고사도 0.2퍼센트 안에 드는 성우(가명)라는 학생이 있습니다. 성우는 초등학교 4학년 때 초등학교 6학년 내용까지, 초등학교 5학년 때 중학교 2학년까지, 초등학교 6학년 때 중학교 3학년과 수학10의 상 정도까지, 중학교 1학년 1학기까지 『정석』, 「10의 가」까지, 2학년 때 수1의 일부분까지 보았습니다. 중학교 2학년, 3학년 때는 수학 경시 문제를 풀었습니다. 이렇게 했더니 고등학교에서 다른 공부를 할 수 있어 경쟁력이 생겼다고 했습니다. 성우는 무조건 진도를 나간 것이 아니라, 영역별로 개념을 익히고 문제 풀이를 통해 실력을 다져왔습니다.

전평국 교수님은 가르치려 하지 말고 아이가 깨우칠 때까지 기다리라고 합니다. 아이 스스로 수학의 맛을 알아가야 한다고 주장합니다. 선행은 개념과 원리의 관계적 이해보다는 피상적인 개념과 주입적인 문제 풀이를 익히는 도구적 이해에 머무르게 한다는 것입니다. 수동적으로 공부하게 되면 스스로 공부하는 습관에서 멀어지니 결국 좋지 않은 결과를 가져온다고 합니다. 나아가 초등학교 때 수학 경시를 준비하려면 필연적으로 2년 이상의 선행학습을 하고 기계적인 문제 풀기 훈련을 하게 되므로 수학에 대한 흥미를 잃을 수 있다고 주장합니다. 어려운 문제에서 자괴감을 느끼고 수학에 대한 자신감을 잃고, 그로 인해 생각하는 힘이 약해지거나 사라질 수 있다는 것입니다. 실제로 너무 일찍 수학 위주로만 공부하다 기본적인 언어 능력 부족으로 어려움을 겪고 수학 실력도 그리 좋지 못한 학생을 많이 봅니다.

민족사관 고등학교를 졸업하고 서울대학교 공과대학에 합격한 한 학생은 이과에서 10등 안에 드는데, 초등학교 때 선행학습을 하지 않고 수학 독서를 하면서 심화 문제를 스스로 풀었습니다. 중학교에 올라와서도 2학년까지는 학교 방과 후 학습과 스스로 하는 공부를 통해 약간의 선행학습과 심화 공부를 했다고 합니다. 2학년 말부터 전문 학원을 통해 선행학습과 경시 준비를 해서 좋은 결과를 냈습니다.

사람마다 주장하는 의견이 모두 다릅니다. 누구의 주장이 옳은지 혼란스럽습니다. 하지만 공부방법이 다르더라도 수학에서 성공한 학생들에게는 공통점이 있습니다. 수학에 자신감이 있다는 겁니다. 흥미를 통해서든 성취감을 통해서든 수학에 대한 자신감이 가장 중요합니다. 다음은 선행을 하더라도 훑어보기 식 학습을 한 것이 아니라 단계를 착실히 다지면서 공부했다는 점입니다. 무조건 선행학습을 한 것이 아니라 단원별 또는 영역별 개념을 이해하고 심화 학습을 통해 자신의 공부로 소화했습니다. 선행학습을 하는 학생들 대다수는 진도를 따라가기에 급급해합니다. 그러다 보면 자기 것으로 소화하지 못해서 더 이상 진도를 나가지 못하고 주저앉습니다.

선행학습을 너무 부정적으로 볼 필요는 없습니다. 선행학습이 필요한 이유는 고등학교 진도가 너무 빠르기 때문입니다. 고등학교 2년 동안 엄청난 양의 수학을 배워야 합니다. 수학적 사고력이 탁월하게 잘 갖추어진 학생은 굳이 선행학습을 할 필요가 없겠지만 평범한 학생은 학교 수업을 따라가기도 버거운 것이 현실입니다. 수학적 내공을 가진 특별한 학생이 선행학습을 하지 않고 충분히 해 냈다는 사례가 모든 학생에게 적용될 수는 없습니다. 고등학교에 진학하기 전에 문과는 수학10 상하, 이과는 수1 정도까지는 개념은 물론 심화 공부까지 다져둬야 적응하고 경쟁할 수 있는 게 현실입니다. 단, 수학적 과정을 학년별 영역별로 충분히 다져 놓았다는 것을 전제로 드리는 말씀입니다.

성공적인 수학 공부를 위해서는 단위별 벽돌 식 학습과 영역별 계단식 학습을 해야 합니다. 흙으로만 만든 흙집은 금방 무너지지만 단단한 벽돌로 쌓은 집은 튼튼하듯이, 단위별(단원별)로 여러 번 다지면서 진도를 나가면 좋은 결과를 얻을 수 있습니다. 수학은 복습이 더 중요합니다. 배운 내용을 철저히 복습하는 것은 곧 다음에 배울 내용의 효과적인 예습이 됩니다.

수학은 나선형(나사 모양으로 전前 학년의 교육적 성취를 발판으로 점차 확장되고 심화되는 가는 교육 과정) 교육 과정에 근거하기 때문에 기초가 튼튼하지 못하면 다음 과정의 심화 공부를 할 수 없습니다. 수학의 이러한 특징을 고려하여 영역별로 기초를 다져놓아야 합니다. 19단을 외우면 수학 영재가 된다거나 주산만 배우면 수학은 그냥 된다는 등의 만능 수학 교육법에 현혹되지 말고 정도를 걷기를 바랍니다. 다른 과목 학습도 고려하여 시간 안배를 잘 해야 합니다. 한쪽 발만 길고 커서는 빠르게 달릴 수 없습니다. "요령을 가르쳐 주면 하루를 앞서는 아이를 만들 수 있지만, 스스로 요령을 깨칠 때까지 기다려 주면 평생을 앞서는 아이로 만들 수 있다."

공부 내공3: 역사 독서와 NIE – 과거와 현재의 대화

리더 양성을 위한 교육은 동서고금을 막론하고 문사철文史哲을 중요시했습니다. 이 중 역사가 갖는 학습의 의미를 살펴보겠습니다. 역사는 정치, 경제, 사회, 문화 등 모든 사회 과목에 도움이 되지만 특히 영어와 국어에 큰 도움이 됩니다. 시대적 배경의 이해 없이 문학 작품을 제대로 이해할 수 없기 때문입니다. 역사적 배경을 알면 작품을 수월하게 이해하고 해석할 수 있습니다.

역사 독서는 통합적 사고를 가능하게 합니다. 하나의 대상이나 주제에 대해 정치, 경제, 사회, 문화와 연결해서 이해할 수 있는 바탕을 제공합니다. 역사 독서는 직접적으로 사고 학습 능력을 발달시킵니다. 학습 능력은 곧 지식을 연결하는 능력입니다. 역사는 흐름 파악이 중요하기 때문에 연결해서 생각하는 힘을 기르게 합니다. 통합적 사고가 횡적 사고력이라면 흐름 파악을 하는 사고는 종적 사고력입니다. 역사는 체계적인 사고와 인과관계를 염두한 사고를 요구합니다. 지식을 연결해서 생각해야 하는 공부에 도움을 줍니다.

역사는 지혜의 보물창고이기도 합니다. 과거와 현재의 흐름을 파악함으로써 미래를 예측하고, 세상을 넓은 시야로 보도록 도와줍니다. 역사 속 인물들의 삶을 통해 정체성을 세울 수도 있습니다. 한

나라의 흥망성쇠, 한 개인의 흥망성쇠, 또는 조직의 흥망성쇠를 보면서 삶의 지혜를 얻기도 합니다. 성경에도 역사적 사실이 상당히 기록되어 있습니다.

역사 공부가 가장 필요한 때는 초등학교 5학년입니다. 그 이전에는 역사 학습을 위해 위인전이나 재미있는 역사적 사건을 중심으로 서술된 책을 읽으면 좋습니다. 6학년 때는 욕심을 부려 경제사, 문학사, 과학사 등 영역별, 주제별로 역사 독서를 하면 좋습니다.

NIE Newspaper in Education는 신문을 활용한 교육의 약자입니다. 신문은 실용 학문의 마지막 지점입니다. 신문을 읽을 때 학교에서 배운 교과 지식과 독서를 통해 얻은 지식을 바탕으로 표면적 이해를 넘어서야 합니다. 심층적으로 이해하고, 원인을 유추하고 결과를 예측할 수 있어야 합니다. 시대의 흐름을 꿰뚫는 통찰력과 스스로 살아가는 힘을 기르는 NIE는 교육의 궁극적 목적이라고 할 수 있습니다. 신문을 읽으면 어휘력과 독해력이 좋아집니다. 신문을 아이 스스로 읽는 시작점은 중학교 1학년이 적당합니다. 그 이전에 신문과 가까워지는 계기를 마련하면 좋습니다. 고등학교 때는 책 읽은 시간을 내기 힘들므로 신문으로 독서를 대신할 수 있습니다. 역사와 NIE는 논리적 사고력을 기르고, 아이디어와 통찰력을 얻을 수 있는 보물창고입니다.

공부 내공4: 한자 - 공부의 뿌리

한자 학습은 무조건 해야 합니다. 특히 어렸을 적에 말이죠. 실질적으로는 막연히 많은 독서보다도 한자와 독해력 훈련이 빠른 이해력의 발전에 더 큰 도움이 됩니다. 학습과 사고의 뿌리는 개념입니다. 개념은 각 글자의 의미가 조합되어 이루어집니다. 학업과 관련된 개념어 대부분이 한자어입니다. 한자를 알면 개념의 의미를 쉽게 이해하고 오래 기억할 수 있습니다. 한자 실력은 이해력과 추리력 등 사고력의 바탕입니다.

글은 문단으로 구성되고, 문단은 문장으로 만들어집니다. 문장은 단어로, 단어는 음절로 만들어집니다. 음절의 의미를 가장 정확히 알 수 있는 방법이 한자입니다. 최근 중국의 영향력이 커지면서 한자에 대한 관심이 커지고 있습니다. 우리말의 70퍼센트 이상이 한자어로 이루어져 있습니다. 한글은 표음문자이고, 한자는 표의문자입니다. 한자는 뜻 중심의 언어이기 때문에 정확한 의미 이해와 인지력 향상에 도움이 됩니다.

한자의 구성 원리는 기억의 원리와 관련 있습니다. 한자는 사물의 모양을 본떠 만들어졌거나, 여러 글자가 조합되어 만들어졌습니다. 글자가 만들어진 원리를 분석하여 한자를 공부하면 기억에 오래 남고 추리력을 기를 수 있습니다. 사고력 계발의 차원에서 한자 공부를 추천합니다. 한자 학습은 타이밍이 중요합니다. 다섯 살부터 초등학교 3학년 정도까지가 한자로 사고력을 계발하기에 가장 좋은 때입니다. 4학년 이후에도 한자 학습을 지속하는 것이 좋지만 초등학교 고학년부터는 영어, 중국어 등 외국어 학습에도 시간을 할애해야 하므로 한자 학습에 집중하기 어렵습니다.

주의해야 할 것은 한자를 위한 한자 공부는 피해야 합니다. 주객이 전도되는 것은 학업 부담을 높일 뿐입니다. 부수와 기본 개념들의 바탕이 되는 한자를 습득한 후에는 독해에서 어려운 낱말을 찾

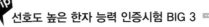

선호도 높은 한자 능력 인증시험 BIG 3

1. 한국어문회의 한자 능력 검정시험

   가장 공신력 있고 권위를 인정받는 자격시험입니다. 각종 취업이나 입시 등
   에도 공증된 시험이며, 우대 사항 또한 좋기 때문에 취업 준비생이나 학부
   모들이 선호하는 시험입니다.
   www.hanja.re.kr 02-6003-1400

2. 한자교육진흥회의 한자 자격 검정시험정시험

   한자실력급수, 아동한자지도사, 한문지도사 그리고 동양고전교육사와 한자
   혼용국어실력 등 다양한 자격증을 딸 수 있습니다. 난이도가 비교적 높지
   않아 처음 도전하는 학생들에게 좋습니다.
   www.hanja114.org 02-3406-9111

3. 대한검정회의 한자급수 자격시험

   순수한 문학과 한국학을 기본으로 전통을 이어가는 단체에서 주최하는 시
   험입니다. 고대 문어체와 중국어를 위한 한자 위주로 시험문제가 출제됩니
   다. 중국어나 동양 고전에 관심이 있고 그 분야를 공부하는 사람들이 주로
   응시하는 편입니다.
   www.hanja.ne.kr 02-386-4848

아 그 의미를 한자의 의미와 연결합니다. 철학과 의미가 담긴 한문 공부는 정신적인 자산으로서 좋은 교육도구이기에 시간이 허용되는 범위에서 도전하는 것이 좋습니다.『동몽선습』,『아학편』,『사자소학』으로 기초를 세우고『명심보감』,『격몽요결』로 실력을 세운 후『논어』등에 도전할 수 있습니다. 직접적으로 공부에 도움이 되는 한자 공부는 부수 한자, 교과서 개념 한자, 사자성어 한자, 어휘력 한자 등입니다.

공부 내공5: 체력과 자기 확신, 몰입 - 최고의 조건

이형진은『공부는 내 인생에 대한 예의다』에서 SAT 만점의 비밀 세

가지를 '체력과 자기 확신, 그리고 한 포인트에만 집중하기'를 듭니다. 이에 전적으로 동의합니다. 체력이 약한 학생이 많습니다. 대치동의 명문 고등학교 학생을 지도한 적이 있습니다. 그 학생은 머리도 좋고 수학도 잘했는데 체력이 너무 약해 자신의 역량을 제대로 발휘하지 못했습니다. 체력은 강력한 힘입니다. 체력이 약하면 집중력과 자신감이 떨어집니다. 슬럼프도 쉽게 옵니다. 공부에서의 파괴력도 약합니다. 공부만 하는 허약한 친구는 두려운 존재가 아닙니다. 집중력과 파괴력을 발휘해야 하는 고등학교를 대비하기 위해서 중학교 때까지 체력을 키우는 것이 중요합니다. 고등학교 3학년보다는 1, 2학년 때가, 고등학교보다는 초등학교와 중학교 때가, 시험 기간보다는 방학과 시험 준비 기간 전이 체력을 다지는 데 좋은 시기입니다.

　라면만 먹어도 공부할 수 있다는 생각은 버려야 합니다. 운동도 식사도 공부입니다. 두뇌와 건강에 좋은 식단을 짜고 바른 식사 습관을 가져야 합니다. 그리고 운동을 해야 합니다. 게으름과 시간 없음을 핑계 대서는 안 됩니다. 운동을 규칙적으로 지속하기는 쉽지 않습니다. 학교 체육 시간을 잘 활용하고 주말에는 한나절이라도 등산이나 테니스, 농구, 축구 등의 운동을 꼭 하길 바랍니다. 강한 체력에서 건강한 정신이 나옵니다. 아무거나 먹지 말아야 합니다. 영양이 풍부하고 건강한 음식을 먹어야 합니다. 수영처럼 기초 체력을 키울 수 있는 운동을 게을리 하지 말아야 합니다. 운동만큼 두뇌 건강에 좋은 것이 없습니다. 운동은 새로운 뇌세포의 증식을 증가시키고 활성화합니다.

　다음은 자기 확신입니다. 마인드 컨트롤을 하고 합리적인 신념 체제를 만드는 것이 중요합니다. 시험을 두려워하는 학생은 자신의 실력을 확인하고, 자신의 부족한 부분을 채우는 과정으로 시험을 받아들이면 조금 편해질 것입니다. 적당한 긴장은 학습을 돕지만 지나친 긴장과 두려움은 움츠리고 얼어붙게 만듭니다. 긴장을 해결하는 방법은 평소에 하면 된다는 생각을 실천하는 것입니다. 갑자기 어마어마한 해일이 다가오면 두려움에 움직이지 못할 겁니다. 평소에 해두어야 할 것을 미루지 말아야 합니다.

이와 관련하여 중요한 것이 가치관입니다. 초등학교 3학년부터 6학년까지는 가치관을 잡는 데 가장 효과적인 때입니다. 이때 아이의 가치관을 잡아주면 사춘기를 슬기롭게 넘기고 발전적인 자아를 만들 수 있습니다.

'한 포인트에만 집중하기'는 지금 하고 있는 일에 몰두하는 것을 말합니다. 가장 어리석은 사람은 과거를 후회하고 미래를 걱정하며 현재를 희생시키는 사람입니다. 쓸데없는 후회와 걱정에서 벗어나는 가장 좋은 방법은 지금 하는 일에 더 몰입하는 것입니다. 지금 해야 할 일로 머릿속을 가득 채우면 다른 생각이 들어오지 않습니다. 결국 마음이 모든 것의 시작이고 마지막입니다.

공부 내공6: 가치관 인성 학습 - 인생 성공을 위한 배움

마지막으로 공부를 잘하기 위해서 중요한 것이 학생의 가치관과 습관입니다. 신념 체계와 행동 패턴이라고 할 수 있겠죠. 공부, 인생, 세상에 대한 가치관이 없거나 왜곡된 가치관을 가진 학생을 많이 봅니다. 그런 학생들은 주변 환경에 쉽게 휩쓸리거나 비틀어지는 경우가 많습니다. 이들에게는 공부방법과 공부 태도에 대한 어떠한 조언도 의미가 없습니다.

초등학교 때 발전적이고 올바른 가치관을 형성해두고 공부할 수 있는 분위기와 공간을 확보해주는 것이 필요합니다. 올바른 가치관을 형성하는 데에는 양육 환경이 중요한 역할을 합니다. 초등학교 저학년 때까지는 흥미와 습관으로 공부할 수 있지만 초등학교 고학년 때까지 올바른 가치관을 형성하지 못하면 흥미와 습관만으로 공부를 지속할 수 없습니다.

초등학교 6학년에서 중학교 2,3학년까지는 마법의 시간입니다. 이때까지는 학생들의 가치관을 어느 정도 변화시킬 수 있습니다. 잘못된 가치관을 가진 학생을 변화시키기는 정말 어렵기에 가치관 교육도 타이밍이 있다고 볼 수 있습니다. 가정에서 가장 좋은 것은 3학년 전까지이고, 이때까지도 잘못된 가치관과 습관이 있다면 초등학교 4~6학년 때를 놓치지 말고 좋은 가치관과 습관을 만들 수 있도록 최선을 다해야 합니다.

가치관은 공부의 문제뿐만 아니라 삶의 태도와 직결됩니다. 인생에서 공부는 중요한 문제입니다. 인성 교육은 더 중요한 문제입니다. 학창시절 공부를 잘했지만 사회에 나와 어려움을 겪는 경우를 얼마나 많이 봅니까? 좋은 가치관은 자신을 발전시키고, 자신과 주변에 행복을 줄 수 있는 행동에 영향을 미칩니다. 긍정적이고, 적극적인 자세로 사는 태도가 중요합니다. 능동적인 마인드를 배울 수 있는 좋은 책을 항상 가까이 하기 바랍니다.

공부의 늪과 숲, 땜질식 처방은 이제 그만

잘못된 공부법의 결과는 고등학교 때 세 가지 양상으로 나타납니다. 내신 점수는 좋은데 모의고사와 수능 점수가 나오지 않는 경우, 중·고등학교 2학년 후반에 점수가 폭락하는 경우, 최상위권 진입이 안 되는 경우가 그것입니다.

내신 점수는 좋은데 모의고사나 수능점수가 나오지 않는 이유는 공부를 암기 위주, 주입식 수업 위주로 했기 때문입니다. 개념을 이해하고 스스로 생각하고 문제를 해결하는 원리 중심의 공부보다는 수업 내용이나 유형별 문제 풀이를 암기하는 방식으로 공부하면 모의고사나 수능에서 좋은 점수를 받기 어렵습니다.

중학교 또는 고등학교 2학년 후반에 점수가 폭락하는 이유는 벼락치기 위주의 임기응변적 공부법 때문입니다. 중학교 1학년이나 고등학교 1학년 초기의 성적 문제는 두뇌의 정보처리 속도와 관련되어 있습니다. 반면에 중학교 2학년 2학기나 고등학교 2학년 2학기 때의 성적 문제는 기초 실력과 관련되어 있습니다. 체계적으로 정리하고 반복하는 공부 습관이 잡히지 않아 실력이 탄탄하게 쌓이지 않은 학생은 학기말에 좋은 성적을 얻을 수 없습니다. 이런 학생들은 장기적인 안목으로 기초를 착실히 쌓는 공부를 해야 합니다.

상위 4퍼센트 내로 진입하지 못하는 학생들은 꼼꼼함과 응용력에 문제가 있습니다. 무식할 정도로 성실하고 완벽하게 공부를 해야 합니다. 또한 수업을 열심히 듣는 것에 그치지 말고 과목 특성에 맞게 응용력을 발휘하는 공부를 해야 상위 4퍼센트로 진입할 수 있습니다.

세 가지 문제의 공통점은 공부를 체계적이고 장기적으로 하지 않았다는 점입니다. 단기간에 성적을 올리는 땜질식 공부만으로는 한 계가 있습니다. 초등학교와 중학교 때 교육할 타이밍을 놓치고 고등 학생이 된 학생들을 비싼 학원이나 고액 과외에 맡긴들 문제가 해결 되는 것은 아닙니다. 어려서 공부할 수 있는 기반을 닦아 주고 고학 년이 될수록 혼자 공부하는 시간을 많이 확보해 주어야 한다는 것을 잊지 말기 바랍니다.

선행은 해야 하는가?

선행은 법적 제한의 필요성이 대두된 쟁점입니다. 안하자니 실제 특 목고, 자사고 입학과 입학 후 경쟁력의 문제가 있고, 하자니 선행의 노예가 되어 돈 낭비, 시간 낭비가 될 것 같습니다.

결론은 간단합니다. 현재의 것을 충분히 할 수 있는 친구만 선행 하면 됩니다. 현재 배우는 내용을 충분히 익히고 심화학습이 되어 있다면, 그리고 머리가 좋다면 해도 좋은 것이라 봅니다. 문제는 두 가지 입니다. 하나는 지금 것도 제대로 소화 못하는 데 다른 친구 따 라 선행을 하는 경우이고, 다른 경우는 선행이 반드시 필요한 부분 이 있는데 하지 않는 것입니다.

강남에서는 초등 고학년에서 중등학년까지 영어, 수학, 과학의 선 행이 유행처럼 진행되고 있습니다. 과고나 자사고 이과를 목표로 하 는 경우들입니다. 실제 영재고, 과고에 합격해서 경쟁력 있게 공부할 친구들은 정해져 있다고 보는데, 그들 외에는 거의 수학, 과학에 몰 두하면서 공부 균형이 깨지는 경우를 수없이 봅니다. 영어, 수학, 언 어, 과학, 사회 각자 나름 선행이 되어야 하고 되면 유리한 부분들이 있습니다. 앞서 학업설계에서 보았듯이, 적당한 수학의 예습 내지 선행이 없으면 현실적으로 고등 수학을 따라가기 어렵기 때문입니다. 반대로 언어, 과학, 사회가 잘 갖추어져 있으면 고등학교에서 수학에 집중할 수 있고, 고등학교 3학년부터는 수능형 공부를 해야 최고의 대학 학과에 갈 수 있다는 현실적인 문제가 있습니다.

내 자녀 공부 달인 만들기 – 학교공부 바로하기

학교나 학원에서 교사가 해주는 것을 따르다 보면 시간이 지나면서 자연적으로 공부하는 법을 터득한다고 여기는 사람이 있습니다. 또는 동기부여가 되고 머리가 어느 정도 좋으면 노력만 하면 된다고 생각하는 사람들도 있습니다. 하다 보면 시행착오를 통해 자신만의 공부법을 터득하게 된다는 것입니다. 그 논리는 일반적인 공부방법이나 원리는 없고 각 아이들마다 다른 공부법을 가지고 있다는 것입니다. 중요한 것은 학습 방법 자체가 아닌 지적인 능력과 노력 동기라고 말합니다.

물론 위 요소들이 중요하지만 15년 동안 학생들을 지켜본 결과는 반드시 그렇지만은 않습니다. 대부분의 학생은 제대로 된 공부법을 습득하지 못합니다. 일부의 신의 선택을 받은 학생들은 좋은 결과를 얻기도 합니다. 하지만 그것은 신화입니다. 미국 전 대통령의 명언을 기억하기 바랍니다. "진실의 가장 강대한 적은 의도적이고, 가식적이며, 비정직한 거짓이 아니라 지속적이고, 설득적이며, 비현실적인 신화다." 잘못된 신화가 수많은 아이들의 기회를 앗아가고 있는 것입니다.

이순신 장군을 아시나요? 이순신 장군의 여러 전투를 정확히 아는 지요? 그 중에 한산도 대첩과 명량해전은 아는지요? 영화 〈명량〉을 보면 디테일한 전투 과정이 담겨 있습니다. 그렇습니다. 영화를 보기 전까지는 그 정도로 디테일하게 알지는 못했을 겁니다. 이순신 장군에 대해 새롭게 무엇인가를 알려주겠다고 말하면 관심이 생기지는 않을 것입니다. 왜냐하면 이순신 장군에 대해 알고 있고 굳이 더 알아서 도움될 것이 없다고 생각하고 있으니까요.

거미는 어떤가요? 우리는 거미를 알고 있다고 생각합니다. 진짜 그런가요? 예일 대학교 학생 셔릴 하야시는 거미의 진화와 거미줄을 뽑아내는 능력을 중점적으로 연구하는 과정에서 어마어마한 강도를 가진 물질을 발견해 방탄조끼, 생분해성 수술봉합실, 아주 가볍지만 튼튼한 운동복을 만들 수 있는 아이디어를 발견하고 4학년 때 맥아더 '천재상'을 수상합니다. 진짜 안다는 것은 깊고 구체적인 이해를 의미합니다.

공부도 마찬가지입니다. 이해는 정리, 기억, 판단, 문제해결 등의 학습 프로세스 중 시작이라고 볼 수 있습니다. 이해에 대한 깊고 구체적인 이해를 하고 있는지요? 우리는 학습의 기초인 이해도 제대로 모릅니다. 단지 알고 있다고 착각할 뿐입니다. 이러한 바탕 위에서의 학습들은 어떻게 될까요? 당연히 무너질 겁니다.

공부의 역량만 있으면 공부를 잘할까요? 그렇지 않습니다. 실제 독서를 많이 한 친구들 중에도 좋은 성적을 얻지 못하는 학생들이 다수이고, 머리가 대단히 좋지만 역시 공부를 못하는 친구들도 수없이 많습니다. 이유는 다양합니다. 그 중의 상당 부분이 정서적인 문제와 공부방법의 문제입니다. 분명 자신에 맞는 공부법이 있고, 공부법은 다양합니다. 하지만 성공하는 공부법들의 근본원리는 일맥상통합니다. 문제는 인지, 기억, 사고방식 등에 대한 실증적 실험과 과학에 기반을 두지 않고 민간요법처럼 경험과 직관에서 나온 방법들을 적용하고 있다는 것입니다.

좀더 구체적인 공부방법에 대해서는 실전 편에서 살펴보고, 여기서는 최신 인지심리학이 밝혀낸 성공적인 공부방법들의 일반 원칙과 그 시사점을 소개하겠습니다.

단순반복 읽기 vs 인출연습과 반추

회독이라고 하는 단순한 반복 읽기는 시간이 많이 걸리고, 배운 내용이 기억에 오래 남지 않으며, 내용에 익숙해짐에 따라 완전히 통달했다는 느낌이 들면서 일종의 자기기만에 빠지게 되는 등의 문제를 지니고 있습니다. 즉 알고 있다는 착각을 갖게 하지만 실제 반복 자체가 탄탄한 장기 기억으로 이어지지 않는 등 별로 도움이 되지 않는다는 것입니다. 장기 기억된 것을 확인하여 유지 및 강화하는 효과는 있을 수 있으나 새로운 것을 기억하는 데는 인출에 노력을 들일수록 더 효과적이라는 겁니다.

인지심리 연구 결과, 같은 시간 단순 반복 읽기 대신 인출 연습을 많이 한 경우가 학업에 훨씬 더 효과적이라고 합니다. 인출 연습을 반복하면 기억을 오래 지속시키고 다양한 상황에서 쉽게 인출할 수 있고 다양한 문제에 적용할 수 있는 지식을 축적할 수 있는 장점이 있습니다. 회상을 반복하면 기억이 단단한 개념으로 뇌에 통합되기 쉬우며 그 지식이 인출되는 신경 회로가 강화되고 크게 증가한다는 겁니다. 인출이 최대 효과를 발휘하게 하려면 생각 없이 되뇌는 데 그치지 말고 어느 정도 인지적 노력을 들여 간격을 두고 반복해서 회상해야 한다고 합니다.

인출은 회상연습의 대표적인 방법으로 학생 스스로 설명해보기나 백지 테스트로 배운 내용을 써보면서 확인하고 적용할 수 있습니다. 백지에 자신이 배운 내용을 안보고 써보고 본 내용과 비교해 보는 것입니다. 부모나 교사는 시험을 적극적으로 활용해 인출의 기회를 확대하여 학생 스스로 잘 모르고 있거나 잘못 알고 있는 것을 발견하고 그것을 해결하는 방향을 잡아줄 수 있어야 합니다. 필자의 경우 수업을 시작할 때 우선 전 시간에 배운 내용 중 기억해야 할 것을 한 번 읽고 안 보고 써보거나 옆 친구에게 설명해보라고 합니다. 복습 및 인출의 기회를 주는 것입니다. 학습설계 시 학생의 의지에만 맡기지 말고 인출 방법을 적극 이용하면 훨씬 더 효과적이 됩니다.

인출 연습의 효과는 최근 유행하는 거꾸로 학습, 플립러닝과도 맥을 같이 합니다. 거꾸로 학습은 기본적으로 책을 읽거나 인터넷 강의를 듣는 등 본래 수업에서 진행되던 것을 집에서 예습으로 수행해 오고, 본 수업시간에는 일회의 지식전달 강의에 멈추지 않고 역으로 학생이 설명해보게 하거나 시험 또는 적용 등 다양한 인출연습과 피드백을 주는 활동을 하는 것입니다. 수업이 복습과 인출 연습이 이루어지는 기회로 학습설계를 하는 것으로 더 효과적이라는 것입니다.

집중 연습하기 vs 뒤섞여 연습하기

우리는 흔히 한 가지에 집중해서 반복하면 더 잘 배울 수 있을 거라 생각합니다. 하지만 인지심리학은 그렇지 않다고 말합니다. 순간적인 기억의 강화에는 맞는 말이지만 근본적이고 지속적인 변화를 가져오는 데는 오히려 간격을 두고 다양한 변화를 주는 방법이 더 효과적이라고 말합니다. 집중해서 반복하면 수월하면서도 빨리 발전되는 것으로 느껴지지만 실제는 그렇지 않다는 겁니다. 반면 뒤섞여 연습하면 즉각적으로 향상되는 느낌을 주지 않아 동기를 유발하고 노력을 강화시키지는 못한다고 합니다.

순간적인 변화가 아닌 지속적 변화의 정도를 의미하는 '습관 강도'를 높이는 세 가지 방법은 간격두기, 교차하기, 변화주기입니다. 간격두기는 시간 간격을 두고 몇 번에 걸쳐 나누어 연습하는 것을 말하고, 교차하기는 두 가지 이상의 대상을 교차하면서 연습하는 것을 말합니다. 변화주기는 단순 반복이 아닌 훈련 방법적인 변화를 주어 다양한 상황에 적응력과 판단력을 높이는 겁니다. 교차하기가 내용적인 변화를 준 것이라면 변화주기는 방법적인 변화를 주는 것에서 대비됩니다.

인지심리학은 연습의 교차와 변화가 개념적 학습과 응용, 더욱 깊이 있고 지속력 있는 학습을 가능하게 하여 더 높은 수준의 학습으로 나아가게 한다고 합니다. 이 내용은 우선 벼락치기의 문제점을 드러내줍니다. 폭식하고 토하는 습관에 비유되는 벼락치기는 결국 단기 기억으로 시험 성적은 나와도 결국 장기지식으로 남지 않아 시간이 흐르면 사라지는 지식이 된다는 겁니다.

수학에서의 유형별 수학 공부의 문제도 드러냅니다. 즉 유형별 풀이는 각 유형의 문제들을 집중적으로 풀고 다음 유형으로 넘어가는 것으로 같은 기술을 같은 방식으로만 연습하는 집중학습 모형에 해당하는 방법입니다. 따라서 수학 문제를 유형별로 같은 문제를 연속적으로 푸는 것보다는 두 가지 유형 이상의 문제를 교차해서 풀면서 변화를 주는 것이 좋습니다.

수학 공부에서 유형 문제집으로 공부할 경우 처음 공부할 때는 유형으로 공부하고 다시 공부할 때는 여러 유형이 섞여 있는 문제를 풀면서 공부하는 방법이 더 효과적입니다. 유형별 공부를 하면 우선 공부가 쉽게 느껴지고 아는 방법의 반복으로 인해 자신감과 흥미를 주기 때문입니다. 하지만 유형을 알 수 없도록 섞여있는 문제들을 풀 때는 우선 각 문제가 어떤 개념과 유형에 연관되어 있는지 판단하는 과정을 거치면서 변화하는 조건을 가늠하고 그에 맞춰 반응하는 능력을 계발해야 합니다.

항아리 수학 개념 공부법

'공부의 신' 유상근이 제시하는 항아리 수학 개념 공부법이 뒤섞여 연습하기 및 분산학습의 좋은 예가 될 수 있습니다. 항아리 수학 개념 공부법은 1과를 완전히 정복한 뒤 2과로 넘어가는 것이 아니라 첫 단원부터 마지막 단원까지 자기가 외울 수 있는 개념과 풀 수 있는 문제만 풀고 막히는 공식 및 문제는 남겨두고 넘어갔다가 다시 돌아와 같은 내용을 처음부터 다시 보는 것입니다. 본인이 이해했던 것, 외웠던 것들을 다시 외우고, 안 외워졌거나 난이도 있는 개념들까지 이해하고 외우기를 시도하여 개념을 쌓아 올리고, 풀지 못했던 문제들도 풀려고 노력해 보기를 7회 정도 반복하는 방법입니다.

이 방법은 여러 단원의 기초 개념을 확인 한 상태에서 다시 문제를 보게 해 주기에 문제에 대한 폭넓은 접근법을 알 수도 있고, 반복 누적됨으로써 자신의 힘으로 못 풀어보았던 문제들에 대해 여러 번 고민하는 기회를 가질 수 있는 등 장점이 많습니다. 하지만 순환 기간을 너무 오래 잡으면 비효율적일 수 있습니다.

바람직한 어려움 vs 바람직하지 못한 어려움

헬스장에서 보디빌딩을 할 때 다양한 도구를 이용합니다. 그 도구의 핵심 원리는 근육을 발달시키기 위해 자신의 근육에서 힘을 요하는 약간은 무겁거나 어려운 것이어야 한다는 겁니다. 여기서의 어려움은 근육의 발달을 가져오는 바람직한 어려움입니다. 두뇌도 마찬가지 입니다. 상식적으로도 쉬운 것보다는 감당할 수 있는 선에서 어려운 것에 도전할 때 인지력은 발달합니다. 문제는 어려운 것을 피하려는 본성을 발전하려는 의지로 이겨내야 한다는 거지만요.

학습이 이루어지는 인지 과정은 크게 부호화, 통합, 인출의 세 단계입니다. **부호화**는 뇌에서 감각 인식을 의미 있는 표상으로 변화하는 과정을 의미합니다. 즉 우리가 보고 듣는 것들을 정신 속에서 떠올릴 수 있는 모양과 형태로 표현하는 겁니다. **통합**은 장기기억을 위해 새로운 지식을 기존 지식과 연결하여 재조직하고 안정시키는 과정입니다. **인출**은 이미 기억된 지식을 꺼내어 보는 겁니다. 인출을 효과적으로 하기 위해서는 다양한 단서와 강하게 연관되어 있어야 합니다.

인지과정에서 바람직한 어려움은 기억을 재통합하여 강화하고, 인지와 운동 기술이 조합된 형태들인 심성 모형 형성을 촉진하고, 지식을 다양한 상황에서 능숙하게 적용하며, 개념적 학습을 돕고, 실전을 강하게 합니다. 즉 어렵게 공부해야 기억에 오래 남는다는 것입니다.

바람직한 어려움을 포함한 학습방법에는 단순 반복 읽기와 대비되는 질문 만들기와 학습일기, 리포트 쓰기, 또는 상위 난이도 문제 풀기 등이 있습니다. 질문은 공부한 내용에 대해 스스로 질문하고 답하는 것입니다. 핵심 내용은 무엇이지? 어떤 예가 있을까? 내가 이미 알고 있는 지식과는 어떻게 연결되지? 등의 적극적 질문 생성과 확인입니다. 학습일기는 바로 전 시간 또는 그날 또는 전에 배운 내용을 자신의 언어로 다시 표현해보는 겁니다. 또한 쉬운 문제를 많이 풀기보다는 자기 수준보다 약간 더 높은 난이도의 문제를 해결하려 할 때 먼저 배운 내용에 대한 기억과 회상 능력을 강화하고 인출경로를 확보하는 효과가 있습니다.

달리는 기차는 큰 나무를 두 동강 내면서 전진할 수 있지만, 멈춰 있는 기차는 바퀴에 나뭇조각 하나를 대 주기만 해도 잘 움직이지 않습니다. 달리는 기차처럼 능력 있는 학생은 할 수 있으나 멈춰 있는 기차처럼 처음 시작하거나 기초가 부족한 학생은 작은 어려움도 뛰어넘을 수 없는 장애물처럼 느낄 수 있습니다. 학습자가 노력을 더 했을 때도 극복할 수 없는 정도의 어려움은 바람직하지 못한 어려움입니다. 오히려 절망감과 좌절감을 줄 수 있습니다.

이 사실은 여러 시사점이 있습니다. 우선 자기주도학습에서 너무나 기초가 부족한 학생들은 어느 정도 자립해서 공부하기 전까지는 적극적 도움으로 지식을 보충해줘야 한다는 것입니다. 무조건 혼자 스스로 공부하는 것은 위험합니다. 예습은 바람직한 어려움을 유발하는 과정이라고 볼 수 있습니다. 새로운 내용을 먼저 이해하고 준비하는 과정은 항상 새로운 도전을 요구하기 때문입니다. 수학의 경우는 스스로 개념을 읽으면서 이해를 시도하고 문제도 풀어보고 수업에 들어가야 합니다. 국어의 경우는 학생 스스로 작품을 읽고 분석을 한 상황에서 수업에 참여하면서 선생님이 설명해주는 것과 비교하는 것이 더 학습효과를 올릴 수 있습니다. 복습할 때도 단순반복이 아닌 조금이라도 더 어려운 활동이나 내용을 추가하는 것이 바람직하다는 것입니다.

진짜 앎 vs 가짜 앎

'아는 것'과 '아는 것 같은 것'을 구별해야 합니다. 특히 남학생들은 적당히 아는 수준까지 공부하고 그만두는 경향이 많습니다. 기억은 변화할 수 있다는 특성이 긍정적으로 발휘되면 창의력의 바탕이 될 수도 있지만 부정적으로는 앎의 착각과 왜곡을 가져올 수도 있습니다. 학생이 제대로 알고 있는지에 대한 의식적인 점검이 수시로 이루어져야 합니다. 아는 것과 모르는 것을 구분하고 모르는 것을 더 반복하며 공부해야 합니다.

이때 중요한 역할을 하는 것이 생각에 대한 생각으로서 자신의 생각을 지켜보는 메타인지입니다. 메타인지의 다양한 기능 중의 하나가 바로 자신이 무엇을 알고 무엇을 모르는지를 판단할 수 있는 눈을 준다는 겁니다. 우수한 성적을 보이는 학생들은 메타인지가 높아 정확히 자신이 모르는 것을 인지하여 그 약점을 보완하여 고득점을 합니다.

메타인지력이 약한 학습자들은 의식적으로 자기 점검 및 반추 활동이 필요합니다. 잦은 시험과 인출 연습을 통해 자신이 실제로 아는 부분과 안다고 착각하는 부분을 확인하는 일입니다. 혼자 하는 자기 점검으로 수시로 설명하고 비교하는 테스트, 스스로 의문을 던지고 답하며 반추하는 활동이 있습니다. 반추는 전에 배운 지식과 훈련 내용을 인출하기, 이것을 새로운 경험과 연결하기, 다음에 시도해볼 다른 방식을 시각화하고 머릿속에서 연습하기 등의 활동입니다. 친구나 다른 사람과 짝지어 설명하고 질문을 주고받는 방법도 좋은 방법입니다. 유대인의 짝학습인 하브루타 방식(친구, 짝이란 뜻의 히브리어로, 짝지어 대화하고 토론하고 논쟁하는 유대인의 전통적인 교육방식)으로 하는 것도 좋은 방법이 될 겁니다.

우리가 잘못된 판단에 취약하다는 것은 스스로 공부할 내용과 진도, 공부방법을 가장 잘 아는 사람이 학생이라는 입장을 가진 자기주도학습의 문제점을 지적합니다. 러시아의 교육심리학자인 비고츠키의 '잠재적 발달 수준'의 개념은 유능한 친구나 전문가의 도움의 필요성을 말해줍니다. 부모든 전문가든 도움을 받으며 혼자 할 수 있는 영역보다 더 높은 성취를 가질 수 있다는 겁니다. 도움을 주는 방법은 우선 효율적인 학습계획을 세우도록 알려주고, 실천 여부를 점검하며 지속적으로 해나갈 수 있게 북돋아 주고, 계획과 실행 전반에 대한 피드백을 해주어 다음에는 스스로 자가 점검을 하고 수정해 나갈 수 있도록 해야 합니다.

유형 학습 vs 능동적 학습

사람마다 학습 유형이 다르고 자신만의 공부 스타일이 있다는 것은 자명한 사실입니다. MBTI, 애니어그램, 기질(오행), DISC, 혈액형별 학습법, 좌우뇌형 학습법 등 다양한 방법이 제시되고 있습니다. 이 외에도 다음과 같은 유형으로 분류하여 유형별 학습을 해야 한다고 합니다.

- 구체적으로 인식하는 유형 vs 추상적으로 인식하는 유형
- 능동적으로 실험하며 정보를 처리하는 유형 vs 깊이 생가하며 관찰하는 유형
- 무작위로 구성하는 유형 vs 순서대로 구성하는 유형
- 시각형, 청각형, 운동 감각형, 읽기형

놀랍게도 최신 인지심리학은 선호하는 학습 유형의 존재는 인정하지만 선호하는 학습 유형에 맞아야 더 잘 배울 수 있다는 것에는 동의하지 않습니다. 오히려 학습 유형이 과목의 특성과 맞는지가 더욱 중요하다고 합니다. 과목별 주제별 내용의 특성에 맞게 학습하느냐가 학습 결과와 연관성이 더 크다는 겁니다. 학습 유형에 얽매이지 말고 모든 방식을 이용하여 원하는 지식이나 기술을 습득해야 합니다. 우수한 학습자들은 공통적으로 지식의 구조를 형성하고 규칙을 뽑아내는 등 능동적인 학습을 하는 특성이 있습니다. 이들은 새로운 경험에서 근본적인 원리나 규칙을 뽑아내어 자신이 알고 있는 내용과 통합하고 다양한 상황에서 응용하는 데 탁월하다는 겁니다.

유형별 학습의 가장 위험한 부분은 자신의 공부 방식을 한정한다
는 겁니다. 즉 자신의 스타일대로만 한다는 겁니다. 그것은 철저히
자기중심적인 생각입니다. 원칙은 지피지기의 원리로 내용의 특성
과 나의 특성을 같이 살피어 조정하고 조절해야 합니다. 오히려 더
실용적이고 효과적인 접근은 자신이 선호하는 유형으로 먼저 접근
해서 학습하고 이어 보충하는 차원에서 다른 방식들로도 접근해보
는 겁니다.

내 자녀 공부 리더 만들기-학교공부 뛰어 넘기

최근 자율주행차 개발 및 구글의 바둑인공지능AI 알파고 등 인공지
능 시대, 테크 빅뱅 시대가 새로이 전개되며 새로운 시대가 예상되
고 있습니다. 산업시대 이후 지식기반 스마트 시대로 기계와 인간의
경계가 모호해지고 기계가 인간과의 공존대상이자 경쟁 대상으로
떠오르는 시대를 눈앞에 두고 있습니다. 그 의미는 산업과 직업의
질서가 급격히 변화한다는 것입니다. 과거와 현재의 변화가 더 빠르
고 크게 일어나 기존의 수많은 직업이 사라지고 새로운 직업이 만들
어질 것입니다. 트럭 운전사는 지능형 로봇과 대용량 데이터 분석에
의한 자율주행 트럭으로 대체되고, 더 많은 영역에서 인공지능이 대
두될 것입니다. 아는 지식이 아닌 알아내는 힘과 창의력이 더욱 중
요해지고 있습니다.

학교 성적과 공부만으로 미래가 보장되지 않는 시대임을 우리는
강하게 느끼고 있습니다. 최근 수많은 대학생들이 취업대란에 고통

스러워하는 모습을 자주 볼 수 있고 사회적 문제로 심각하게 드러나고 있습니다. 이에 학교공부를 뛰어넘는 준비가 필요합니다. 자신만의 차별성을 만들어야 합니다. 성적을 뛰어넘는 가장 강력한 공부의 세계에 대해 살펴보겠습니다.

최고의 공부

세계 최고의 공부법 권위자이면서 컬럼비아 대학교의 부학장인 켄 베인은 창의성의 천재들에 대한 30년 보고서인 『최고의 공부』에서 꿈을 실현하는 평생 공부법을 제시합니다. 그는 피상적 학습자, 전략적 학습자, 심층적 학습자라는 심리학자들이 구분한 세 가지 학습 유형을 빌려 공부의 특징과 방법을 말합니다.

피상적 학습자는 글에 담긴 단편적인 사실과 단어들을 암기하는 데 집중하고 자신이 읽은 내용을 활용하기 보다는 시험을 통과하는 것에만 집중하는 모습을 보입니다. 이들은 과제에서 벗어나거나 공부가 수월할 때 , 힘들게 공부하지 않아도 될 때를 좋아합니다.

심층적 학습자는 마음이 끌리는 분야를 찾아 새로운 아이디어가 떠오르고 더 배우고 싶은 학습 의욕을 느낄 때 자부심을 느끼고, 글 뒤에 숨어 있는 속뜻과 응용 방법을 생각합니다. 한 가지 아이디어나 추론의 방향 또는 사실이 글 전체 맥락에 어떤 영향을 미치는지, 그것이 자신이 이미 배운 것과 어떻게 연결되는지 파악하려고 애쓰는 학습자입니다.

전략적 학습자는 남들보다 높은 점수를 받아서 자신이 똑똑하다는 걸 보여주면서 자부심을 느끼고, 좋은 상위 학교에 진학을 위해 좋은 성적을 올리는 것을 주요 목표로 합니다. 학급에서 두각을 나타내기도 하는 등 많은 면에서 심층적인 학습자들과 비슷해 보이지만 결정적 차이는 근본적인 관심사가 다른 것입니다. 이들은 점수를 따는 데만 집중하고 좋은 성적으로 졸업하고 인정받고자 하는 겁니다.

중요한 것은 피상적인 학습자뿐만 아니라 전략적 학습자도 한계가 있다는 겁니다. 이 유형들은 시험을 잘 치를 수도 있고 아닐 수도 있지만, 공부 과정에서 남는 것이 아무것도 없기 때문에 결과 자체는 같다는 것입니다. 전략적 학습자들은 성적과 연관되어 있는 정해진 공부 외에는 하지 않고, 화학이나 물리 시험에서 정확한 공식에 알맞은 숫자를 집어넣을 줄 알고 서술형 문제에 적절한 답을 써낼 줄 알지만, 판에 박힌 전문가가 되어 절차대로 움직일 뿐입니다. 뿐만 아니라 학교생활에 염증을 느끼고, 시험에 대한 불안감, 심지어 공부에 대한 우울증까지 겪습니다. 새로운 문제에 도전하는 것을 즐기지 않으며 많은 배움을 얻지도 못합니다. 공부는 수단일 뿐입니다. 진정한 의미의 이해도 어떤 혁신적 창조도 하지 못하는 겁니다.

심층적 학습자들은 항상 안정적인 정서상태로 깊이 있는 학습을 합니다. 깊이 있는 학습이란 자신의 교육을 스스로 관리하고, 새로운 것을 이해하고 창조하며, 표면 아래 숨어 있는 의미를 찾는 겁니다. 이들은 무엇을 공부하든 새로운 문제를 제기하고 다양한 해결법을 습득해 깊이 있게 파고듭니다. 이들이 위대한 발견을 하고 혁신적으로 문제를 해결하는 등 생산성이 높은 사람이 되어 성장과 창조를 계속하는 사람들이 됩니다. 맥아더 천재상을 수상한 셔릴 하야시, 풋볼 프로 선수 입단 제의까지 받았던 화학 노벨수상자 더들리 허슈바

흐 등이 그 예가 될 겁니다. 특히 이세돌 9단을 4:1로 승리한 인공지능 알파고의 개발자는 어려서 체스 천재로 게임과 인간의 지능에 가까운 새로운 설계를 통해 인공지능의 새로운 세계를 열어가고 있습니다. 이런 혁신은 새로운 시대에 점수를 뛰어넘는 새로운 도전의 심층학습의 필요성을 보여줍니다.

심층적 학습자들은 폭넓은 분야를 탐색하고, 자신을 사랑하며, 생각하고 질문하고 토론하기를 좋아하고, 꾸준한 노력이 타고난 지능을 이긴다는 믿음 가지고 있으며, 자신의 생각을 통제할 수 아는 특징이 있습니다. 세상을 변화시키는 공부를 하는 친구들은 영재가 아니라 어떤 주제에 대해 호기심과 경외감, 열정을 가지고 세상에 대한 관심을 잃지 않으면서 꾸준히 배움과 연구에 매진하는 학생들입니다. 그들에게 성적은 중요하지 않습니다. 그들의 행위는 새로운 세계를 창조하고 자신들의 한계에 도전하여 성장하고 싶다는 내적 욕망에서 비롯된다는 겁니다.

평범한 학생들이 위대해질 수 있는 공부는 자신에게 의미 있는 주제를 찾아 더 깊은 수준으로 배우고 연구하면 된다는 겁니다. 최고의 공부를 위해서는 단편적인 사실들만 파악하면 풀 수 있는 선다형 시험이나 방대한 학업 분량을 소화해야 하는 교육시스템이 변화해야 할 것입니다. 깊이 있는 배움보다는 성적과 학위의 중요성만을 강조하는 사회의 틀을 벗어나는 패러다임의 변화를 기대해 봅니다.

영재발굴단

〈영재발굴단〉이라는 예능 프로그램은 두 가지 유형의 영재를 보여

줍니다. 하나는 타고나기를 뛰어난 음악이나 미술 등의 재능을 가진 친구들이고, 다른 하나는 한 분야에 몰입하여 지속적으로 학습하고 연구하여 타의 추종을 불허하는 능력을 보여주는 친구들입니다. 후자의 예로 최고층 빌딩을 연구하는 이창섭, 자동차 박사 김건, 비행기 마니아 이택현, 뮤지컬 소녀 김서정 등이 있습니다. 이들의 공통점은 어려서부터 하나에 집중적인 관심을 갖고 지속적으로 학습하고 연구한 겁니다. 앞서 살펴본 최고의 공부를 하는 심층적 학습자들과 같은 모습입니다.

여기서 주는 메시지는 두 가지 입니다. 하나는 좀더 어릴 적부터 어떤 한 분야의 탁월성을 길러주는 교육의 필요성입니다. 유치원이나 초등학교 저학년부터 교과 외 하나 이상의 관심 주제를 설정하여 지속적으로 배우고 연구하고 실험하는 과정이 필요합니다. 적게는 4년에서 길게는 8년 정도의 시간 동안 한 분야를 깊게 파고 들 수 있으려면 어린 시절부터 끼와 재능을 살려주어야 합니다. 중학생이 되면 성적 위주의 공부를 하기도 시간이 부족하기 때문입니다.

다른 하나는 재능을 살려줄 수 있는 진로지도와 입시제도의 필요성입니다. 입학사정관제가 그 좋은 방법이 될 수 있습니다. 현재의 입학사정관제가 너무 복잡하고 형식적이고, 다른 사람이 논문을 대신 써주는 등의 폐해가 있어 빈부 격차를 양성하는 도구로 전락될 위험성도 있습니다. 하지만 교과 성적 위주의 것으로만 판단할 수 없는 인재들을 발굴 할 수 있는 방법이기도 합니다.

공부하는 인간 – 유대인 교육

위대한 교육에서 빼 놓을 수 없는 것이 유대인의 교육입니다. 다큐멘터리 〈공부하는 인간〉에서 세계의 다양한 교육방식을 보여줬는데 으뜸은 유대인의 교육 방식이었습니다. 유대인은 전 세계 인구의 0.2퍼센트지만 노벨상의 22퍼센트를 차지하고, 세계적인 영화사를 휩쓸고 경제와 과학을 선도하는 세계에 가장 영향력 있는 민족입니다. 노벨상 외에도 아인슈타인, 스티브 잡스, 스티븐 스필버그, 마크 주커버그, 앨런 그리스펀, 밴 버냉키 등 유명한 다수가 유대인입니다.

위대한 성취를 이끄는 유대인의 힘은 신앙과 교육에서 나옵니다. 『탈무드』와 하브루타 등 유대인의 교육에 관심을 갖습니다. 문제는 피상적인 이해입니다. 유대인의 교육 시스템을 제대로 이해하면 그렇게 될 수밖에 없다는 것을 깨닫게 됩니다. 대다수의 유대인은 세 살부터 히브리어 알파벳 공부를 시키고, 다섯 살부터 구약성경의 모세5경인 『토라』를 읽기 시작하며 히브리어를 공부합니다. 열 살 정도 되면 제2의 경전인 『미쉬나』, 구전 『토라』와 그에 대한 다양한 해석이 담긴 『탈무드』를 읽기 시작합니다. 『토라』를 암송하며 열다섯 살부터 7년 단위로 역사, 철학, 법률, 의학, 문학, 과학 등이 망라된 『탈무드』를 읽고 삶에 적용하는 방법을 고민합니다.

흔히 알고 있는 시중의 『탈무드』는 진짜 『탈무드』가 아닙니다. 최근 유행하는 하브루타는 '공부하는 파트너'를 의미하는데 두 사람씩 짝지어 토론하는 방식을 의미합니다. 단순히 암기하고 설명하는 것이 아닌 서로 토론하며 그 본질적 의미와 다른 해석들을 찾아내고 논리적인 근거를 대면서 생각을 예리하게 만들어 가는 것입니다. 하브루타는 분명 단순히 주어진 단편적인 내용을 암기하거나 또는 설명해보기라는 방식보다는 탁월한 교육방식입니다. 더 중요한 포인트들이 있습니다. 『탈무드』는 내용적인 교훈이 중요한 게 아니라, 하나의 내용에 대해 다양한 해석을 내릴 수 있어 다양한 생각과 그 논리를 획득할 수 있고, 그것을 다르게 해석하고 삶에 적용하는 것을 강조함으로써 창의력과 응용력을 높이고 있다는 겁니다.

어려서부터 모세5경(창세기, 출애굽기, 레위기, 민수기, 신명기)을 암송함으로써 다양한 언어를 배우고 언어 인지력, 끈기를 배울 수 있습니다. 또한 경전의 가치관이 사춘기가 되기 전에 확고히 이루어져 인성 및 신념 교육이 자연스럽게 이루어집니다.

피상적인 껍데기만을 보기보다는 모든 것에서 배움을 얻는 자세, 고난과 역경을 기회를 바꾸는 지혜, 보이지 않는 본질적 의미를 찾아내고 다양한 해석을 논리적으로 이끌어내는 능력, 하나님으로부터 선택받은 민족으로서의 자긍심 등이 융합된 보다 본질적인 것에서 유대인 교육의 가치와 힘을 찾아야 할 겁니다. 원리, 교육, 적용의 구조를 가진 『탈무드』와 『토라』의 체계도 의미 있게 볼 부분입니다. 경전을 깊고 다양하게 해석하는 공부의 필요성을 느낄 수 있습니다.

아쉽게도 대한민국에서 학문적인 노벨상을 받은 사람은 없습니다. 뛰어난 열의와 능력들이 있음에도 점수 위주의 공부, 지식 위주의 공부, 빠른 결과라는 틀 안에 갇혀 더 큰 발전을 이루지 못하고 있습니다. 어쩌면 이 장에서 이상적인 교육을 살펴봄으로 새로운 교육을 위한 방향의 나침반은 얻었으리라 봅니다. 보다 완전한 교육, 한계를 뛰어넘는 대안교육 시스템을 고민하고 만들어가기를 기대합니다.

천재와 창재

정신과 전문의이자 뇌과학자인 이시형 박사의 말처럼 작금은 "천재 아닌 창재의 시대"입니다. 천재는 한 분야에서 특출한 재능을 보이는 사람입니다. 반면 창재는 사회적으로 창조적이며 성공적인 결과를 만들어 낸 창조적 인재를 의미합니다. 창조적 인재는 후천적인 노력으로 공부를 통해 얻은 정보와 지식을 활용하는 문제해결 능력이 탁월하고 자기감정 조절과 대인 관계에 능한 특징이 있습니다. 이들은 새로운 일을 생각하거나 도전하기를 주저하지 않는 융합과 몰입의 인재입니다.

학자들의 연구에 따르면 확실한 주인의식, 변화해야 한다는 문제의식, 새로운 것을 만들어야 한다는 굳은 의지가 창조의 계기가 되고 바탕이 됩니다. 이것은 타고난 지능보다는 정서와 의지에 의해 창조적 인재가 될 수 있다는 겁니다. 요즘처럼 변화가 빠른 시대에 필요한 능력은 어느 시대에서든 건강하게 적응하는 것입니다. 상황을 잘 참고 견뎌낼 수 있는 인내력, 실패나 좌절에서도 다시 일어설 수 있는 복구력, 누구와도 잘 지낼 수 있는 유연성, 어떤 일에도 적응할 수 있는 융통성 등 이시형 박사의 자기감정 통제력과 김주환 교수의 그릿Grit과 같은 비인지적 요소의 중요성을 확인할 수 있습니다.

4장

★ ★ ★

영역별 공부의 기술은 다르다
– 공부 메커니즘의 총체적 이해와 입체적 학습설계

Metacognition, Metathinking, Metasense

지피지기면 백전백승이라죠? 학습자의 특성과 목표 과목의 특성을 파악하고 적절하게 대응할 수 있는 다양한 공부 전략을 파악한다면 공부에서도 승리하는 데 더 유리할 것입니다. 공부는 장소와 시간이라는 물리적 환경과 제도라는 인문적 환경 속에서 학생이 교과목을 다양한 물적·정신적 도구를 이용해 처리하는 활동입니다. 우리가 실제 공부하는 상황은 다음과 같이 학습자, 처리도구, 교과목, 시간과 공간, 제도와 교수기법적 환경의 네 가지 메커니즘으로 이해할 수 있습니다.

어느 한 부분만이 아닌 공부상황을 전체적으로 살펴봄으로써 제대로 된 학습설계를 할 수 있습니다. 즉 장님 코끼리 만지듯, 일부만 보고 판단하고 조절해서는 부족하거나 잘못 이해할 수 있습니다. 학부모나 전문가는 학생의 공부 상황을 파악할 때 위 상황을 입체적이

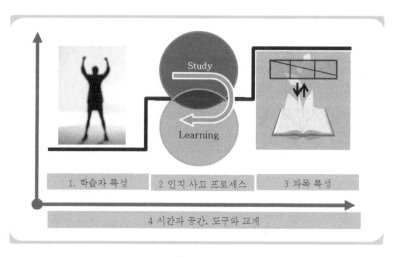

공부상황 메커니즘

고 다면적으로 고려해야 보다 만족할 수 있는 진단과 처방을 할 수 있습니다.

교과목의 지식적 측면만(가장 오른쪽)을 중요시 여겨 어떤 교재를 누구에게 배워야 하는가에만 초점을 맞추는 경우가 있고(티칭 중심), 공부방법과 독해력만(중간) 중요하다고 보는 경우도 있습니다(코칭 중심). 또 학습자의 두뇌, 동기, 습관만의 훈련을 통해 해결하면 된다고 말하기도 합니다(트레이닝). 어떤 사람은 공부 장소와 제도 등 환경이 중요하다고 하고 결정적 타이밍이 중요하다고도 합니다(컨설팅/멘토링). 모두 맞는 말이면서 틀린 말입니다. 모든 측면을 고려하지 않는다면 부분적으로는 옳지만 전체적으로는 잘못된 이해와 처방이 이루어질 수 있기 때문입니다.

1990년대까지는 누구에게서 어떤 교재로 공부하느냐를 중요시 했습니다. 아무리 좋은 선생님과 좋은 교재로 똑같이 공부해도 같은 교실에서 1등과 꼴지는 나누어지고, 극히 일부의 상위권 학생만 제대로 공부하고 나머지는 들러리에 불과하다는 것을 알았습니다. 문제를 인식한 사람들은 좋은 강의들을 잘 습득할 수 있는 좀더 근본적인 공부방법과 독해 능력에 대해 관심을 갖게 되었습니다. 독서를 강조했던 맥락은 이정도 수준의 처방입니다. 중위권까지 보다 많은 학생들이 구원의 밧줄을 잡을 수 있었습니다. 그것도 본질적인 해결에는 한계가 있었습니다. 하위권의 학생들을 위한 처방이 부족했고, 상위권 학생도 어느 정도까지는 잘 해내지만 한계는 넘지 못해 최상위권의 결과를 얻지 못하고 머무르는 것이었습니다. 그래서 관심을 갖게 된 것이 학생의 인지능력과 동기, 습관입니다. 아무리 좋은 방법도 실천할 수 있는 공부머리와 공부의 힘이 필요함을 알게 된 것입니다. 더불어 완전한 공부를 위해서는 공부의 가장 기본 과정인 인지기술과 능력의 정교함이 필요하다는 것을 알아냈습니다. 최근 학습자의 인지와 코칭, 트레이닝에 대한 관심이 높아지고 있습니다.

이외에 시간과 인지의 원리 이해 및 관리능력, 이러한 것들을 극대화 할 수 있는 공부 장소와 도구, 교수법 등에 대한 교육공학적 이해가 있어야 가장 효과적으로 변화와 좋은 결과를 가져올 수 있습니다. 교과목에 대한 본질적 이해와 교육학, 인지심리학 등의 학문이 현장의 교수학습설계 경험과 만날 때 그 효과는 극대화될 것입니다. 교육의 전문성을 요하는 이런 사항들을 주변 학부모 개인의 주관적인 경험과 부분적인 처방들에 의존해 자기주도학습이나 학습코칭 등이 이루어져왔기에 그동안 많은 시행착오가 있었습니다.

참고로 보통 학습설계에서 학습자가 저학년 및 저수준의 실력일수록 중요하고 우선 고려해야 하는 것은 〈공부상황 메커니즘〉 도표의 좌측입니다. 즉 학습자의 특성과 능력입니다. 반면 학습자가 고학년 고수준의 학생일수록 오른쪽의 측면이 중요합니다. 즉 교과목의 특성과 본질의 이해와 대응방식입니다. 초등학교 때는 학습자 측면에 역점을 두고 중학교 때는 가장 효율적인 자신만의 공부방법을 습득하는 게 중요합니다. 고등학교에서는 좋은 강의 및 좋은 교재 등 교과목의 중요성이 커집니다.

공부 메커니즘 One: 학습자 – 공부지능과 습성(가치관)

학습자 측면을 보다 많이 고려해야 되는 층은 초등학생, 저학년 학생, 성적이 떨어지는 학생들입니다. 이들이 학습에 문제가 있을 때 다른 학원으로 옮겨가는 식으로는 근본적인 해결이 되지 않습니다. 인지의 머리 영역, 마음과 동기의 가슴 영역, 습관과 기술의 몸 영역으로 나누어 문제 해결 방안을 살펴보겠습니다.

머리 영역 – 뇌를 알면 공부가 즐겁다

두뇌의 구성요소와 뇌 발달 및 인지유형의 이해를 통해 공부에 필요한 기본 조건들을 알아보겠습니다.

시지각 능력과 후두엽

오감 중 학습에 가장 많이 이용되는 게 시각과 청각입니다. 읽기 속도가 느린 학생은 한 번에 보는 의미 단위가 너무 좁거나 배경지식

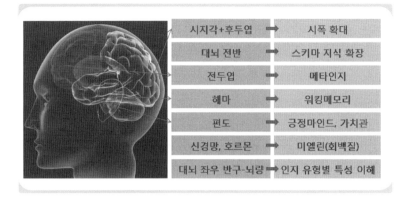

시지각+후두엽	→	시폭 확대
대뇌 전반	→	스키마 지식 확장
전두엽	→	메타인지
해마	→	워킹메모리
편도	→	긍정마인드, 가치관
신경망, 호르몬	→	미엘린(회백질)
대뇌 좌우 반구-뇌량	→	인지 유형별 특성 이해

이 부족합니다. 물론 늦게 읽는 습관이 형성되어 있는 경우도 있습니다. 이런 경우는 초시계로 일정 양의 책을 반복적으로 읽으면서 시간을 줄여가는 연습을 하면 좋습니다. 더불어 의미덩어리 단위로 끊어 읽기를 하면 정확한 독해에 도움이 되고, 끊어 읽기 범위를 확대하면 독서의 속도가 빨라집니다. 주의할 점은 읽기 속도에 문제가 있는 학생이 속독 훈련을 받을 때는 최소한 초등학교 4학년 이후 단기간이어야 합니다. 속독훈련이 문제를 야기하는 경우가 많습니다. 속도에 가장 큰 영향력을 미치는 것은 독서 내용과 관련된 배경지식의 여부입니다. 어려서 많은 책을 읽어 자연스럽게 속독이 생활화되는 것이 바람직합니다.

대뇌와 스키마

정보는 대뇌 전반에 분산되어 저장되기 때문에 인지과정은 뇌 전반의 스키마schema를 활용합니다. 스키마는 정보를 통합하고 조직화하는 인지적 개념 또는 틀로서 지식의 그물망과 같습니다. 낚시로는 많은 양의 고기와 빨리 지나가는 고기를 잡을 수 없습니다. 그물을 쓰면 아무리 많은 양의 고기도, 또 흘러가는 물에서의 고기도 모두 짧은 시간에 잡을 수 있습니다. 공부에서 정보들을 빠르게 담을 수 있는 지식의 망이 스키마라고 이해하면 좋습니다. 아는 만큼 새로운 정보를 쉽고 빠르게 많이 담을 수 있는 원인이 스키마의 양입니다. 스키마의 양만큼 모든 지식을 빠르고 쉽게 흡수하고 연결해 갈 수 있기 때문에 체계적인 지식을 많이 흡수해 두는 것은 중요합니다. 사고력을 중시하다 보니 정보의 기억과 지식을 경시하는 경향이 있는데 이는 잘못된 생각입니다. 어려서 많은 경험과 독서를 통해 지식을 많이 그리고 견고히 확보해 두는 것이 좋습니다.

스키마는 정보를 통합하고 조직화하는 인지적 개념 또는 틀을 말합니다. 쉽게 말해 고기를 잡는 그물과 같습니다. 그물의 형태와 크기에 따라 그에 맞는 고기를 잡을 수 있습니다. 스키마는 두뇌에 가지고 있는 도식이라고도 합니다. 외부의 정보를 조직화하고 인식하는 일련의 범주로서, 지각적 심상, 추상적 지식, 정서적 특성, 시간 순서에 관한 정보 등을 비롯한 다양한 요소로 구성될 수 있습니다. 스키마는 의미를 조직화하고 통합합니다. 사람들은 새로운 정보를 접했을 경우 기존의 스키마와 비슷한지 아닌지를 판단하며, 새로운 지각은 부분적으로는 현재 유입되는 정보에, 또 부분적으로는 기존의 스키마에 기초합니다. 스키마를 통해 새로운 지식을 쉽게 흡수할 수 있으며, 기존의 스키마에 의해 어떤 정보를 받아들일지를 선택하게 됩니다. 이는 도식 기반 편향으로, 우리는 기대를 확증해주는 정보를 그렇지 않은 정보보다 더 잘 기억하려는 경향이 있습니다. 스키마는 변화에 저항적입니다.

스키마 개념은 피아제Piaget에 의해 체계화되었습니다. 스키마는 영아기부터 성인기까지, 구체적인 주변 사물들로부터 추상적인 개념에까지 발달하게 됩니다. 피아제에 의하면, 스키마는 새로운 경험을 기존의 스키마에 동화하거나 새로운 경험에 맞춰 기존의 스키마를 조절하는 과정을 거쳐 수정되고 변화됩니다. 동화와 조절 과정이 반복되며 심리적 구조의 일관성과 안정성을 나타내는 평형화가 나타납니다.

전두엽과 메타인지

전두엽은 종합적이고 고차적인 사고력을 담당하는 곳으로 두뇌의 감독 역할을 담당합니다. 이와 관련된 인지능력이 메타인지능력입니다. 최근 방송에 소개되면서 관심이 고조 되고 있는데 사실은 학문적으로는 이미 40년 전에 나온 개념입니다. 물론 그동안 개념이 수정 보완되어 왔는데, 최근의 메타인지에 대한 학문적 정의는 자신의 인지적 활동에 대한 지식과 조절을 의미하는 것으로 단순히 내가 무엇을 알고 모르는지에 대해 아는 것으로부터 자신이 모르는 부분을 보완하기 위해 계획을 세우고 자신이 제대로 과제를 수행하고 있는지를 점검하는 감독과정, 그 계획의 실행과정과 결과를 되돌아보며 평가하고 전략을 조절해가는 과정 전반을 의미합니다. 메타인지가 뛰어난 사람은 사고과정 전반에 대한 이해와 평가가 가능하기 때문에 목표 성취를 위해 환경을 조절할 수 있습니다. 메타인지의 발달을 위해 목표와 자신이 처한 상황을 점검하고 고찰하면서 전략을 생성하고 조절하면 됩니다. 구체적으로는 계획 세우기와 반성, 자신이 아는 것을 설명해 보기 등이 있습니다.

해마와 워킹메모리

요즘 학생들이 가장 어려워하는 게 기억입니다. 뇌에서 기억과 관련하여 가장 중요한 역할을 하는 것이 해마입니다. 뇌의 해마는 컴퓨터의 RAM과 비슷하며 기억을 만드는 공장으로 단기기억과 관련돼 있습니다. 이미지, 소리, 지식 등의 모든 정보는 일단 후두엽과 해마를 통과합니다. 이곳에서 불필요한 것은 버려지고, 필요하다고 판단되는 일부 정보만 걸러서 뇌의 다른 부위에 저장합니다. 새로운 기억을 저장하는 결정적인 역할을 하는 겁니다. 해마와 관련하여 중요한 포인트는 두 가지입니다. 하나는 단기 작업기억의 기억용량이 제한되어서 보통 7($\pm$2)개이며 용량을 넘어서면 소멸되거나 간섭받게된다는 겁니다. 이 사실이 주는 메시지는 일정량의 공부를 하면 멈추고 자기 것으로 만드는 시간을 가져야 한다는 것과 그 다섯 개에서 아홉 개의 방의 크기를 키우거나 정보를 더 큰 의미덩어리로 묶어서 공부해야 효율성이 높아진다는 겁니다. 시연, 추리 또는 이미지변형 등 정보의 통합, 처리, 삭제와 재생에 관련된 작업 활동을 하는 곳이기에 워킹메모리 활용 역량을 키우는 것이 좋습니다.

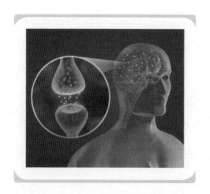

해마와 관련된 두 번째 포인트는 해마를 가장 자극하는 것이 공간정보라는 겁니다. 즉 해마는 자극이 있어야 커지고 발전하면서 기억력과 판단력을 좋게 할 수 있는데 공간정보가 가장 큰 자극을 준다는 겁니다. 해마는 기억을 입체적인 공간으로 보는데 이 공간에 감성 요소, 이야기 구조, 연상 작용, 회상작용 등이 가미되면 더욱 큰 자극을 받게 됩니다. 예를 들어 특정 과목의 내용을 기억하려 할 때 책의 내용을 단순히 주입하여 외우는 것이 아니라 주변 상황이나 내용 구조, 분위기, 느낌까지 한꺼번에 기억하면 훨씬 더 효율적입니다.

편도체와 긍정마인드

축구 경기의 골키퍼가 움츠려 있으면 공을 잡을 수 없습니다. 반대로 몸을 펴고 흔들며 적극적으로 움직이면 공을 잡을 확률이 높아집니다. 골키퍼는 해마에 해당하고 그 골키퍼의 마음가짐과 행동을 결정하는 것은 감정입니다. 해마는 편도의 영향을 받습니다. 감정을 담당하는 편도체는 해마와 붙어 있습니다. 자신감과 긍정적인 마음과 같은 좋은 감정은 해마를 일깨우고 활발하게 움직이게 합니다. 반면 부정적인 감정과 소극적인 태도는 해마를 움츠려들게 하여 제 기량을 발휘하지 못하게 합니다. 감정을 부자연스럽게 억제하면 소수의 세포만이 기억 과정에 참가하기 때문에 기억력이 떨어집니다. 따라서 기억력을 높이고 싶다면 감정 표현에 솔직한 것이 좋습니다. 즐거운 마음과 흥미를 가지고 공부를 하면 기억력이 좋아질 뿐 아니라 동기부여도 되어 학습 효과가 커집니다.

반대로 강압적인 환경에서 일하거나 강압적인 태도로 대하면, 사람들은 기가 죽고 자신의 감정을 숨기게 됩니다. 보다 더 부드럽게, 민주적인 분위기에서 학습이 되도록 해야 할 것입니다. 해마뿐만 아니라 해마 주위의 기억과 관련된 뇌를 바로 알고 적절한 자극을 가하면 기억력 장애도 줄일 수 있습니다. 편도체는 뇌의 변연계limbic system에 속하는 구조의 일부로서 동기, 학습, 감정과 관련된 정보를 처리하는 데 중요한 역할을 합니다. 특히 정서적 처리와 관련 있는 것으로 보입니다. 감정 중추인 편도체는 기억 중추인 해마와 붙어 있기 때문에 감정이 즐거울 때 기억이 잘 되는 겁니다. 다양하고 복잡한 정보를 즐거운 마음 상태에서 하게 되면, 기억의 뇌인 해마가 활성화됩니다. 그러면 기억이 잘 입력되고 해마 앞쪽 전두엽에 있는 동기부여의 뇌가 자극받아 회상이 잘 이루어집니다.

신경망의 미엘린과 반복훈련과 심층연습

미엘린myelin은 뉴런이나 시냅스라는 물질과 비교해서 들어보지 못했을 겁니다. 하지만 재능에 대해 연구한다면 가장 중요한 물질입니다. 미엘린은 축삭을 둘러싸고 있는 회백질 절연 물질로 스킬 습득 과정에서 가장 핵심적인 역할을 합니다. 미엘린은 뉴런의 주위를 둘러싸는 절연체로 하나의 층으로 이루어져 있습니다. 미엘린 층은 전달되는 활성전위가 뉴런을 통해 흩어지지 않고 제대로 이동되도록 보호함으로서 전기 자극 속도가 빨라지게 합니다. 데니얼 코일은 뉴런과 미엘린의 관계를 잘 설명해 줍니다. 인간의 모든 동작, 사고, 감정은 신경섬유 회로인 뉴런 사슬을 통해 정확한 타이밍에 맞춰 이동하는 미세한 전기신호이며, 미엘린은 신경섬유를 감싸고 있는 절연 물질로서 신호의 강도, 속도, 정확도를 증가시킨다고 합니다. 특정한 회로에 신호가 많이 발사될수록 미엘린은 해당 회로를 더 완벽하게 최적화하며, 결과적으로 우리가 하는 동작과 사고의 강도, 속도, 정확도는 더욱 향상됩니다. 스킬은 신경회로를 감싸고 있는 절연층이며, 그것은 특정한 신호에 반응할 때 두꺼워지기 때문에 재능에 대한 이야기는 미엘린에 대한 이야기인 겁니다.

　미엘린이 교육에 주는 시사점은 어려서부터의 훈련이 중요하며 결정적 시기가 있기 때문에 어려서부터 재능을 훈련하는 것이 중요하다는 것입니다. 더불어 신중하게 계획된 반복 연습이 중요합니다. 좋은 회로가 만들어질 때까지 끈질기게 물고 늘어지는 노력이 중요합니다. 임계치를 넘는 충분한 자극으로 훈련해야 하며, 섬세하게 모니터링하고 피드백하며 비교 통합해야 합니다.

대뇌 좌우반구 – 유형별 공부법

뇌는 좌뇌와 우뇌가 구분되었고, 좌뇌와 우뇌의 특성과 역할이 구분되어 있다고 상식적으로 알고 있습니다. 좌뇌는 논리적 사고, 수학 연산, 언어 능력, 분석적 사고, 순차적 정보처리를 주로 담당하고, 우뇌는 얼굴 및 표정 인식, 리듬감, 이미지 작용, 직관, 정서, 병렬적 정보처리 등을 주로 담당한다는 것입니다. 하지만 현대 뇌과학은 좌뇌와 우뇌의 기능 분화가 절대적인 것이 아니라 상대적이며 실질적으로 인간의 활동은 대부분 양쪽 뇌가 개입한다고 말해줍니다. 좌뇌와 우뇌가 각각 담당하는 역할은 실은 구분되지 않는다고까지 합니다. 특정 부분이 발달되어 어느 성향이 있다고 구분하는 것은 교육 방식을 결정하는 차원에서 도움이 됩니다. 즉 뇌가 좌우뇌가 명확히 구분은 가지 않더라도 보통 학생은 각 유형의 특성을 일관성 있게 갖는 경향이 있습니다.

　이런 유형의 구분은 자신의 강점과 약점, 다양한 스타일의 이해를 통해 자신을 이해하고 자신의 강점을 활용하고 단점을 보완할 수 있는 접근법에 대한 지혜를 얻을 수 있게 합니다. 다양한 관점은 새로

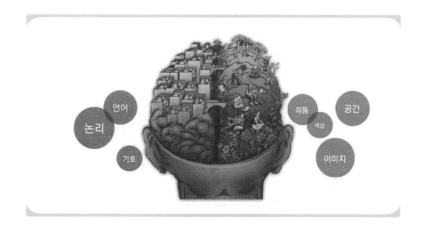

좌뇌의 특성	우뇌의 특성
말과 계산 등 논리적인 기능	음악과 그림 등 이미지를 떠올리는 기능
이름 기억, 단어 사용 등 언어적 학습에 유리	얼굴 기억, 경험 등 비언어적이며 활동적인 학습에 유리
논리적인 생각과 사고로 문제 해결	직관적 판단에 의해 문제 해결
추리를 통한 학습, 수학 학습에 유리	기하학적 학습, 공간적·시각적 과정을 통한 학습에 유리
이성적, 사실적이며 현실적인 것 선호	감정적, 창조적이며 새로운 것 선호
귀납적, 논리적, 분석적, 추상적, 상징적	연역적, 창의적, 직관적, 구체적, 시·공간적
남성적, 공격적, 능동적	여성적, 수동적, 신비적, 예술적

운 시도를 할 수 있도록 도와줍니다. 아이들은 선호하는 방식을 먼저 사용하고 이후 반대 성향 또는 다른 성향의 방식도 훈련받고 지속적으로 사용해야 더 완벽해 집니다. "내 아이는 이런 유형이니까 이런 식으로만 수업을 들어야 돼, 공부해야 돼"라는 고정관념은 버려야 합니다.

상식적으로 알고 있는 좌우뇌의 성향은 다음과 같습니다.

좌뇌 우세형 아이들은 구조화되어 있고 명확한 지시와 설명이 따르는 과제를 제시하고, 혼자서 공부할 수 있는 기회를 제공하며, 문제를 작은 부분으로 쪼개어 단계별로 해결하도록 합니다. 이야기의 순서와 구체적 내용을 잘 기억하지만 주요 아이디어를 형성하고 추론하는 것을 어려워하기 때문에 주요 아이디어를 확인하고 추론하는 단계를 보여 주면서 생각을 말하도록 하면 좋습니다.

우뇌 우세형 아이들은 역할극, 실험, 시뮬레이션과 같은 실제 체험적인 활동들과 선택의 기회가 있는 과제를 제시하고, 집단으로 공부할 수 있는 기회를 제공하며, 학생들이 문제를 종합적으로 보고 추정하는 직관을 활용하여 해결하도록 합니다. 상세한 것을 기억하는 데 어려움을 가지지만 주요 사항들과 아이디어를 기억하고 조직하는 것을 돕기 위해 그래픽 조직자를 사용하면 도움이 됩니다.

신경전달물질과 성취지능(공부몰입)

신경전달물질은 시냅스라는 신경세포에서 분비되는 신호 물질로 인접하는 신경세포나 근육 세포에 정보를 전달하는 화학물질입니다. 신경세포 말단에서 분비되어 혈류와 함께 순환하여 멀리 떨어져 있는 표적 기관까지 운반되는 호르몬과는 다른 것입니다. 물론 신경전달물질이 호르몬의 작용을 겸비하는 경우도 다수 존재합니다. 60여 종의 신경전달 물질 중 학습과 밀접한 연관을 맺는 신경전달물질 및 호르몬은 도파민, 세로토닌, 노르아드레날린, 코르티솔, 엔도르핀 등입니다.

이 호르몬들은 감정과 동기, 생각과 학습의 연결고리입니다. 먼저 본 뇌의 구조들이 주로 학습과 연관되어 있다면 호르몬과 신경전달물질은 집중력과 지속성, 동기의 질과 수준 등의 문제와 연관되어 있습니다. 호르몬 및 신경전달물질을 활성화시키는 방법을 알면 의욕적으로 건강하게 공부하는 길을 알 수 있습니다. 어려서부터 작은 성취 경험을 쌓아서 도파민을 활성화하는 습관과 몸을 만들면 적극적이고 진취적인 자녀를 만들 수도 있습니다. 공부중독은 공부를 통한 성취감에 의한 도파민 중독이라고 해석할 수도 있습니다. 안정적인 집중을 하게 하는 세로토닌 물질을 분비시키기 위해서 어려서부터 운동이나 정서적인 안정을 가져올 수 있는 활동들을 많이 해야 합니다. 또한 적당한 스트레스를 주어 노르아드레날린을 분비하게 하여 내면이 강한 아이로 키워주어야 합니다. 뇌의 구조는 변화시킬 수 없지만 활동과 경험을 통해 분비되는 호르몬 및 신경전달물질의 종류와 양을 조절해 능동적이고 탁월한 역량을 가진 자녀로 양육할 수 있습니다.

신경전달물질의 종류와 기능

도파민은 보상과 관련하여 좋은 느낌을 발생시키는 신경물질입니다. 강한 쾌감과 흥분을 유발하며 기쁨, 사랑 같은 감정이 우리 마음에 생기는 원인이 됩니다. 예를 들어 경쟁에서 승리했을 때 또는 무언가를 성취했을 때 뇌에서 도파민이 많이 분비되어 뿌듯함을 느끼게 합니다. 도파민은 기분을 좋게 하고 예술적인 영감이 떠오르도록 합니다. 이것은 점점 더 큰 자극을 채워야 하기 때문에 중독을 일으킬 수 있습니다. 도파민이 공부에 있어 몰입과 추진력을 유도한다고 할 수 있습니다.

　세로토닌은 내면의 평화와 행복감과 같이 은은한 즐거움을 만드는 신경전달물질입니다. 맛있는 것을 먹거나, 따뜻한 햇볕을 쬘 때, 초콜릿을 먹어 흐뭇해질 때 세로토닌이 쏟아집니다. 이것이 부족하면 마음이 불안하고 근심과 우울한 기분에 휩싸입니다. 세로토닌은 감정을 조절해주는 기능이 있으며 주의 집중과 기억력을 향상시키며 변연계를 활성화함으로써 생기와 의욕을 불러일으키고 행복감을 갖도록 도와주는 기능을 합니다.

노르아드레날린은 위험을 느꼈을 때 즉 싸워야 된다고 느낄 때, 즉 불안할 때 많이 나옵니다. 이 물질은 긴장하게 함으로써 작업이나 과제수행을 잘할 수 있게 합니다. 이 물질의 분비가 증가하면 심장박동이 빨라지고 혈류량이 증가합니다. 마음의 작용을 활성화시켜 집중력을 높여주고 삶의 의욕과 동기를 주관하며 기억과 학습에 영향을 미칩니다.

코르티솔은 스트레스의 호르몬이라고 불리기도 하는데 긴장이 지속될 때 견디게 하고 고통을 억제하며 염증을 예방하는 일을 합니다. 즉 스트레스에 대한 방어기전으로 심폐 활동을 증진해 민첩하고 빠르게 행동할 수 있게 하고 혈당을 상승시켜 더 명확하게 판단할 수 있도록 돕지만, 스트레스 상황이 만성화되면 혈당과 혈압이 상승하고 면역계가 약해져 노화와 질병이 촉진됩니다.

엔도르핀은 중앙신경계의 다양한 뉴런들의 시냅스 억제를 통해 흥분성을 조절합니다. 이는 사람이 스트레스 상황에 빠지면 고통을 덜어주기 위해 뇌에서 분비되는 물질입니다. 특히 도파민과 다른 신경전달물질의 분비를 억제하고 고통을 완화하는 작용을 합니다. 운동을 해서 기분이 좋아질 때, 본인 스스로 필요성을 느껴 의욕에 찬 모습으로 공부를 열심히 할 때, 모르는 내용이 이해되기 시작할 때 분비되는 베타 엔도르핀은 스트레스를 감소시켜 편안하고 즐겁게 해주고 노화를 방지하고 기억력 및 인내력을 강화해줍니다.

가슴 영역 – 마음이 움직여야 몸도 움직인다

마인드와 멘털의 영역으로, 마인드는 태도와 동기, 멘털은 가치관과 그릿과 같은 정신력을 의미합니다. 학습동기와 관련해 외재적 동기와 내재적 동기, 자기결정성이론, 매슬로우의 욕구위계이론, 목표지향이론, 귀인이론, 자기가치이론, 기대가치이론, 교사와 학습동기, 불안과 학습동기 등의 연구가 있습니다. 여기서는 좀더 실질적인 현장의 경험과 노하우들을 소개하겠습니다.

누군가 공부하는 몸이 되는 단계를 엉덩이-손-머리-가슴의 단계로 말한 적이 있습니다. 엉덩이를 의자에 앉히는 습관을 가져야 한다는 겁니다. 책을 읽든 숙제를 하든 공부를 하든 말이죠. 다음은 손, 즉 부지런해야 한다는 겁니다. 열심히 계획도 세우고, 정리도 하고, 연습장에 써보기도 하고 말이죠. 다음은 머리 단계입니다. 효율적인 공부를 추구해야 한다는 겁니다. 더 좋은 방법을 고민해 보고, 단순 반복 습득이 아닌 이해와 생각하는 공부를 해야 한다는 것을 의미하죠. 마지막으로 가슴의 단계입니다. 누가 시켜서가 아닌 자신의 가슴 속에서 더 잘 더 완벽히 하고 싶은 마음이 생기면 스스로 공부하게 되며 지속하는 힘이 생긴다는 겁니다. 공부를 하지 않던 친구들이 공부를 하게 될 때는 해야 하는 이유와 계기가 가장 먼저 필요합니다.

이 과정에는 두 가지 시사점이 있습니다. 먼저 마음이 아니라 행동이 있었다는 겁니다. 흔히 목표와 꿈이 있어야 공부를 잘 한다고 하지만 실제는 성적이나 좋은 결과가 나오면 미래에 대한 기대감이 생기고 주변의 인정하는 눈빛이 에너지를 줍니다. 성적이 좋아지는 만큼 꿈과 기대도 커져서 더 큰 에너지를 얻게 됩니다. 중요한 것은 가까이 있는 것, 작은 것을 하면 된다는 체험을 통해 성취감과 기대감을 갖게 해야 합니다. 즉 마음을 움직여야 하는 게 아니라 마음이 움직여지는 거일 수도 있습니다.

아이의 의지와 노력, 공부하는 힘이 필요하다는 것도 알 수 있습니다. 책상에 앉고 손으로 무엇인가를 한다는 자체가 무언가 해 보겠다는 거죠. 이런 의지와 강하게 몰아붙이는 힘이 필요합니다. 공부 방법만을 먼저 배우면 기술은 알지만 수행하는 힘이 약하고 요령만 찾을 수 있습니다.

동기도 타이밍이 있고 중요합니다. 유치원이나 초등학교 저학년부터 공부에 관심을 갖게 하면 스스로 호기심과 흥미로 공부할 수 있을 겁니다. 초등 고학년 이상에서는 자생적으로 공부에 대한 흥미와 호기심이 생겨 공부하기 쉽지 않습니다. 학교에서 시험 등을 통해 결과로서의 성취감을 얻고 자존감이 높아지는 경우나, 어떤 강렬한 목표나 꿈이 생겨야 시작할 수 있는 힘이 생길 것입니다. 지속하는 힘은 어려운 내용임에도 스스로 도전하고 성취하는 과정의 뿌듯함에서 생깁니다. 고학년 친구들이 어려운 내용에 도전하게 하려면 어떤 생각을 가지고 있느냐가 중요합니다. 즉 지능은 변할 수 있고, 자신은 노력하면 할 수 있다는 성취 지향적이고 발전적인 가치관과 태도를 심어주어야 합니다. 실질적인 도움이 될 수 있는 방안들에는 한두 과목에 집중해서 만점이나 고득점을 맞게 해서 조금씩 자신감을 확보해가는 방법이 있습니다.

몸의 영역 – 습관은 정신을 지배한다

습관이 오랜 시간 지속되어 정신세계를 지배하면 습성이 됩니다. 습관은 행동만을 보지만 습성은 성향, 성격이 된 겁니다. 습관도 바꾸기 어렵지만 한 번 형성된 습성은 정말 바꾸기 어렵습니다. 습성을 일류, 이류, 삼류 습성으로 나누어 볼 수 있습니다.

하루에 벽돌을 두개씩 쌓아야 한다면 삼류는 하나만 간신히 쌓고, 이류는 딱 정해진 만큼인 두개만 쌓고 일류는 시키지 않아도 두개를 쌓고 한두 개를 더 쌓습니다. 일류가 두 개를 더 쌓는다 치면 첫날은 일류와 이류 사이에 두개 차이가 나는 겁니다. 시간이 흘러 이틀이 지나면 네 개, 삼일이 지나면 여섯 개 차이가 나고, 삼백 일이 지나면 600개의 차이가 납니다. 일 년이 안 되도 600개 이상이 차이가 나듯이 삼 년, 육 년이 지나면 그 차이는 심각하게 커져 도저히 따라갈 수 없는 정도가 됩니다.

일류는 시키지 않아도 합니다. 반대로 이류는 혼나지 않을 만큼만 합니다. 주어진 숙제만 적당히 하는 아이들이겠죠. 삼류는 말할 것도 없겠죠. 실제 현장에서 보면 완벽을 추구하며 욕심을 부리고 열심히 하는 아이가 빨리 성장합니다. 아무리 머리는 좋아도 이류 내지 삼류의 마인드를 가진 친구들을 최고의 경지로 끌어 올리는 것은 한계가 있습니다. 공부를 떠나서 어려서부터 어떤 일을 수행할 때 최선과 정성을 다하는 자세와 습관을 길러두어야 합니다. 좋은 습성을 가지게 되어 좋은 습관을 만들어낼 거라 봅니다.

습관은 시간과 교육방식과 연관되어 있습니다. 마음도 머리도 준비되어 있는 친구는 자기가 다 알아서 소화합니다. 하지만 기초가 부족하고 습관이 안 된 친구들은 코칭이 필요합니다. 〈달마야 놀자〉라는 영화에서 구멍이 커다랗게 난 항아리에 물을 채워보게 합니다. 구멍이 워낙 크다보니 아무리 물을 길어 넣어도 차지 않습니다. 항아리를 연못에 넣어버리자 물이 항아리 가득 차게 됩니다. 마찬가지로 구멍이 클 때는 환경 자체를 할 수 밖에 없는 상황으로 넣어야 합니다.

마지막으로 체력의 중요성 언급하지 않을 수 없습니다. 실제로 운동을 했다가 공부를 잘한 학생들을 종종 봅니다. 운동을 통해 강인한 체력과 더불어 정신력도 갖춘 경우가 많기 때문입니다. 고등학교 때는 체력이 받쳐줘야 지속성이 있고 최상의 결과도 얻을 수 있습니다. 중학교까지 운동과 영양을 더 신경 써야 되는 건 상식이겠죠?

공부 메커니즘 Two: 인지와 사고 프로세스–학습과 탐구

두 번째로 알아볼 것은 인지와 사고의 프로세스로서 학습자의 정보의 처리과정입니다. 이 부분에서 학습자와 정보 사이에 소통이 이루어지면서 학습이 이루어집니다. 가장 기본적인 모델은 정보처리모형이라고 볼 수 있는데 이 모형을 알고 있어야 공부에 대한 이해와 응용력이 높아집니다.

정보처리는 크게 **부호화, 통합, 인출**이라는 3단계 과정을 통해 감각기억에서 작업기억(단기기억)과 장기기억으로 새로운 정보를 처리하고, 저장된 정보들은 인출과정을 통해 계속 수정 보완 되면서 기

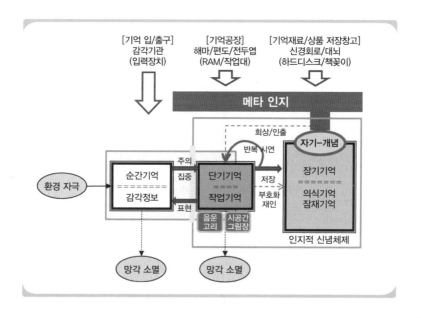

억이 강화됩니다. **부호화**는 수많은 정보들 중 특정한 부분의 자극만
선택하여 받아들이는 주의와 선택된 자극들을 우리가 이미 알고 있
던 사전지식을 통해 해석되거나 의미가 부여되는 지각으로 이루어
집니다. 즉 정보를 받아들이고 이해하는 단계입니다. **통합**은 이해된
정보를 비교 분석 분류하면서 종합적으로 의미 있는 중요한 정보를
판단해(작업기억) 기존 지식과 연결하거나 새롭게 구성하는 과정(장기
기억)입니다. 이해된 정보를 지식으로 바꾸는 단계입니다. **인출**은 장
기기억에 저장된 지식을 말하거나 글쓰기를 통해 목적에 따라 다시
꺼내어 활용하면서 수정하고 강화하는 활동입니다. 즉 생각을 구체
화하는 단계입니다. 이 모형을 간단히 정리해 보면 다음과 같습니다.
  이 정보처리과정에서 얻을 수 있는 시사점은 뭘까요? 정보처리과
정을 나누어 보면 아이의 문제점에 대한 좀더 구체적이고 효과적인

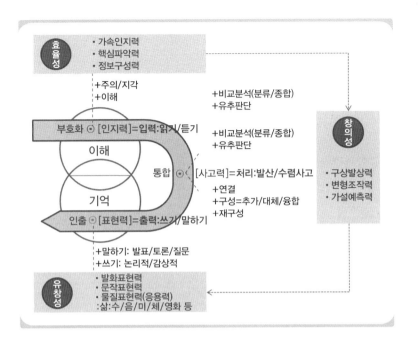

진단을 할 수 있을 겁니다. 더 세분화할수록 더 정확해지기 때문입니다. 부호화와 통합, 인출의 과정은 읽고 말하는 입력, 생각하는 과정으로서의 처리, 말하고 쓰는 활동으로서의 인출의 형식으로 나타납니다. 이 중에 하나만 막히면 나머지의 좋은 역량들이 꽃을 피울 수 없습니다. 마치 '100×100×0=0'인 것과 같은 원리입니다. 어느 한 부분을 소홀히 하지 말고 각 부분의 능력을 잘 발달시켜야 합니다.

부호화 과정은 정보의 입력과정으로 정보를 읽고 들으면서 이해하는 과정으로 인지력의 문제를 확인할 수 있습니다. 이해 속도가 느리다면 문자에 대한 친밀성이 떨어지는 것은 아닌지, 사전지식으로서의 스키마가 부족해 해석하는 능력이 떨어지는 것은 아닌지, 학습 의지가 없어 집중력이 떨어지고 내용을 심상화하고 관계를 파악하는 능력이 약한 것은 아닌지를 판단할 수 있습니다. 이 부분의 문제를 해결하기 위해서는 스키마 지식을 늘리거나 사선 치며 읽기 같은 활동을 통해 빨리 정확히 읽으면서 핵심을 파악하고 정보를 구성하는 능력을 키워줘야 합니다.

통합과정은 여러 가지 사고활동을 통해 지식을 가공 및 재구성하는 과정입니다. 이 부분이 약하면 장기기억 능력 및 사고력이 약한 겁니다. 전 과정이 재료를 준비하는 과정이라면 이 과정은 요리하는 과정이라고 할 수 있습니다. 이 단계가 약하면 정보를 비교 분석하고 사전 지식과의 연관관계를 파악하고 다양한 방식으로 변형 및 재구성해보면서 창의적 적용능력을 길러두어야 합니다.

마지막 **인출과정**은 쓰기, 말하기를 중심으로 다양한 표현을 통해 사고를 구체화하고 학습능력을 강화하는 단계입니다. 다양한 형태로 표현할수록 창의력이 높아지고 인출 단서가 많아져 표현이 발달할 수 있습니다. 하부르타, 강의하거나 설명해보기, 플립러닝 등은 인출과정의 향상을 통해 학습력 강화를 의도하는 겁니다.

이상과 같은 기본적인 인지과정을 통해 공부의 종류와 필요한 학습능력을 나누어 보면 다음과 같습니다.

공부는 기존의 정보와 지식을 흡수하여 자신의 것으로 만드는 '학습'과정과 기존 정보를 바탕으로 새로운 정보를 해석하고 판단하는 '추론'과정, 새로운 영역에 적용하거나 새로운 문제와 새로운 해법을 탐색하여 문제를 해결하는 '탐구'과정으로 나누어볼 수 있습니다. 학습은 입력과 출력에 비중을 많이 두고, 탐구는 사고에 더 많은 비중을 두는 겁니다.

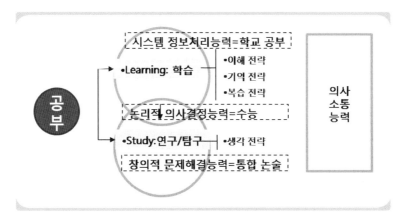

이 공부의 종류 중에서 주의할 점은 탁월한 학습력이 더 고차적 사고력인 추리판단력, 문제해결력의 중요한 바탕이 된다는 것입니다. 지식이 창의력과 분리된 것이 아니라 오히려 의미 있는 창의력의 바탕이 되는 것입니다.

공부 메커니즘 Three: 과목의 특성별 학습전략

과목은 학년이 올라갈수록 중요해집니다. 특히 고등학교에서는 좋은 강의를 듣는 게 중요합니다. 인터넷 강의의 경우 몇 십억의 강사들이 최고의 강의와 노하우를 쏟아 놓는데도 그것을 제대로 활용을 못해 안타깝습니다.

여러분은 과목을 어떻게 나눌 수 있나요? 저는 과목을 크게 체계적인 지식과 활용 능력을 요구하는 학문 과목(사회탐구, 과학탐구, 수리)과 학습 과정에서 수단으로 이용되는 도구 과목(국어, 외국어)으로 나눕니다. 이것을 다시 목적에 따라 세분화해서 정리하면 다음과 같이 정보처리과목, 문제해결 과목, 의사결정 및 의사소통과목으로 나눌 수 있겠죠. 아이들이 효율적이고 효과적인 공부를 위해서는 부모는 물론 아이도 과목의 특성을 알고 대처한다면 더 효율적이겠죠.

우선 사회(정치/경제/사회/문화)는 지식의 체계와 구조를 중요시하면서 내용을 이해하고 정리하여 기억해야 하는 정보처리 과목입니다. 문제를 많이 풀기보다는 기본서의 내용을 소주제 중심으로 꼼꼼히 체계적으로 정리해서 기억하는 것이 중요합니다.

수학(대수/해석/기하/확률)은 기본적인 핵심 개념과 원리를 바탕으로 문제의 특성을 파악해 개념을 적용하고 응용해 문제를 해결하는 것을 본질로 하는 문제해결 과목입니다. 따라서 수학은 문제집도 교과서라고 보면 됩니다. 문제 풀이를 통해 응용과 적용의 해결 원리를 습득하는 것이 중요합니다.

과학(물리/화학/지구과학/생물)은 정보처리 과목의 특성을 기반으로 한 문제해결 과목입니다. 즉 혼합 과목이죠. 과학 내용 중 물리는 수학 과목에 가깝고 생물은 사회 과목에 가깝습니다. 물리는 문제를 통한 응용 이해를 해야 하고, 생물은 기본서를 바탕으로 정리해서 잘 기억해야 합니다.

외국어와 국어는 언어 과목으로 본질적으로 듣고, 읽는 수용 능력과 쓰

고, 말하는 표현 능력을 중요시하는 의사소통 과목입니다. 언어 과목은 의도와 의미 그리고 정서와 가치관의 이해를 중요시하는 과목으로 동감하고 공감할 수 있는 능력이 중요합니다. 언어는 많은 독서 경험과 제대로 된 글 분석 및 문제의 분석이 중요합니다.

도덕(윤리)은 수학과 언어 과목의 혼합 과목으로 논리적 판단이 중요한 과목입니다. 사회의 문제해결을 위해서는 도덕적 지식을 적용해 수학과 같이 올바른 판단을 해야 합니다. 도덕적 개념의 의미와 특정 상황의 맥락 속 의도를 파악하고 명제들의 논리 체계를 잘 이해해야 합니다.

앞의 그림에서 사회처럼 좌측일수록 지식이 중요하고 수학, 언어처럼 우측으로 갈수록 능력과 감각이 중요합니다. 지식 과목은 체계성과 꼼꼼함이 중요하고 능력 과목은 융통성과 응용력이 중요합니다. 또한 우측의 과목일수록 학습자의 역량이 중요하고 오랜 시간이 걸리기 때문에 좋은 선생님을 만다는 것보다는 학생의 근본적인 문제를 진단하고 처방해야 합니다.

앞의 표는 겉으로 드러난 것이 중요한지, 속에 숨겨진 것이 중요한지, 지식의 구조의 체계성이 중요한지 그 변화가 중요한지에 따라 배워야 될 지식을 네 영역으로 구분하고 각 과목별 포지션을 적은 것입니다. 과목의 특징을 이해하는 데 도움을 받아 체계성이 중요한 과목은 정리를 하고 융통성이 중요한 과목은 문제 분석이나 생각하는 공부를 더 많이 하기 바랍니다.

공부 메커니즘 FOUR: 시간과 공간&도구와 교재&교수법과 입시제도

주변 환경을 어떻게 활용하느냐에 따라 공부의 효율성과 효과는 크게 달라질 수 있습니다.

시간관리 – 시간은 지능이다

시간과 관련하여 가장 유명한 이론이 에빙하우스의 '망각곡선의 원리'입니다. 16년간 기억을 연구했던 독일의 심리학자 헤르만 에빙하우스(1855~1909)는 무의미하게 기계적으로 암기를 할 때 학습 후 10분 후부터 망각이 시작, 1시간 뒤에는 50퍼센트, 하루 뒤에는 70퍼센트, 한 달 뒤에는 80퍼센트 망각을 한다는 겁니다. 즉 기하급수적으로 잊기 때문에 타이밍을 맞추어 반복해야 한다는 겁니다. 잊지 않기 위해서는 복습이 중요하며 10분 후 복습, 1일 후 복습, 1주일 후 복습, 1달 후 복습의 4번 이상의 복습을 통해 장기기억으로 만

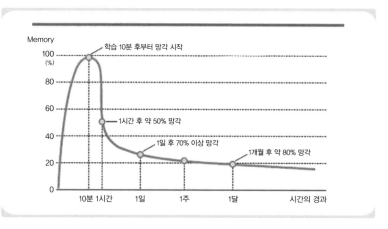

에빙하우스의 망각 곡선

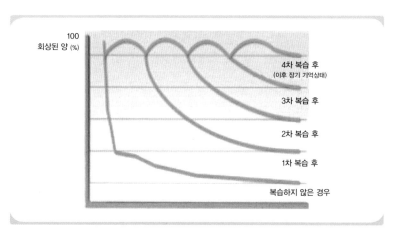

학습 후 시간의 경과

들어야 한다는 겁니다. 오래 기억할 수 있도록 외울 양을 나누어 시간 간격을 두고 여러 번 반복해서 기억해야 한다는 겁니다. 이 이론은 분산학습의 이론과 맥을 같이 합니다. 한 번에 여러 번 반복해서 외우는 집중학습보다는 여러 번 시간의 차이를 두고 외워주는 것이 더 효과적입니다.

주의할 것은 이 망각곡선은 무의미한 내용을 암기할 때의 실험결과였다는 겁니다. 이것은 두 가지를 시사합니다. 하나는 심층 이해가 될 때까지는 미루지 말고 초기 기억이 살아 있을 때 반복 및 심화를 해서 과잉학습을 하는 것이 좋다는 겁니다. 마치 밑에 구멍 뚫린 양동이에 물을 채운 채로 있게 하려면 초기에 물을 많이 넣어준 상황에서 꾸준히 조금씩 물을 넣어 주어야 하는 것과 같습니다. 누군가 회상속도라는 개념을 썼는데, 다시 말하면 잊어먹더라도 완전히 잊은 게 아니기 때문에 사라진 지식들도 다시 보면 처음 볼 때보다 빠르게 다시 기억할 수 있다는 것입니다. 정리하고 반복한다면 단기간에 얼마든지 살아있는 기억으로 되돌릴 수 있는 거죠.

에빙하우스 연구는 무의미 학습에 대한 연구인데 비해 실제 우리가 해야 할 학습은 유의미 학습입니다. 유의미 학습은 이해와 의미 연결을 통한 기억을 추구합니다. 즉 단순 반복이 아닌 내가 이미 알고 있는 것과 강하게 의미를 연결하는 학습을 하면 위의 망각 곡선처럼 기계적으로 반복을 할 필요는 없다는 겁니다. 따라서 대부분의 내용은 심층 이해 및 단서를 연결하는 공부를 하고 단순 암기할 사항들만 뽑아서 에빙하우스의 방법을 참고하여 반복하면 효율적입니다.

리드미컬 실천 강화 공부 설계 기술

메가스터디의 손주은 대표는 시험 전 9박 10일 합숙 훈련이나 하루 한 과목 끝내기 같은 이벤트성 공부의 효과가 상당히 컸다고 합니다. 단기 집중을 통해 자신을 이기고 점수가 올라가 성취감과 자신감을 얻으면 학생들이 눈에 불을 켜고 공부하게 된다는 것입니다.

꾸준히 공부하는 것은 정말 어려운 일입니다. 정해진 시간에 규칙적으로 공부하면 공부 습관이 생겨 공부가 조금씩 쉬워집니다. 하지만 공부도 계속하다 보면 지겨워지고 벗어나고 싶은 충동이 일어나 갈등이 생깁니다. 음악이나 영화도 강약이 있어야 활력이 생깁니다. 공부도 때때로 변화를 주는 것이 좋습니다. 공부에 리듬과 생명력을 불어넣어야 힘차게 나아갈 수 있습니다.

실천을 강화하기 위해서 마음과 행동에 영향을 미치는 근본 원인인 정신 구조를 이해할 필요가 있습니다. 정신과 의사이자 정신분석학의 창시자인 프로이트는 인간의 성격을 형성하는 3가지 요인이자 정신 구조를 슈퍼에고(초자아), 에고(자아), 이드(본능)로 설명합니다.

이드id는 본능적인 생체 에너지로 쾌락을 추구하는 쾌감 원리, 즉 본능적 충동을 따릅니다. 이드는 비논리적이고 무의식적인 심적 에너지입니다. 동물이 가진 생존적 본능이 여기에 속합니다. 이드는 주변 것에 대해 쉽게 망각하며 시간의 흐름을 인식하지 못합니다.

슈퍼에고super-ego는 가족이나 사회의 도덕적 태도가 내면화한 것으로, 개인의 행동에 영향을 미치는 내적 양심입니다. 슈퍼에고는 의식과 무의식에 공존하면서, 이드id의 본능적 충동을 억압하기 위한 검열 작용을 하는 동시에 에고의 건전한 활동을 부추기는 역할을 합니다.

에고ego는 생각, 감정 등을 통해 외부와 접촉하는 행동의 주체로서의 '나 자신'을 말합니다. 에고는 의식적이며 논리적이고, 현실 원리를 따라 의지적으로 쾌락을 추구합니다. 에고는 이드와 슈퍼에고를 통합하는 동시에 외부 세계와 내부 세계를 통합합니다. 에고는

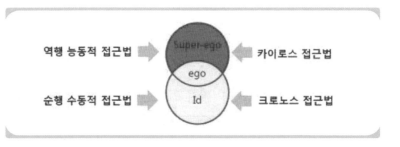

과거를 기억하고 현재를 평가하며 미래를 계획하면서 자신의 행동에 지속성과 항상성을 부여합니다.

슈퍼에고는 착한 신, 이드는 본능에 충실한 동물, 에고는 인간에 비유할 수 있습니다. 에고는 이드의 충동과 슈퍼에고의 양심을 조율하면서 정서와 행동을 결정합니다. 어려서는 이드의 힘이 세고, 교육받고 나이가 들수록 슈퍼에고의 힘이 세집니다. 어떤 사람은 이를 야생마(이드)와 조련사(에고), 그리고 가야 할 코스(슈퍼에고)로 비유하기도 합니다. 슈퍼에고는 마음과 가치관(신념)이고, 이드는 몸이 원하는 본능이며, 에고는 머리로서 이성적으로 판단하는 자기의식과 현실의식이라고 볼 수 있습니다.

인간은 육체적 본능과 정신적 양심을 모두 가지고 있습니다. 이를 바탕으로 각각 맞는 공부를 설계한 것이 '크로노스 공부'와 '카이로스 공부'입니다. 고대 그리스에서는 시간을 크게 두 가지로 나누었습니다. 하나는 크로노스의 시간으로, 연속적으로 흐르는 시간을 말합니다. 시계가 알려주는 시간 그 자체라고 할 수 있습니다. 다른 하나는 카이로스의 시간입니다. 크로노스와 달리 특별한 의미를 지니는 시간 또는 어떤 일이 이루어지거나 기회가 찾아오는 시간입니다. 똑같은 시간이라도 의미에 따라 길게 느껴질 때도 있고 짧게 느껴질 때도 있습니다. 또 순간이지만 영원과 바꿀 수 있을 만큼 소중한 시간이 있을 수 있습니다. 따라서 크로노스가 양적인, 물리적인 시간을 의미한다면 카이로스는 질적인, 정신적인 시간을 의미합니다.

그리스 신화에서 크로노스는 제우스의 아버지고, 카이로스는 제우스의 아들입니다. 신의 제왕인 제우스처럼 모든 것을 지배하는 자가 되기 위해서는 크로노스와 카이로스의 시간 개념을 잘 활용해 공부는 물론 자신의 삶을 잘 조절할 수 있어야 합니다.

크로노스적 접근은 육체의 본능을 인정해 자연적이고 순리적으로 몸의 반응에 따라 계획을 세우는 것입니다. 크로노스적 접근은 과정을 중요하게 여깁니다. 공부 습관을 형성하고 공부에 도움이 되게 주변 환경을 조성하여 공부를 지속하는 것을 목표로 합니다. 학교 수업과 하루하루에 충실한 예습·복습이 크로노스적인 공부 방법이라고 할 수 있습니다. 반면 카이로스 접근법은 슈퍼에고의 측면에서 의지적으로 접근하는 것입니다. 본능을 억제하고 극복하며 스스로 기준을 세우고 정신적 반응을 점검하고 공부를 조절해 나갑니다. 카이로스 접근법은 기간을 설정하고 몰입하여 원하는 결과를 얻어내는 것입니다.

공부 장소에 문제가 있을 때 카이로스적으로 접근한다면 의지로 극복하고자 할 것입니다. 크로노스적으로 접근한다면 집중이 잘 되고 자신에게 적합한 장소를 찾거나 만들 것입니다. 각각의 시간 및 주변 환경 설계 방법은 나를 변화시키는 방법과 환경을 바꾸는 방법으로 나눌 수 있습니다. 원칙적으로는 크로노스적 공부에 필요에 따라 카이로스적 공부를 더하는 것이 가장 좋습니다. 구체적으로 각각의 특성과 적용 방법을 살펴봅니다.

사람의 본능을 인정하는 크로노스 공부는 몸이 원하는 좋은 여건과 컨디션을 만들어 공부하는 것입니다. 크로노스 공부는 내 몸을 습관화(자동화)하는 것과 내가 할 수밖에 없도록 환경을 만드는 것입니다. 아침에 일어나서 공부해야겠다고 결심하지만 일어나기 힘들고, 일어나서 앉았다 하더라도 졸려서 집중하기 힘듭니다. 이 경우 '일어나자마자 샤워하고 공부한다', '잠을 깰 때까지 수동적으로 강의를 듣거나 음악을 들으며 좋은 책을 읽는다' 등 본격적인 공부에 앞서 집중이 안 되는 자신의 특성을 인정하고 다양한 행동 약속 장치들을 만들어 실행하는 것입니다. 잠을 깨고 정신 차려서 공부하겠다는 의지만으로는 지속하기 어렵습니다. 이처럼 인간의 육체적 특성을 이해하고 인정하면서 자신에게 맞는 구체적인 방법과 장치를 만들어나가면 실행력이 높아집니다.

　공부하다 잠깐 쉰다면서 인터넷 기사를 보다 공부에 집중하지 못한다면 공부를 끝내기 전에는 인터넷 기사를 보지 않기로 결심하고 실천하는 것도 하나의 방법입니다. 고민이 있거나 하고 싶은 일이 있으면 노트에 기록해두었다가 일정한 시간을 정해 집중적으로 고민하거나 하고 싶은 일을 하고, 다른 시간에는 목표에 매진하는 방법도 있습니다.

　다음은 주변 물리적 환경을 몸에 맞게 조절하는 것입니다. 마음만 먹으면 어디에서든 공부할 수 있다며, 요즘처럼 좋은 환경에 집에서 공부하지 못하는 것을 이해할 수 없다는 어른이 적지 않습니다. 이는 잘못된 생각입니다. 환경이 좋은 집에서 공부하는 것이 오히려 더 어렵습니다. 경쟁자가 없고, TV나 컴퓨터 같은 유혹 거리가 있고, 긴장을 완화하는 곳이 집이기 때문입니다. 집에서 집중이 더 잘 된다는 학생은 극소수고, 대다수 학생은 방과 후 교실이나 도서관에서 집중이 잘 된다고 합니다. 공부 장소, 공부 시간, 공부 친구, 책걸상 높이, 앉는 방향 등을 다양하게 찾아보고 자신에게 가장 알맞은 것을 선택해야 합니다. 밤 늦게까지 공부하는 것이 맞는 사람이 있고, 일찍 일어나 공부하는 것이 맞는 사람이 있습니다. 혼자 있을 때 공부가 잘 되는 사람이 있고, 주변에 경쟁자가 있을 때 공부가 잘 되는 사람이 있습니다. 시험 기간에는 긴장도가 높고 위기 상황이 머리와 마음을 지배하기 때문에 나에게 맞는 조건을 선택할 수 없습니다. 하지만 평소에는 쓸데없이 의지력을 시험하고 소모할 필요가 없습니다. 공부에 계속 몰입하고 공부가 습관이 되면 환경이 미치는 영향력은 점차 줄어듭니다.

카이로스 접근은 의미 있는 순간을 살리거나 스스로 만드는 것입니다. 운전할 때 가끔 속도를 내듯이 공부도 꾸준히 하는 것만으로는 부족합니다. 지루하거나 매너리즘에 빠질 때는 활력을 주는 몰입 학습과 의미 부여 학습이 필요합니다.

몰입 공부는 이벤트 공부와 집중 공부가 있습니다. 이벤트 공부는 시간과 노력에 강약을 주어 리듬을 타는 공부입니다. 하루나 일주일 정도의 비교적 짧은 시간 동안 매진하는 공부입니다. 역사 한 단원이 끝나면 큰 도화지에 전체 표를 그려보고 여행을 가본다거나 관련 책을 읽는 방법을 시도할 수 있습니다. 국어 교과서에 나오는 작가 중 마음에 드는 작가를 깊게 연구하고 관련 책을 읽거나 작가를 만나거나 작품 배경을 여행하는 방법도 있습니다. 효율보다는 흥미를 느끼고 감성을 충전하는 공부법입니다.

집중 공부는 분산 학습과 구분됩니다. 분산 학습으로 시간을 나누어 꾸준히 하는 크로노스 공부는 실력을 유지하거나 거북이처럼 서서히 실력을 향상시키는 공부라고 할 수 있습니다. 반면에 집중 공부는 단기간에 실력을 향상시키는 공부입니다. 집중 공부는 단기간에 집중해 목표 하나를 물고 늘어지는 공부입니다. 몰입하고 집중해 완성함으로써 뿌듯함과 자신감을 얻습니다.

두 번째는 스스로 의미를 부여하는 공부입니다. 카이로스 공부의 핵심은 의미 부여입니다. 어떠한 상황에서도 가치와 의미를 스스로 부여하며 실천력을 높여갑니다. 의미를 부여하는 방법에는 자신의 기대와 생각을 조절하는 방법, 목표 대상과 문제 해결 원리 원칙의 기준을 조절하는 방법이 있습니다.

우선 나의 기대와 가치관을 조절하는 방법입니다. 공부 그 자체, 혹은 각 과목에 의미와 가치를 스스로 부여할 수 있다면 아무리 힘들고 어려워도 행복하게 공부할 수 있습니다. 자신이 배우는 것의 가치를 모른다면 애정을 가지고 집중하거나 실천할 수 없습니다. 왜 공부를 해야 하는지, 스스로 그 물음에 답해 보길 바랍니다. 이대로 살아간다면 생명이 다할 때까지 어떤 일을 할 것인지, 죽음을 앞에 두고 지금 이 순간을 어떻게 바라볼 것인지 생각해 보면서 카르페 디엠과 메멘토 모리의 진실을 깨닫기 바랍니다. 지금 이 순간이 얼마나 소중하고 지금 이 순간에 무엇을 해야 할지 알 수 있을 것입니다.

다음은 나에게 초점을 맞추지 말고 목표와 대상에 초점을 맞추는 것입니다. 상대방의 특징과 성질, 목표를 파악하여 그에 맞게 대응 방안, 즉 성공 원칙과 기준을 세우는 것입니다. 올바른 원칙과 기준은 올바른 신념입니다. 신념은 믿음에 확신이 더해져서 행동하게 하는 강력한 믿음입니다. 신념은 세상을 해석하는 기준으로 생각과 행동, 느낌을 지배하는 힘으로 작용합니다. 올바른 신념을 가져야 올바른 행동과 실천이 나옵니다. 올바른 신념은 무엇일까요? 자신과 주변 사람들의 발전을 가져오는 신념입니다. 성공한 사람들이나 훌륭한 사람들의 정신과 마음을 배울 수 있는 책이나 기사를 정기적으로 읽거나 좋은 멘토와 대화하기를 바랍니다.

장소관리 – 분위기가 중요하다

"공부 잘하는 아이는 어디에서 해도 잘 되고, 꼭 공부 못하는 애들이 장소, 분위기 탓해." 사실 틀린 말은 아닙니다. 공부 잘하는 아이들 대부분은 어느 곳에서나 바로 집중합니다. 반면에 공부 못하는 아이들은 책상에 앉아도 바로 집중이 안 돼, 책상을 정리정돈하거나 노래를 듣거나 하는 등의 준비시간이 긴 편입니다. 비교한다면 공부를 잘 하는 친구는 공부가 끝나면 바로 정리정돈하는 반면 공부를 못하는 친구는 공부를 시작할 때 정리정돈 한다는 겁니다. 왜 그럴까요? 보통은 공부에 어려움이 있는 친구들은 자꾸 피하고 싶은 마음도 있고 어떤 순서로 한다는 원칙이 명확히 없기 때문입니다.

주변 환경의 민감 여부와 관련된 중요 이론이 위트킨Witkin의 장독립-장의존 인지양식입니다. 장독립적인 학습자는 어떤 사물을 지각할 때 그 사물의 배경이 되는 주변의 영향을 받지 않거나 적게 받는 사람으로 자신이 경험한 것을 잘 분석하고 구조화 합니다. 이 유형은 환경과 대상을 상호 독립적으로 두고 이해하기에 주변 환경의 영향을 덜 받고 혼자 공부하기를 좋아하는 경향이 있습니다. 반면 장

의존적인 학습자는 사물을 지각할 때 그 사물과 배경과의 관계를 중요시하고 한 번에 직관적으로 받아들이는 유형입니다. 이 유형은 사람들에게 이끌리고 주변 분위기에 쉽게 휩쓸릴 수 있기에 공부 환경 요소가 중요합니다. 이 친구들에게 가장 추천하는 곳은 도서관이나 교실입니다. 같이 있으면서도 자신의 공부를 할 수 있는 공간이죠. 이 친구들은 친구와 같이 이야기를 나누며 공부하는 것을 좋아할 수도 있는데, 주객이 전도되지 않도록 주의해야 합니다. 장독립적인 학생은 소위 눈치 없고 이성적인 좌뇌형이고, 장의존적인 학생이 분위기 파악을 잘 하는 감성적인 우뇌형 아이라고 볼 수도 있습니다.

사회적 관계에서도 장독립적인 학생의 특징은 개인주의적 경향이 많아 타인에게 무관심하고 자율성을 중요시하는 반면, 장의존적인 사람은 사회지향적이어서 타인의 감정이나 사고에 민감하여 사려 깊은 태도를 취하려는 경향이 높습니다. 장독립적인 학생들은 수학, 자연과학, 공학 및 고도수준의 분석적 사고를 요구하는 과목에 매력을 느끼고, 장의존적인 학생의 경우는 인문과학, 사회과학, 교육 등 전체적인 시야를 포함하고 있는 영역을 전공으로 택하는 경향이 있습니다.

장소와 관련하여 지역별 학교별 공부문화의 중요성을 언급하지 않을 수 없습니다. 또래의 문화가 가장 강력해지는 것이 중학교 때입니다. 고등학교는 어느 정도 수준별로 나누어져 있거나 입시에 보다 공부에 집중해야 하기 때문에 중학교에 비해 문화의 영향을 덜 받습니다. 목동이나 대치동 같은 교육 특구와 지방의 가장 큰 차이는 문화인 것 같습니다. 중학교 1학년 때 자유학기제와 함께 몰입의 대상을 잃은 십대들이 공부보다는 게임이나 다른 것에 관심을 갖는 것을 현장에서는 절실히 느낍니다. 오히려 교육 특구 아이들은 내신에 관련되지 않은 더 높은 수준의 공부를 하고 그렇지 않은 지역은 더 공부를 하지 않음으로 인한 수준별 격차가 보입니다. 모두 교육 특구로 갈 수는 없습니다. 그렇기에 중학생이 되기 전 단단히 가치관과 습관을 잡아 주는 것이 중요합니다. 좋은 책이나 영상물, 영화, 다큐멘터리, 강의 등을 듣고 정리한 후 감상문을 꾸준히 쓰게 하는 방법이 있습니다. 글을 가족밴드나 블로그에 올리는 것도 한 방법입니다. 초등 고학년에서 중등 저학년에서는 좋은 가치관을 심어 주는 부분에 관심을 많이 갖기 바랍니다.

사람 관리 – 친구 따라 강남간다

자녀가 부모로부터 독립해 가는 게 초등학교 4학년부터가 아닐까 생각합니다. 보통 중1, 2때 가장 큰 벽을 느끼게 됩니다. 부모와 자녀의 전쟁이 시작되기도 합니다. 상식적으로 이때는 친구들의 존재가 가장 막강한 영향력을 미친다는 것을 이해해야 합니다. 내 아이만 잘 키우겠다는 생각보다는 좋은 친구들을 함께 도움을 줄 때 자신의 자녀가 도움을 받는 구조가 되는 겁니다. 또래집단은 가장 강력한 문화적 영향을 행사합니다.

우스갯소리로 중학교 2학년 가을이나 3학년정도 되면 대부분의 아이들이 돌아온 탕자들이 되어 다시 한 번 공부해보려 시도하는데 너무 멀리 갔던 친구들은 다시 방황하는 것을 많이 봅니다. 강요에 의한 것이 아니라 스스로 공부를 잘 하는 아이들은 사춘기가 약하거나 짧습니다. 미래에 대한 긍정적인 기대가 있기에 현실을 참을 수 있는 에너지를 얻기 때문입니다. 반면 미래에 대한 기대가 닫힌 친구들은 급격히 태도가 무너집니다. 아이들은 컴퓨터, 운동, 이성친구 사귀기 등 다양한 것으로 자신의 시선을 옮기고 위로 받으려 합니다.

사춘기 대비법으로 가장 좋은 것은 무엇일까요? 가장 좋은 해결법은 학부모는 아이에게 절대 잔소리 하지 않기와 다른 사람의 입 빌리기입니다. 이때는 '사랑한다'와 '믿는다'는 말 외에는 무슨 말을 해도 아이에게 효과가 없습니다. 그래도 말 안하면 속이 터질 겁니다. 저는 시간 날 때마다 아이 옆에서 소리 내어 아이에게 바라는 바를 기도하여 간접적으로 말하거나 하고 싶은 말을 노트에 적어 먹을 것과 함께 아이 책상 위에 올려두라고 합니다. 직접적으로 아이를 변화시키고 싶은 부분은 주변 선생님이나 영향력 있는 타인의 입과 손을 빌려서 해결하라고 합니다. 정말 효과가 좋으니 꼭 사용해 보기 바랍니다.

도구관리 – 공부 잘하는 아이는 가방과 필통이 다르다

아이들의 가방과 필통만 봐도 공부를 잘하는지 알 수 있습니다. 의외로 소홀히 하는 부분인 것 같습니다. 특히 필기도구는 전쟁터에서의 무기와 같다고 볼 수 있습니다. 추천하는 필수 준비물을 정리하면 연필 세 자루 이상(또는 샤프/샤프심)과 지우개, 삼색 볼펜과 화이트, 형광펜(노랑, 녹색, 주황 3색 필수), 포스트잇, 15cm자, 그리고 이것들을 담는 필통입니다. 추가로 가위와 스카치테이프, 연습장과 견출지, 그리고 자기관리 수첩(다이어리)와 전자사전까지 있으면 금상첨화겠죠.

준비물 중 중요한 것이 교재입니다. 의외로 공부를 잘하는 친구들도 교재가 제대로 구비되어 있지 않은 경우를 많이 봅니다. 학원에 의존하다 보니 스스로 공부하기 위해 필요한 것이 무엇인지를 모르는 겁니다. 교재 구성은 기본적으로 주요과목인 국어, 영어, 사회, 과학은 교과서 외 자습서와 평가문제집 하나씩은 있어야 합니다. 참고서나 문제집중 하나씩 더 있으면 더욱 좋습니다.(국어, 영어, 사회는 문제집이 과학은 참고서가 하나 더 있는 것이 좋습니다.) 도덕이나 기술가정은 교과서 외 자습서나 문제집 중 하나만 있어도 됩니다. 물론 다 있으면 좋겠죠. 수학은 교과서와 익힘책 외에 보통 개념서, 유형서(쎈, RPM 등), 심화서(일품/블랙라벨/최상위/에이급 등)를 구입하는데, 유형서는 한 권으로 반복해 보는 것이 좋고, 심화서는 두 개 이상 준비해서 보는 게 좋습니다.

도구가 갖추어졌느냐의 문제보다 중요한 것이 어떻게 활용하느냐는 활용방법론 일겁니다. 작은 팁들을 주면 형광펜은 목차에 색을 달리해 표시함으로써 구조를 잡는데 이용하고, 견출지는 책 겉에 구간을 나누어 줌으로써 교재를 사전으로 만들 수 있습니다. 포스트잇은 선생님 설명을 적거나 암기할 것을 뽑아 카드처럼 이용하는 도구로 이용할 수 있습니다. 색연필은 다양한 분류기준으로 바탕으로 색깔별로 같은 주제를 같은 색으로 표시하면 입체적으로 공부할 수도 있습니다.

책을 읽으면서 연필이나 볼펜으로 표시체계를 나타낼 수 있습니다. 예를 들어 독서할 때 사선 치며 읽은 내용인지를 표시하고, 의미 있는 내용에 밑줄을 인용할 것에 박스표시를 중요한 내용에 세로줄 별표를 한다는 등의 규칙을 세워 적용할 수 있습니다. 문제를 풀

때도 다양한 자신만의 표시체계를 세워 공부하면 아는 것과 모르는 것을 구분하고 반복 정도와 처리 여부를 확인할 수 있습니다.

마지막으로 자기관리 수업, 즉 다이어리입니다. 아이들에게 어쩌면 필수품일 수 있습니다. 자신의 생활을 기록하고 과제 등을 기록하는 차원에서 말이죠. 오히려 일기보다도 필수품일 수 있습니다. 성격에 따라 계획을 세울 수도 있고 세우지 않을 수도 있지만, 자신의 수행한 것과 과제, 해야 할 것을 기록하는 습관은 자기관리에서 가장 중요한 요소입니다. 시중의 다이어리를 이용하는 경우도 있고 얇은 노트나 수첩을 이용하는 경우도 있습니다.

다양한 지도 방식

학생의 수준과 유형에 적합한 방법을 사용하면 됩니다. 앞서 살펴본 장 독립적인 학생들의 경우는 비구조화된 자료를 분석하여 개념과 원리를 이끌어내는 탐구-발견식 수업이나 주어진 문제의 해결책을 이끌어내는 프로젝트법, 논쟁을 할 수 있는 토의법 등을 더 선호합니다. 반면 장 의존적인 학생은 논리적이고 체계적이며 단계적인 방식으로 진행되는 설명식 직접교수법, 즉 강의식 수업을 더 선호합니다.

이 외에 아이들을 지도하는 방식을 티칭-코칭-트레이닝-컨설팅-멘토링으로 나누어 볼 수도 있습니다. 티칭은 강의식 수업으로 내용의 전문성과 전달 능력이 중요합니다. 코칭은 계획하고 조언하고 조절해서 방향을 잡아주는 겁니다. 코치는 전체 과정에 대한 눈을 가지고 있어야 합니다. 트레이닝은 특정 목표로 하는 역량을 기르고 체화하는 훈련을 의미합니다. 트레이너는 코치에 비해 좀더 가까이에서 지속적으로 특정 영역을 훈련시키는 겁니다. 컨설팅은 진로나 진학, 적성 등을 파악해 상담하는 겁니다. 멘토링은 경험 선배로서 어려움을 이해하고 동감하면서도 조언을 줄 수 있는 정신적 파트너 및 스승과 같은 것입니다.

5장
★ ★ ★
수준별 공부 기술은 다르다
Metacognition, Metathinking, Metasense

컴퓨터나 스마트폰은 하드웨어와 소프트웨어로 구성되고, 소프트
웨어는 다시 윈도우나 안드로이드처럼 전체 운영체제 소프트웨어
와 그 운영체제 속에 문서 영상 등 각 목적에 맞는 활동을 수행할
수 있는 앱이나 프로그램
등 응용소프트웨어로 구
성됩니다. 하드웨어는 공
부로 따지면 공부장소 내
지 연필 노트 등 공부 도
구를 의미할 수 있습니다.
이 장에서 공부방법을 운
영체제로서의 공부과정과
다양한 앱이나 응용프로

그램 같은 각종 인지기술 프로그램으로 구분하여 구성했습니다.

구체적 공부방법의 운영체제는 공부의 종류와 수준에 따라 나누어 살펴보면 다음과 같이 세 가지 운영방식으로 나눌 수 있습니다.

- 시스템 러닝 공부법[학습법]: 이해/문제분석/기억/반복강화
- 파워 예복습 공부법: 예습/수업/복습/누적복습−한 번 더 복습
- 스마트 스터디 공부법[탐구법]: 문제파악/해결방안탐색/선택 및 실행 계획 세우기/실행 및 검증

어떤 이론서나 개인의 공부법도 세 개의 공부 메커니즘 속에서 이루어집니다. 공부과정은 공통적으로 4단계입니다. 이 공부 운영체제들은 어떠한 공부 도구나 기술도 모두 갖다 쓸 수 있습니다. 2부〈실천 편〉에서 소개할 다양한 인지 공부기술 및 독서, 글쓰기 도구들은 이 프로세스 내에서 운영됩니다. 다양한 공부기술 및 도구들은 하나의 앱에 해당됩니다. 운영체계가 좋아야 다양한 소프트웨어가 효율적으로 운영되듯이 다음의 공부 운영체제를 알면 다양한 공부기술을 효율적으로 사용할 수 있을 것입니다.

첫 번째 **시스템 러닝 공부법**은 인지심리학의 정보처리과정 모형이 실제 시험공부를 위해 변형된 체계로 가장 기본적인 공부 운영체제입니다. 이 모형은 모든 공부의 원형으로 천 가지의 공부법을 품을 수 있는 모형입니다. 어떤 공부기술이든 언제 어떻게 이용될 수 있는지 기준을 알려줍니다. 공부방법의 조언이나 기사, 공부방법 동영상 등 다양한 공부방법 자료를 보더라도 실제 학생들이 접목을 시키지 못하는 이유는 특정한 조건에서의 부분적인 방법들을 보여주

기 때문입니다. 특히 이 모형은 처음 공부의 기초를 세우고 중·고등학교 중하위권이나 상위권 학생들이 최상위권이 되는 공부방법입니다.

두 번째 **파워 예복습 공부법**은 누구나 말하지만 아무나 할 수 있는 공부법이 아닙니다. 예복습 공부의 특징은 유지형 속성입니다. 즉 공부를 잘 하는 친구는 계속 잘하게 해주고, 공부 못하는 친구는 자기 수준만큼만 예복습을 하게 되어 공부하는 데 한계가 있습니다. 먼저 공부의 수준을 올려놓고 일일 예복습을 해야 하는 겁니다. 반대로 말하면 이미 최상위권 학생 이상의 역량 있는 친구들에게는 가장 효율적인 방법입니다. 가장 짧은 시간에 효율적으로 지식을 관리할 수 있기 때문입니다. 특히 예복습의 성공 여부는 좋은 강의와 교재, 누적복습 여부에 달려 있습니다.

세 번째 **스마트 스터디 공부법**은 정확히 말하면 학습법이 아니라 탐구법입니다. 두 모형은 정보를 처리하여 흡수하는 학습과정이라면 이 모형은 어떤 문제를 인식하고 그 문제를 해결해 가는 의사결정 및 문제해결 사고과정입니다. 이미 습득한 정보와 더불어 새로운 정보나 아이디어들을 종합해서 판단하고 문제를 해결하고 새로운 것을 발견해가는 과정입니다. 이 모형은 삶이나 학문의 문제 모두를 해결하는 탐구과정이나 통합사고 논술과 수학 공부에 접목될 수 있습니다. 더불어 자신만의 공부방법을 만들어가는 도구이기도 합니다.

이 전략들은 개인이 단편적으로 성공한 노하우들의 기록이 아닌 최적의 공부과정 체계에 대한 기록이어서 쉽게 읽혀지지 않을 수도 있습니다. 천천히 가벼운 맘으로 흐름을 이해하시기 바랍니다.

시스템 러닝 공부법-상위권 되는 공부 전략

학습의 과정 모형이자 천 가지의 학습법을 꿰어줄 수 있는 '시스템 러닝 공부법'을 살펴보겠습니다. 이 모형은 완전 자기주도학습에 기반을 둔 것으로 가장 기본적인 정보처리 과정인 이해, 문제분석, 기억, 반복강화라는 4단계로 이루어집니다. 무엇이든 시스템을 아는 것이 중요합니다. 시스템을 파악해 전체와 부분의 관계, 각 부분들이 서로 유기적으로 영향을 주고받는 관계를 알아야 합니다. 시스템적 사고를 하면 직관력과 응용력이 높아집니다. '시스템 공부법'이라고 이름 지었습니다.

학습 시스템은 음식물의 소화 시스템과 가장 유사하기에 공부의 소화과정으로 비유해서 이해하면 좋습니다. 몸을 구성하는 살과 뼈의 구성성분과 에너지를 얻기 위해서는 음식 재료를 준비하고, 요리를 한 후 그 음식을 먹어야 합니다. 입으로 들어간 음식은 몸속에서 흡수를 해야 합니다. 정보도 마찬가지로 우선은 이해라는 과정을 통해 지식의 구조와 내용을 파악하고(재료준비), 문제분석 과정을 통해

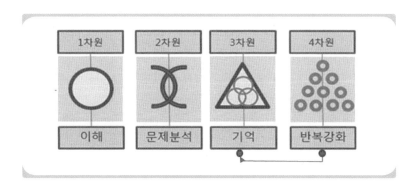

그 내용에서 무엇을 어떻게 알아야 할지를 파악하고 그에 맞게 정보 유기적으로 구성한 후(요리), 기억하고(식사), 다시 반복해서 익히고 보완하면서 빠짐없이 지식의 무기질과 수분을 흡수해야 합니다(소화).

1단계 상위 퍼센트 제조기 - 이해(재료준비)

공부에서 재료 준비는 한 소단원 단위의 내용 전반에 대해 이해해두는 것입니다. 공부할 범위와 내용, 상태를 알아두는 거죠. 좋은 음식을 위해서는 좋은 재료를 선택해서 씻고 다듬어야 하듯이 좋은 교재를 선택해 중요한 정보를 구분하여 정리해야 합니다. 재료 준비는 가볍고 빠르게 해야 합니다. 재료 준비하는 데 시간이 오래 걸리면 안 됩니다. 내용 전반을 가볍게 이해하면서 흐름과 체계를 파악하고, 다음 단계에서 정확하고 정교하게 발전시키도록 합니다.

공부의 재료 준비는 독해력과 밀접하게 연관되어 있습니다. 공부의 기초가 부족한 학생들은 정확하게 읽는 훈련을 먼저 해야 합니다. 점차 속도를 높여 독해력과 학습 능력을 길러야 합니다. 이 부분에서 막히면 본 게임은 하지도 못합니다. 기초가 부족한 학생은 개념을 정확하게 이해하기 위해 국어사전이나 백과사전을 이용하고, 배경지식을 키우기 위해 책을 읽거나 기초 강의를 듣는 것이 좋습니다. 특히 지식을 구조화하는 능력이 탁월해야 합니다. 이 단계를 상위 1퍼센트 제조기라고 한 이유는 이 부분을 소홀히 해서는 완벽한 공부가 이루어지지 않기 때문입니다. 또한 이해하는 공부를 빠르고 완벽히 할 수 있는 힘을 키울 때 기본에 충실한 공부가 되고 이는 모든 공부의 시작이자 바탕이 됩니다.

　이 단계는 전체 이해와 부분 이해로 나뉘는데 전체를 먼저 조망하고 부분을 파악한다는 학습의 기본 원리가 적용되는 부분입니다. 숲을 보고 나무를 봐야 한다는 말과 일맥상통합니다. 누구는 고공에서 독수리의 눈으로 전반적인 맥락과 상황을 먼저 살펴본 후 목표물을 향해 가야 한다고 하고, 어떤 이는 멀리서 조망하기도 하고, 또 파고들어 보기도 하고, 다시 물러서 보기도 하는 공부를 해야 한다고 강조합니다. 정확하게 이해하기 위해서는 전체적인 체계와 흐름을 먼저 파악하고 나서 부분인 소제목 단위의 구체적인 내용들을 알아가야 한다는 것입니다.

　이해에는 다양한 종류와 수준이 있습니다. 기본 이해는 저자의 의도와 글의 맥락을 고려하여 텍스트에서 설명하는 정보의 의미 구조와 과정, 기본 원리를 파악하는 데 목표를 두는 이해입니다. 기본 이해는 개념과 개념의 의미를 조합해서 지식의 모형이나 구조를 머릿속에 그리고 그 구조의 연결 관계(숨어 있는 인과관계와 의도)를 파악하는 것을 의미합니다. 부분을 이해한 다음 다시 한 번 전체를 관통하는 핵심 개념을 뽑아서 종이 한 장에 정리해서 관계 속 의미를 음미하면 좋습니다. '관계 속 의미'란 상하좌우로 서로 간의 영향과 관계, 서로 간의 인과관계, 공통점과 차이점, 역할과 기능 등을 의미합니다. 복잡하거나 서로 헷갈리는 내용 또는 서로 비교해서 알아두면 좋을 만한 것은 비교표로 정리해봅니다.

문제 분석은 수능형 공부에서 꼭 필요한 것이며, 이기는 게임을 할 수 있는 핵심 키워드입니다. 공부 요리는 문제 분석을 통해 문제의 유형과 공부 방향성을 찾는 과정입니다. 즉, 문제 분석을 통해 출제자가 각 과목의 어떤 내용을 중요시하며 어떤 형태로 문제를 만드는지를 알아내어 그것에 맞추어 초점을 두고 공부하는 것입니다.

재료의 특성에 따라 요리해야 재료의 참맛과 영양이 살듯이 공부 요리도 정보의 특성을 잘 파악해야 합니다. 요리하지 않고 재료를 그냥 먹을 수도 있습니다. 하지만 잘 요리하면 맛있고 먹기에도 편합니다. 공부 요리는 문제를 푸는 것이 아닙니다. 문제를 풀기 위해 알아두어야 할 것들을 문제와 답은 물론 해설을 보고 기본서(보통 교과서)에 표시, 정리, 메모하면서 공부하는 것입니다.

공부 요리는 재료 준비처럼 가볍고 빠르게 하되 치밀하고 정확하게 해야 합니다. 양념의 양이나 조리 시간을 잘못 조절하면 요리에 실패합니다. 이해에 실패하지 않기 위해서는 정보들 사이의 관계를 치밀하게 조정하고 빠진 부분을 채워야 합니다. 어떤 재료는 요리하지 않고 먹어도 되는 것처럼, 쉬운 공부는 이 과정을 지나쳐도 됩니다. 공부 내공이 탁월한 학생들은 이 과정 없이도 머릿속에서 재료들을 자동으로 요리하기 때문에 굳이 이 과정을 필요로 하지 않습니다. 하지만 공부 내공이 강하지 않은 학생에게는 이 과정이 대단히 중요합니다. 공부 요리 과정을 훈련하면 고득점은 물론 이해의 정교함과 생각의 틀을 만들 수 있습니다.

재미있는 사실은 학생들이 교과서나 자습서를 통째로 모두 외워도 100점이 나오지 않는다는 것입니다. 보통 80점대, 잘해야 90점대 초반의 점수를 얻습니다. 이는 두 가지 이유 때문입니다. 하나는 부족한 20퍼센트를 보충하지 않아 빠트리는 공부를 하기 때문이고 (배경지식 부족), 다른 하나는 응용 문제나 정교한 이해를 요구하는 문제를 해결하는 능력이 부족하기 때문입니다(생각하는 능력). 이 모두를 보충하려면 문제를 분석하는 능력이 있어야 합니다.

3단계 자신감 충전소 – 생각공부 및 기억(식사)

공부 기억은 이제까지 준비한 지식 요리를 내 것으로 만드는 과정입니다. 공부 식사는 이제껏 준비해 온 지식 요리를 각 지식의 특성에 맞게 먹는 방법을 선택하여 지식을 기억해서 자신의 것으로 만드는 과정입니다. 공부 식사는 입 학습단계, 위 학습단계, 십이지장 학습단계 등 3단계로 나누어 볼 수 있습니다.

'입 학습단계'는 준비기억단계로 앞 단계를 거치면서 파악된 중요하고 어렵거나 응용을 요하는 소주제들을 뽑아 집중적으로 생각공부 및 심층공부를 하는 겁니다. 마치 입에서 소화하기 쉬운 것은 넘겨버리고 소화하기 어려운 것만 입으로 씹는 것과 같습니다. 굳이 모든 것을 심층적으로 공부할 필요는 없습니다. 어려운 주제를 집중적으로 공부해두면 본격적인 기억을 할 때 훨씬 수월하고 양도 줄어들어 있습니다.

'위 학습단계'는 본격적으로 하나씩 이해기억 처리를 하는 단계입니다. 소주제 단위로 하나하나 통째로 기억해가면 됩니다. 기억은 크게 이해기억과 암기기억, 강제기억으로 나뉠 수 있습니다. **이해기억**

은 이미 자신이 어느 정도는 알고 있으나 헷갈리거나 복잡한 내용인 경우 이해를 명확히 하기 위해 논리적인 이유와 단서를 연결하는 것입니다. **암기기억**은 아직 머리에 없는 내용을 머리에 입력하기 위해 반복해서 보고 설명하며 암기하는 것입니다. 이때 잘 외워지지 않는 것들을 다양한 창의적인 이유나 단서로 연결하는 것이 **강제기억**입니다.

'위 학습단계'에서는 다음 단계로 넘어가기 전에 핵심적인 것을 선택해 반복함으로써 일정량을 확실히 기억하면 됩니다. 전체 결과의 80퍼센트가 전체 원인의 20퍼센트에서 일어난다는 파레토 법칙, 또는 '20:80의 법칙'이 적용됩니다. 배운 내용의 핵심 원리 20퍼센트만 기억하면 전체 내용의 80퍼센트를 이해하고 시험 점수도 80점 이상을 얻을 수 있습니다. 반면 80퍼센트는 시험에서 나머지 20점만을 보장합니다. '위의 단계'에서는 핵심 지식 20퍼센트를 확실히 기억하고 나머지 80퍼센트 지식은 '십이지장 단계'나 4단계 '반복강화'과정에서 보완합니다.

마지막 **'십이지장 학습단계'**는 마무리 기억단계로 핵심 내용들 외에 나머지 내용들을 빠짐없이 살펴보는 겁니다. 십이지장 기억단계는 '티끌을 모아 태산'이라는 속담과 '롱테일의 법칙'과 연관되어 있습니다.

롱테일의 법칙은 시장에서 사소하고 다양한 하위의 80퍼센트의 상품에 의한 수익이 핵심적인 상위 20퍼센트의 상품에 의한 수익보다 더 크다는 법칙입니다. 파레토 법칙과 반대되는 개념으로 역逆파레토 법칙으로 소수의 핵심 내용 외에 사소하지만 유용한 다수를 주의 깊게 보라는 것입니다. 효율성만 따져서 중요한 것만 공부하면

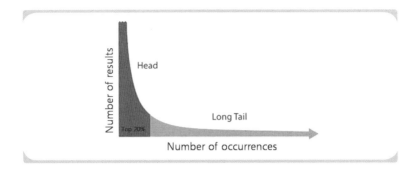

고득점을 얻는 데 한계가 있습니다. 성적이 80점 후반에서 90점 초중반 대까지 맞을 수도 있겠지만 만점은 어렵습니다.

마무리할 때에는 사소한 것들도 빠짐없이 챙겨야 합니다. 전교 1등을 하느냐 못하느냐는 여기서 결정됩니다. 빠짐없이 완벽하게 자신의 것으로 만드는 학생이 전교 1등을 차지합니다. 먼저 중요한 것 중심으로 80퍼센트의 점수를 획득하고, 롱테일의 법칙에 따라 나머지 사소한 것들도 최대한 챙겨서 효율적이면서도 완벽한 결과를 얻기 바랍니다.

식사는 급하게 하면 안 됩니다. 미뤄도 안 됩니다. 음식은 꼭꼭 씹어서 맛있고 즐겁게 먹어야 하고 평소에 나눠서 먹어야 소화도 잘되고 건강에도 좋습니다. 공부도 긍정적인 마음으로 자신감 있게 평소 하나하나 기억할수록 지식과 공부의 힘이 성장합니다. 편식하면 건강에 해롭습니다. 공부 식사를 할 때도 골고루 빠짐없이 지식요리를 먹어야 합니다.

기억의 양은 일정량을 제한하여 장기기억처리 될 때까지 반복하는 것이 중요합니다. 계속 수업만 듣는다든지, 계속 새로운 것을 배우기만 하면 먹지 않은 음식이 쌓이고 그것은 내 몸의 살과 에너지가 되지 않는 것처럼 새로 배우는 내용이 머릿속으로 들어가지 않고 이미 배운 내용도 잊어버리게 됩니다. 새로운 공부의 양을 제한하고 기억하는 시간을 확보해야 합니다.

4단계 만점 발전소 – 반복강화(소화)

이 단계는 누적복습을 통해 반복적으로 지식을 다져서 확실히 내 것으로 만드는 것과 문제를 풀어 자신의 실력을 확인하면서 동시에 실전훈련을 하고 약점을 파악해서 보완하는 단계입니다. 이제 먹은 음식은 소화해서 내 몸의 살과 근육이 되게 하거나 활동 에너지로 사용만 하면 됩니다. 공부 소화는 소장이나 대장에서 영양분과 무기질, 수분을 흡수하고 배설하듯이 이해한 지식을 반복해서 완벽히 자기 것으로 만들고 쓸데없는 것은 버리는 과정입니다. 음식에서 얻은 영양분으로 근육을 만들고 에너지로 이용하듯이 배운 지식을 문제로 풀어보면서 공부 근육도 키우고 새로운 학습과 문제해결의 자원으로 이용하는 과정입니다. 반복강화는 소장 학습단계와 대장 학습단계로 나눌 수 있습니다.

'소장 학습단계'인 누적복습은 첫날은 1과, 둘째 날은 1, 2과, 셋째 날은 1, 2, 3과 이런 식으로 새로운 것을 배우면서도 앞에 배운 것을 다시 보는 겁니다. 이것은 예복습 단계에서 자세히 살펴보겠지만 학습량이 많을수록, 공부기간이 길수록 반드시 필요한 과정입니다. 시시포스가 매일 산에 바위를 올리면 떨어지듯이 공부한 것들이 기억에서 사라진다면 공부 의욕도 나지 않을 겁니다. 쌓여가는 느낌이 있어야 합니다. 이를 위한 방법이 누적복습입니다. 누적복습을 한다고 학습량이 무한히 느는 것은 아닙니다. 일정 기간 동안 반복하다 보면 많은 지식이 장기기억으로 전환되어 다시 학습할 필요가 없어지기 때문입니다.

'대장 학습단계'인 문제풀기와 약점보완 단계는 마지막으로 흡수할 수 있는 것은 모두 흡수하는 단계입니다. 이때 문제풀기는 우리가 평소 공부를 마치고 자신의 실력을 확인하기 위해 문제를 푸는 과정과 같습니다. 단 문제를 풀면서 아는 것과 모르는 것을 표시하면서 풀거나 시간을 실제 시험 시간보다 더 짧게 잡고, 실전처럼 훈련하라는 것만 주의하면 됩니다. 틀린 문제나 모르는 내용을 찾아내어 완벽히 자신의 약점을 보완하는 공부를 하면 됩니다.

파워 예복습 공부법–최상위권 유지 및 극상위 공부 전략

파워 예복습 공부법은 학교 수업을 중심으로 하루에 초점을 두고 진행하는 공부법입니다. 하루하루를 어떻게 몰입해서 충실하게 공부를 실천하느냐 그리고 지속하느냐가 관건입니다. 일일 파워 예복습 공부는 공부의 습관을 잡거나 이미 최상위권의 수준에서 가장 효율적이고 효과적으로 공부하고 싶을 때 사용하면 좋은 방법입니다. 많은 전문가와 공신들이 예습 복습 공부법의 중요성을 말합니다. 가장 쉬우면서도 어려운 공부방법이 예습, 복습하는 것과 하루하루를 꾸준히 지켜나가는 겁니다.

예습, 복습을 하기 위해서는 이전에 기초 지식과 능력 그리고 공부방법의 틀을 가지고 있어야 합니다. 학생들이 과목별 특성과 공부

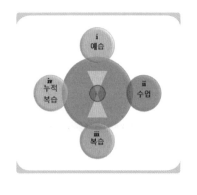

방법, 공부 기간과 공부 수준에 대한 기준과 센스를 갖추어야 합니다. 이를 위해서는 공부에 대한 이해와 훈련을 통해 자기만의 완벽한 공부 감각과 기준을 체득해야 합니다. 평소, 시험 기간, 방학에 따라 학년, 학력 수준에 따라 공부방법이 달라져야 합니다.

공부 경험이 부족한 학생들은 그것을 조절하기 어렵습니다. 일단 하루하루 배운 것을 완벽히 자신의 것으로 만든다는 다짐 아래 수없이 반복하면 안 될 것도 없습니다. 전국 수석들의 거짓말 같은 진실이 학교 수업에 충실하고 예습, 복습 중심으로 공부했다는 말입니다. 그 말 속에 숨겨진 힘과 비밀을 알아야 합니다.

모든 일은 '**준비-실행-마무리**'로 진행됩니다. **준비**는 일의 조건을 살펴서 미리 계획하고 필요한 것을 갖추어 놓는 과정입니다. 준비가 잘 되어 있어야 효율적이고 효과적으로 실행할 수 있습니다. 준비 없이 실행하면 쓸데없는 시행착오와 시간 낭비를 경험합니다. **실행**은 계획하고 준비한 것을 실천에 옮기는 과정입니다. 『실행이 답이다』라는 책이 있습니다. 저는 '실행력이 곧 힘이다'라고 말씀드립니다. 마음만으로는 안 됩니다. 마음이 생기면 하겠다고 하는데 저는 그 반대를 추천합니다. 먼저 해 보십시오. 그럼 마음이 생깁니다. 실행력이 새롭고 놀라운 결과를 가져옵니다. **마무리**는 실행을 통해 해 놓은 일의 완성도를 높이고 정리하는 과정이자 실행한 것을 평가하고 반성하여 더 효율적인 절차와 실행을 모색하는 과정입니다. 자신이 한 일의 과정을 점검하는 피드백을 통해 더 발전할 수 있는 계기를 만들어 냅니다. '준비-실행-마무리'의 과정은 완성의 순환 단위인데, 이러한 사이클이 하루 안에 이루어집니다.

공부의 '예습-수업-복습' 과정은 '준비-실행-마무리' 과정과 같습니다. 학습으로서의 준비와 실행 그리고 마무리로서 예습, 수업, 복습에는 각각의 의미와 특징이 있습니다.

예습은 수업 시간에 공부할 내용의 전체적인 맥락과 흐름을 파악하는 과정입니다. 수업 내용을 수용할 지식의 틀을 형성하고, 아는 것과 모르는 것을 구분하여 수업 시간에 주의해서 들어야 할 것과 질문할 것을 준비하는 과정입니다. 마치 책을 정리하기 전에 책꽂이를 준비하고 분류해두는 것과 같습니다. 참고로 예습 중심으로 공부를 하면 학습 능력이 발전합니다. 문제는 예습 중심으로 공부를 할 수 있으려면 배우는 내용과 관련된 배경지식과 자기주도 학습 전략 및 능력이 어느 정도 형성되어 있어야 한다는 것입니다.

수업은 분류한 기준에 맞추어 책꽂이에 책을 꽂는 것처럼 예습을 통해 그려진 밑그림을 선명하게 정교화하는 과정입니다. 모르는 것을 알고 새로운 지식 체계를 구성하는 과정입니다. 수업은 모르는 것을 줄이고, 중요한 것과 그렇지 않은 것을 구분하고, 자신이 가지고 있던 낱개의 지식을 통합하여 통찰을 얻는 과정입니다. 따라서 수업 전에 자신이 배울 내용의 구조와 의도를 파악하고, 수업에 집중해야 합니다.

많은 학생이 수업에 집중을 못하는 것을 봅니다. 학생의 지식수준이 부족하거나 선생님의 수업 속도가 너무 빨라 따라가지 못해 집중이 안 되거나, 학생의 지식수준 및 생각 속도가 너무 빠른 반면 선생님의 수업 속도가 느릴 때도 집중이 안 됩니다. 전자는 예습을 필수로 하며 이미 정리된 교재에 선생님 말씀을 빠진 부분 또는 중요한 부분만 추가 정리하면서 듣게 하면 됩니다. 후자는 적극적 듣기가 필요합니다. 즉 설명을 들으면서 속으로 되뇌어 무슨 말인지 알려고 노력하면서 다음에 무슨 말을 할지 예측을 하면서 수업을 듣게 하는 것입니다. 물론 노트나 연습장 또는 교과서에 필기도 하면서요.

복습은 수업 시간에 배운 내용을 다시 구성해서 정리하고, 부족한 부분은 보충해서 채우며, 과목의 특성에 필요한 사고 활동을 반복함으로써 적용 능력을 기르는 과정입니다. 복습은 반복해야 합니다. 복습을 하면 지식이 쌓이게 되어 새로운 학습의 바탕이 만들어집니다. 무엇인가를 새롭게 배우게 될 때는 반드시 복습을 해야 합니다.

예습, 복습의 실천 성공의 첫 번째 포인트는 먼저 말한 것처럼 기본 능력이 우선 갖추어져 있어야 실천 가능합니다. 두 번째 성공 포인트는 바로 누적 복습이 반드시 함께 해야만 성공할 수 있다는 겁니다. 직선형으로 그날 배운 것을 그날 복습하는 것으로 마치면 시간이 흘러감에 따라 앞에 배운 것이 사라지기 때문이죠. 누적 복습이 중요하지만 누적 예습의 방법도 생각해 볼 수 있습니다.

누적 예습이란 앞에서부터 오늘 배운 내용까지의 연관성을 살펴보기 위해 제목과 개요 및 학습 목표 위주로 앞에서부터 뒤로 연결해 보는 것입니다. 누적 복습은 오늘 배운 내용을 앞서 배운 내용과 연결하기 위해 오늘 배운 내용에서 거꾸로 거슬러 올라가 다른 단원들과의 연관성과 핵심을 간단히 메모하는 방법입니다. 필요에 따라 누적 복습 때 앞서 배운 내용을 오늘 배운 내용까지 흐름을 연결하면서 단락이나 소제목 단위로 사진을 찍듯이 훑어보는 것도 좋습니다. 암기할 것만 뽑아두었다가 누적 복습하는 것도 좋습니다.

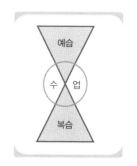

'예습-수업-복습' 과정은 온전히 자기주도적으로 할 수 없습니다. 본질적으로 학교 수업에 의존하는 것입니다. 학교 선생님은 책임감을 갖고 수업의 질 향상을 위한 노력을 게을리하면 안 됩니다. 수업의 질에 따라 예습과 복습의 차원이 달라질 수 있음을 알고 양질의 수업을 할 수 있도록 노력해야 합니다. 학생의 입장에서 학교 수업만으로 부족하다면 EBS 인터넷 강의를 이용하면 됩니다. 앞서 말했듯 최근엔 플립러닝을 통해 수업 중에 복습이 이루어지는 전략을 많이 취하고 있습니다.

위 모형은 모래시계와 뫼비우스 띠를 같이 형상화 한 모양입니다. 예복습은 매일 끊임없이 해야 하는 공부를 상징합니다. 예습이 중요할까요? 복습이 중요할까요? 수준별로 저학년의 아이나 저수준의 학업 성취를 보이는 아이들은 복습 중심으로 공부해야 합니다. 예습은 수업을 못 따라가는 과목만 해주면 됩니다. 반대로 고학년이거나 고수준의 학업 성취를 보이는 아이들은 점차 예습의 비중을 높여주면 좋습니다. 복습은 지식과 응용력을 길러주지만 수동적인 공부, 다른 사람이 이미 구성해준 내용을 공부하는 격입니다. 진정한 완전 자기주도학습을 위해서라면 학생은 예습 위주로 공부해야 합니다. 예습은 자기주도력과 학생 중심의 공부를 가능하게 하고 수업을 충실하게 해주기 때문이며 여러 능력을 길러주는 공부가 되기 때문입니다.

과목별로도 그 특성을 달리합니다. 수학, 국어, 언어 과목은 도구 과목이면서 능력 과목에 가깝기 때문에 예습과 한 번 더 복습이 중요합니다. 지식 과목인 사회나 과학 시험공부의 경우는 예습-수업-복습-누적 복습의 형식을 띠지만, 능력 과목인 수학과 언어(국어/영어)는 과목의 특수성상 예습-수업-복습-한 번 더 복습을 해야 합니다. 여기서 '한 번 더 복습'이란 배운 내용을 반복하여 외우는 복습이 아니라 새로운 문제나 새로운 지문을 읽고 분석하고 문제를 해결하는 복습을 의미합니다.

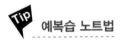

예복습 노트법

이상의 예습 복습 공부법과 연계된 노트 필기법을 소개하겠습니다. 노트 필기의 가장 기본이라 할 수 있는 '코넬대 노트법'을 응용한 방법입니다. 노트 필기의 기본 원칙은 세 가지입니다.

첫째 '장이나 절 단위 새 지면의 원칙'입니다. 교재는 보통 '대단원-장(소단원)-절-소제목-내용'으로 구성되는데 보통 절 단위를 새로운 페이지의 시작으로 합니다. 국어에서는 장 단위로 새로운 지면이 나옵니다. 어떤 사람은 날마다 새 지면에서 노트 필기를 시작하기도 합니다.

둘째 '노트 낭비의 원칙'입니다. 노트는 여백을 많이 둘 필요가 있습니다. 나중에 새로운 내용을 추가할 수도 있기 때문입니다.

셋째 '노트 조직화의 원칙'입니다. 문장으로 서술하기보다는 번호를 붙인 조목화 방식(세부 제목일수록 번호가 안으로 들어가는 것으로 보통 문제집에 요약되어 있는 형식입니다)이나 마인드맵, 도해(표, 선, 도형으로 내용의 관계를 나타낸 것)식을 병용합니다. 기본적으로 조목화의 원칙 아래 마인드맵이나 도해를 더하는 식으로 합니다. 조목화가 체계를 잡아 주기 때문입니다.

하나의 바인더에 전 과목의 노트를 정리하는 것을 추천합니다. 구멍이 뚫려 있는 절취 노트(뜯을 수 있는 노트) 한 권만 가져가서 수업 순서대로 필기하고 하루나 일주일 단위로 복습하면서 노트에서 뜯어내 바인더의 해당 위치에 끼워도 좋습니다.

노트의 기본 구성은 다음과 같이 좌우로 3등분을 합니다. 수업 후 내용이 끝나는 부분의 2-3줄 하단에 좌우로 선을 긋고 복습 2, 3단계를 실시합니다. 아래 그림은 노트 필기의 한 예입니다. 한 페이지에 예습 복습이 다 들어있지만 실제로는 수업의 양에 따라 수업 정리만 해도 한 페이지가 넘어갈 수 있다는 것을 고려하고 참고하기 바랍니다.

예습1-1	예습1-2		예습1-3
예습2	수업		복습1-1
복습1-2			
복습1-2	복습2-1		복습2-3
복습3			

예습1-1 날짜/요일 다짐	예습1-2: 목차지도	예습1-3 목표 주안점

예습2
 	
질문
궁금한 것
 	
새로운
개념과 용어
정리
	수업
	
	1.
	 1)
	  ① :
	  ② :
	
	 2)
	  ① :
	  ② :
		복습1-1
		
		(수업 중 질문)
		
		훑어보기/
		재구성
		
		보충 사항
		목록 기록

복습1-2: 보충 및 추가정보 자료들 더하기		
복습1-2 기억 체크 리스트	복습2-1 ▶요약정리 A-way: 조목화/흐름도식 B-way: 일기/소감문 형식 ▶질문사항	복습2-3 암기사항들
복습3 마인드 맵 정리 또는 문제 풀고 오답정리		

예습1: 수업 전날 또는 수업 직전에 노트 상단에 작성합니다. 1-1은 날짜, 요일, 다짐 등을 적습니다. 1-2는 배울 내용의 '단원 제목-관련 장 제목들-관련 장의 절 제목들-관련 절 제목의 소제목들'을 외워서 안 보고 써 봅니다. 1-3은 학습의 목표, 주안점, 심화, 탐구 학습으로 알아야 할 것들을 메모합니다.

예습2: 수업 중에 질문할 내용, 새로운 용어와 개념을 정리합니다.

수업: 선생님의 강의 내용을 빠짐없이 기록합니다. 뼈대에 살을 붙이듯이 정리하는 것이 좋습니다. 예습을 통해 기본 구조와 배경지식을 가지고 있으면 핵심 내용과 중요한 것을 잘 뽑아낼 수 있습니다. 선생님의 설명을 첨삭하고 재구성하면서 기록합니다. 체계를 이루고 흐름을 파악하도록 정리한다는 마음으로 필기합니다.

유인물 위주로 수업하는 경우는 유인물에 메모해 둔 후 복습할 때 바인더에 끼우도록 합니다. 복습하면서 내용을 채워 넣을 수 있기 때문에 간격을 충분히 두고 정리합니다. 때에 따라서는 교과서 요약 정리를 미리하고 그 위에 선생님 설명을 추가합니다.

기본적으로 검정색 볼펜으로 뼈대를 잡고 파란색이나 빨간색 이외의 색 볼펜과 연필로 추가 내용을 적으면 좋습니다(파란색 볼펜은 문제 분석용으로 빨간색 볼펜은 약점 보완용으로 사용합니다). 강조할 내용이나 중요 암기 사항, 시험에 나올 만한 것들은 파란색 볼펜으로 밑줄을 치거나 별표 표시를 해둡니다. 중요한 것은 색 볼펜으로 밑줄이나 별표 하나를 표시하고, 기억해야 할 사항은 색 볼펜으로 네모를 그리거나 별표 두 개, 시험에 반드시 나올 내용은 단락 옆에 세로줄을 치거나 별표 세 개 표시를 하면 좋습니다. 수업 중 모르는 내용이나 더 깊이 알고 싶은 부분은 따로 표시를 해 두거나 복습 1-1 부분에 기록합니다.

복습1: 1-1은 수업 직후에 적는 칸으로, 1~10분 안에 복습을 하면서 필기해야 하므로 쉬는 시간에 해야 합니다. 수업 내용을 훑어보며 재구성하는 마음으로 부족한 부분을 찾아냅니다. 수업 시간에 놓친 부분이나 좀더 깊이 공부할 내용, 이해하지 못한 개념과 내용을 체크하여 기록합니다. 기억 단서나 핵심 키워드도 기록합니다. 1-2는 집에 도착해서 그날 기록합니다. 1-1에서 체크했던 부분을 정리합니다. 공간이 부족하면 포스트잇을 이용하거나 다른 종이에 정리해서 붙입니다. 참고서를 통해 추가할 내용은 수업 시간에 정리한 내용에 첨가합니다.

복습2: 2는 하루 공부의 마무리로 가능한 당일에 합니다. 2-1은 요약정리 단계로, 두 가지 방법으로 합니다. 하나는 1-1과 1-2의 중심 뼈대만 추려서 조목화하거나 큰 흐름을 도식화하는 방법입니다. 제목 중심으로 핵심 개념과 주의해야 할 내용을 뽑아 연결합니다. 가장 기본적인 절차는 1-1과 1-2의 내용을 훑어본 후 보지 않고 내용을 쓰고 난 후 확인하여 비교하면서 추가하는 방식입니다. 또는 보고 정리한 후 보지 않고 설명해도 좋습니다.

일기나 소감문 형식으로 재정리하거나 첨삭하는 방법도 있습니다. 우선 핵심 사항을 말하고 다음과 같은 것을 기록합니다. 새롭게 알게 된 것과 깨달은 것, 지금까지 한 학습과 비슷한 것과 다른 것, 좋았던 것과 아쉬운 것, 의문이 드는 것, 다음에 학습하고 싶은 것 등 복습으로 해결되지 않은 부분을 적어두었다가 선생님이나 친구들에게 물어 답을 기록합니다.

2-2는 기억 체크리스트입니다. 소제목, 관계어나 범주어를 적고 다시 한 번 내용을 떠올려 기억했는지 체크합니다. 2-3 부분에는 따로 암기할 내용과 주의해야 할 내용을 적어 놓고 수시로 암기하거나 익힙니다. 이 부분에 적는 내용은 단순 암기가 필요한 것들이어서 카드로 만들어 암기할 수 있습니다. 특히 2-2와 2-3은 누적복습 때 집중적으로 활용합니다.

복습3: 복습3은 그날 해도 되고 주말에 재복습을 할 때 이용해도 됩니다. 오답노트(뒤 참고)를 추가하거나 마인드맵이나 다른 도형으로 도식화해서 배운 내용을 확인 정리하는 용도로 이용할 수도 있습니다.

가장 기본적인 노트 필기법을 살펴보았습니다. 여기에 '복습 메타 원 페이퍼'를 추가하면 금상첨화입니다. 단원이 끝날 때마다 단

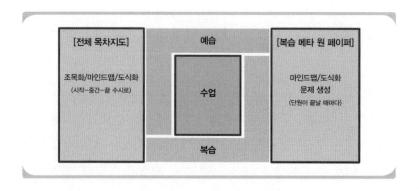

원 전체의 내용을 A4용지에 마인드맵이나 도식으로 재구성합니다. 이렇게 하면 흩어져 있는 각 소단원(장)이나 절의 관계를 통합적으로 이해하고 동시에 누적 복습의 효과를 볼 수 있습니다. 교과서 앞에 있는 차례나 자신이 재구성한 전체 목차 지도는 수시로 확인하면서 수정 보완하도록 합니다. 이 페이퍼는 바인더의 단원별 마지막 장에 끼워 넣어 줍니다. 단원별로 문제를 풀고 나서 오답노트나 문제를 만들어서 같이 끼워 넣을 수도 있습니다. 전체 목차 지도는 전체의 그림을 되새기도록 도와줍니다.

앞의 그림은 예습 복습과 노트필기를 접목한 방법을 나타낸 것입니다. 필기할 공간이 더 필요하면 포스트잇으로 대신해도 됩니다.

스마트 스터디 공부법 – 미래 창조리더의 공부 전략

최고의 공부법은 학생 스스로 자신에게 주어진 상황과 조건에 따라 선택하고, 시행착오 속에서 문제점을 찾아 그 문제를 해결하는 과정에서 만들어지는 자신만의 맞춤형 공부법입니다. 다양한 시도와 그 결과에 대한 반성과 피드백 과정을 통해 끊임없이 자신을 점검하고 조절하기를 계속해야 합니다. 이를 모형화한 것이 탐구형 공부법인 스마트 스터디 공부법입니다.

지금은 스마트 시대입니다. 스마트SMART는 원래 '영리하고 똑똑한'을 의미합니다. 하지만 세계를 놀라게 한 '아이폰'이라는 스마트폰을 창조한 애플의 스티브 잡스는 그 뜻을 단순한 사전적 의미를 넘어 단순하면서도 세련되고, 복합 기능을 가지며, 자신이 원하는 방식대로 구성하고, 빠르고, 시공간의 장애를 극복한 융합 스타일로 바꿨습니다.

중요한 건 스마트폰이 과거의 휴대전화보다 기능이 더 복합적이지만 더 단순화되고 세련되었다는 역설입니다. 예컨대 기능면에서는 기존 휴대전화의 기능에 실시간 인터넷과 미디어, 메일, 수많은 앱을 이용해 다양한 컴퓨터 기능을 가지면서도, 외현으로는 버튼을 최소화하고 터치 식으로 단순화했습니다. 그 결과 현재 스마트폰은 삶의 방식과 세상의 진행 방식을 바꾸어 놓았습니다. 알람, 초시계, 다이어리, 지도 등 모든 것을 스마트폰 안으로 다 흡수해버리고 있죠. '인공지능'시대가 오기 전까지는 스마트시대라고 할 수 있습니다.

스마트 스터디 공부는 두 단계의 정보처리 프로세스가 아닌 문제해결 탐구프로세스입니다. 크게는 문제 인식과 문제해결의 두 단계로 나뉘는데 이를 세분화해 '문제 파악－해결방안 탐색－선택과 실

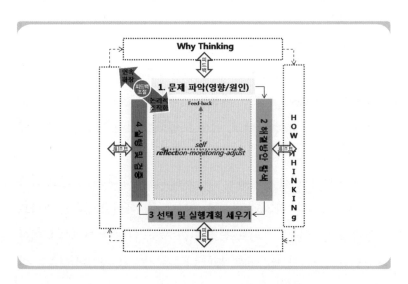

행계획 세우기 ─ 실행과 검증'의 4단계로 나눌 수 있습니다. 문제해결을 단계적 과정으로 개념화한 것 중 하나가 폴리야Polya의 '문제의 이해 ─ 계획세우기 ─ 실행하기 ─ 검토하기'의 4단계입니다. 헤이즈Hayes는 '문제의 발견 ─ 문제의 표상 ─ 해결책의 계획 ─ 실행하기 ─ 해결책의 평가 ─ 획득한 것의 심화'의 6단계로도 개념화하기도 했습니다.

큰 맥락은 같습니다. 문제 파악단계는 관심이 있는 상황에 대하여 그 상황을 입체적으로 파악해 그 상황 구조를 파악하고 그 상황의 발생으로 인한 영향과 그 원인과 조건들을 살펴보고 어떤 방향으로 처리해 나갈지를 판단합니다. 해결방안 탐색은 목표와 현재 상황 및 조건을 분석하여 다양한 논리적, 창의적 방법을 생각해보는 발상단계입니다.

선택 및 실행계획 세우기는 가장 좋은 대안을 기준을 세워 평가 및 선택하고, 그것을 실행하기 위한 구체적인 로드맵을 설계하는 것입니다. 실행계획은 구체적specific이고, 측정measurable과 성취attainable가 가능하며, 연관성relevant이 있고, 정해진 시간 내time-sensitive에 이루어야 하는 작은 목표들로 설계하면 좋습니다.

실행 및 검증은 실천하고 실천 결과에 대해 테스트 또는 확인을 하는 것입니다. 이어 전체 상황을 피드백합니다. 문제 파악부터 대안 발상과 선택까지가 의사 결정 과정입니다. 여기에 실행 전략 생성과 실시 후 검증 과정을 더해 문제해결 과정이 되는 것입니다. 이 모형의 특징은 문제해결 과정에서 피드백을 통해 조절하면서 최종 과정으로 피드백 반성을 통해 기존의 문제해결 체계를 논리적으로 조직화함으로써 보다 간단하고 정교하게 지식과 방법의 체계를 정교화하고, 문제의식을 갖고 확장해 가는 모형으로 구체화했다는 것입니다. 이는 나선형 확장 방식과 같습니다. 기존 지식과 방법을 새로운 지식과 방법으로 확장해 가는 모형이 탐구의 본질적 과정이라고 봅니다.

이 모형으로 공부의 문제뿐만 아니라 삶의 문제도 단계적으로 분석해 더 합리적으로 해결하여 삶을 혁신해나갈 수 있습니다. 스마트 스터디 공부는 메타인지를 많이 사용합니다. 왜냐하면 자신의 내면과 대화하며 피드백하고 조절해야 하기 때문입니다. 이 모형은 뒤에 통합사고 논술 툴과 수학 공부 툴과 함께 활용할 수 있습니다.

2부

★★★

실전 편

⋮

공부법의 본질은 하나다

킹핀King-pin은 삼각형으로 배열된 열 개의 볼링핀 중에서 정 가운데 위치한 핀을 말합니다. 보통 정 가운데로 굴러 한 번 핀을 노리면 스트라이크가 될 것이라 생각하지만, 그렇게 굴리면 맨 뒷줄의 양끝에 위치한 7, 10번 핀이 쓰러지지 않고 남게 됩니다. 제대로 스트라이크를 노리려면, 1번이 아니라 숨겨진 5번 핀을 노려야 합니다. 킹핀을 쓰러뜨리면 주변 핀들에 가장 큰 연계효과를 낼 수 있습니다. 사람들은 어떤 문제가 발생했을 때 이를 해결하기 위한 핵심 목표, 문제의 핵심을 킹핀이라고 부릅니다. 이러한 특성 때문에 킹핀은 겉으로 드러나지 않은 핵심 등의 의미로 쓰이곤 합니다.

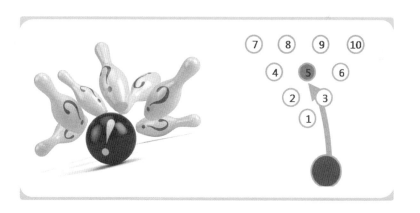

앞서 살펴본 모든 이론과 그 외의 다양한 노트 필기법, 다이어리 사용법 등 알아야 할 것도 많고 해야 할 것도 많습니다. 이 문제를 해결하는 방법은 앞서 말했듯이 공부 볼링의 킹핀을 찾아 그 하나에

집중하여 그것을 쓰러트리는 것입니다. 킹핀을 잘 쓰러트리면 나머지 핀들은 자연스럽게 연속적으로 모두 쓰러지는 것처럼 공부, 독서, 글쓰기, 진로, 인성 등 여러 목표와 국어, 영어, 수학, 사회, 과학, 도덕 등 여러 과목을 잘할 수 있는 핵심 핀을 찾아내어 쓰러트리면 됩니다. 메타센스가 제시하는 핵심 킹핀이자 킹핀을 쓰러트릴 수 있는 도구가 다음에 제시될 방법과 기술들입니다.

많은 사람들이 입시 문제를 지적하지만 실제 문제는 유치원에서 초등학교까지의 교육입니다. 이때만 잘 준비해 두어도 수많은 학생들이 공부의 부담으로부터 좀더 자유로워지고 여유시간에 자신만의 꿈과 진로를 위한 의미 있고 행복한 준비를 할 수 있을 거라 믿습니다. 이들은 희망찬 미래를 꿈꾸며 기쁜 마음으로 젊음을 자신과 인류의 행복과 발전에 매진할 수 있을 것입니다.

6장

★ ★ ★

공부법의 완전체 – 메타센스

이 장에서는 메타센스의 의미와 철학, 그것을 기술화한 순수 메타센스 공부기술 세 가지 접근법을 살펴보고 구체적인 인지기술과 독서기술들을 살펴보겠습니다. 메타센스가 보는 공부의 성공 요소들을 다음과 같이 모형화했습니다.

위 그래프에서 바닥은 완벽한 공부의 기본 바탕인 스키마 배경지식과 기본 지능입니다. 둘은 학습의 양과 속도를 결정하는 중요한 요소입니다. 특히 초등학교 때 계발해두어야 합니다.

스키마 지식

스키마 지식은 지식의 망과 같습니다. 정보라는 물고기를 잡기 위해서는 스키마가 있어야 합니다. 바탕이 되며 지식 체계로 새로운 지식을 담을 수 있는 그릇이라고 할 수 있습니다. 어려서는 많은 경험과 책읽기를 통해 지식의 망, 두뇌 신경회로망을 확보하는 것이 중요합니다. 스키마 지식은 어린 시절의 기억에 남는 독서의 중요성을 말해주고, 이해와 기억 등 학습에 속도에 중대한 영향력을 미칩니다. 더불어 초등학년까지는 공부 지능의 양대 축인 언어 사고력과 수리 사고 지능을 최대한 길러야 합니다.

언어사고 지능

언어사고 지능은 모든 공부의 바탕이 됩니다. 이해력, 독해력이라고도 할 수 있습니다. 이해력은 내용 자체의 구조와 작용 원리를 잘 파악하는 힘이라면 독해력은 텍스트 속에 숨은 의도나 의미를 파악하는 겁니다. 언어사고 지능은 독서가 중요하지만 사실 대화가 더 중요합니다. 유대인의 하브루타식 교육은 언어능력을 기르는 탁월한 방법이 될 수 있습니다.

수리사고 지능

혹자는 독서만 잘하면 수학도 잘 할 것처럼 말합니다. 물론 이해력을 높여 도움이 되는 교점도 있지만 수리사고는 수리사고만의 독자적 영역입니다. 참고로 수학을 수학적 개념과 수학적 행위로 구분하는 것은 중요합니다. 우리가 고학년 개념 선행은 못했더라도 고학년에서 사용되는 수학적 행위를 많이 경험하면 수학적 문제해결능력이 근본적으로 길러질 뿐 아니라, 고학년이 되어서의 개념을 이해하는데 도움이 됩니다. 어려서는 개념 선행보다는 근본적인 수학적 사고 경험과 훈련을 통해 수학 능력을 길러야 합니다. 유아기의 미술, 음악, 놀이는 그 자체로 훌륭한 수리지능 개발 도구들입니다. 다음으로 초등학교 고학년과 중학교에서 중요한 것이 탁월한 인지능력과 발전적 비인지능력의 계발입니다. 여기에 절대 실행력과 좋은 습관이 함께하면 목표는 반드시 성취될 것입니다.

인지능력

대표적인 인지기술은 바로 정보처리 기술, 문제해결 기술, 의사결정 및 의사소통 기술입니다. 이해 구조화 기억이라는 정보처리는 모든 공부의 기본이고, 지식을 구성해내는 힘이자 기술입니다. 문제해결은 문제를 인식하고 해결방안을 찾아 선택하고 실행하여 그 결과를 점검하는 과정을 통해 적용하고 응용하는 힘이자 기술입니다. 판단하고 해석하는 능력인 의사결정력과 잘 이해하고 표현하는 능력인 의사소통 능력은 공부의 중심축을 이룹니다. 이 기술들은 배우는데 멈추지 말고 정교하고 완벽한 기술과 수월성을 획득해야 의미가 있습니다.

비인지능력

비인지능력은 정서적 안정과 감성충전, 긍정적인 자세와 태도, 그리고 성공을 가져오는 신념체계 및 가치관을 들 수 있습니다. 아는 것을 힘 있게 실행에 옮기고 지속되려면 마음 에너지가 충전되어야 하고, 올바른 방향으로 진행되기 위해서는 자녀가 올바른 신념체계 및 가치관을 지니고 있어야 합니다. 오랜 학생 지도경험으로 볼 때 비인지능력은 인지능력보다 중요한 요소란 걸 느낍니다. 이것은 공부를 넘어 인생의 방향을 지속적으로 결정짓기 때문입니다.

만점을 만들어내고도 불안한 학생들이 있습니다. 조금만 틈을 보이면 무너지는 친구들입니다. 그 친구들은 자가 동력으로 자기조절을 하지 못합니다. 강제하지 않으면 하다가 멈추는 수동적인 아이들이 대부분입니다. 강한 실천의지를 가지고 자발적으로 해내는 것이 중요한데, 문제는 그런 친구들이 많지 않다는 겁니다. 기본적 습관과 기질은 초등 저학년 때까지 형성되고 가치관은 초등학교 고학년에서 중학교 사이 결정됩니다. 초등학교 고학년 시기에 좋은 가치관을 잘 갖추어 두는 것이 중요합니다.

습관이 오랜 시간 지속되어 무의식 세계를 지배해 그 사람의 성향, 즉 습성이 되면 잘 바꾸기 어렵습니다. 물론 습관을 만드는 것도 어렵지만 습성은 근본적인 인생의 방향을 결정짓습니다. 가장 중요한 일류의 습성과 태도는 최선을 다하며 즐기는 태도, 시키는 것 이상을 하는 자세, 자신의 한계에 도전하는 자세, 어떠한 고난도 긍정적으로 바라보고 자신의 발전의 발판으로 삼을 수 있는 긍정적 사고 및 역발상 사고입니다. 메타센스는 항상 이와 관련된 메시지를 심어주려 노력합니다.

하지만 비인지능력은 갖겠다는 결심보다는 올바른 가치관의 형성과 자신의 한계에 대한 도전과 승리로 인한 작은 성취감의 축적, 하나를 하더라도 끝까지 하게 하는 경험의 축적에 의해 만들어지고 발전합니다. 인디언이 가뭄이 들면 정성을 다해 제사를 지내는 원리와 같습니다. 인디언은 제사를 지내면 비가 온다는 확신이 있고, 그것은 비 올 때까지 제사를 지내기 때문이라는 이야기는 중요한 시사점을 줍니다. 어려서부터 끝까지 힘들어도 완수시키는 경험의 중요성이 그것입니다. 선후관계, 인과관계의 순서와 방향을 잘 고려해야 합니다. 결과만을 말한다면 이미 필요한 것을 지닌 자녀만 성공할 수 있겠지만 결과를 가져오는 원인과 메커니즘을 알면 더 많은 결과를 만들어낼 수 있습니다. 초등학교 고학년에서 중학교 시절 가치관을 형성하기에 좋은 도서나 미디어, 영화를 접해주면 좋겠습니다.

김주환 교수가 제시한 끝까지 노력할 수 있는 마음의 근력인 그릿에서 그 요소들을 잘 분류합니다. 그릿은 본래 투지, 기개 등으로 번역되는데, 그릿의 요소로 네 가지를 듭니다. 스스로 노력하면 더 잘할 수 있으리라는 능력성장의 믿음, 역경과 어려움을 오히려 도약의 발판으로 삼는 회복탄력성, 자기가 하는 일 자체가 재미있고 좋아서 하는 내재동기, 목표를 향해 불굴의 의지로 끊임없이 도전하는 끈기로 네 가지 요소의 앞 글자를 따서 표현합니다. 능력 성장의 믿음과 내재 동기는 자기 동기력을 발생시키고, 회복탄력성과 끈기는 자기 조절을 통해 끝까지 해낼 수 있는 힘을 기른다고 합니다. 자극이 있어야 반응이 있고 도전이 있어야 응전이 있듯이 실행이 있어야만 결과가 있습니다. 실행력은 공부 기둥의 중심에서 모든 것을 연결해 줍니다.

절대 실행력

실행력은 습관으로 만들어 무의식적으로 꾸준히 해가는 힘을 기르는 방법과 약간 무리지만 단기간에 성취 가능한 목표를 세우고 집중하고 몰입하여 수행해냄으로써 뿌듯한 성취감과 긍정적인 자아를 형성하는 방법이 있습니다. 실행하면서 시행착오를 겪고 메타인지를 통해 반성하고 더 나은 길을 찾아간다면 훨씬 더 빠른 발전을 이룰 수 있습니다.

꿈과 비전

성적과 꿈은 닭과 알의 관계입니다. 성적이 오르면 꿈이 생기고, 더 오르면 꿈이 커집니다. 반대로 꿈이 생기면 더 열심히 하게 됩니다. 사람은 꿈꾸는 만큼 못될 수는 있어도 꿈꾸는 이상은 될 수 있습니다. 선명한 만큼 더 확실해집니다. 따라서 최대한 큰 꿈꾸고 꿈을

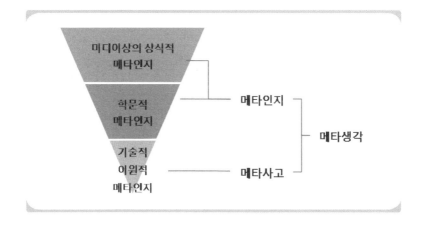

향해 나아가는 그 기쁨을 빨리 아이들이 알았으면 좋겠습니다.

메타생각

메타생각은 서문에서 말했듯이 기존의 생각의 생각으로서 자신의 생각을 점검하고 조절하는 상위인지인 메타인지와 제가 어원적 의미를 살려 보다 실용적으로 만든 메타사고의 복합개념입니다. 메타생각은 이성 및 인지의 최고 경지의 사고로서 주변 환경 변화에 잘 대응하고 새로움을 창조하는 강력한 사고도구 입니다.

  본래 메타인지Metacognition는 상위 생각, '생각에 대한 생각'을 말합니다. 구체적으로 이해하고 기억하는 등의 개별 인지과정을 객관적으로 관찰하고 조정하는 생각을 의미합니다. 반성적 사고처럼 무의식적으로 작동하는 인지에 대해 명칭을 부여한 거죠. 인지를 자동차로 비유한다면 메타인지는 그 자동차를 조종하는 운전자 역할을 합니다. 또는 축구장의 선수들을 인지로 본다면 축구감독이 메타인지라고 볼 수 있죠.

메타인지는 끊임없이 목표와 현재 상황을 모니터링하면서 목표 방향과 속도 등을 조절해가는 인지활동입니다. 메타인지가 온전히 작동하려면 과거, 현재, 미래의 전체 흐름 속에서 바라보는 눈과 목표대상, 자신의 상황, 다양한 인지전략 변인 등에 대한 지식이 있어야 합니다. 정보를 처리하거나 문제를 해결하는 데 있어 계획을 세우고 자신이 가진 조건들을 활용하여 진행하면서 상황을 점검하고 끝난 결과에 대해 평가하여 더 효율적이고 효과적인 결과를 위해 필요한 것을 조정하는 등의 복합적 활동이 이어가는 겁니다. 계속해서 자신의 생각에 대한 의문을 제시하거나 수시로 계획, 점검 조절하는 자기 활동을 수행할 때 발달할 수 있습니다.

메타생각은 더 높은 차원에서 과정과 결과를 지켜보는 눈으로 실수를 줄이고, 입체적으로 상황을 파악하며, 자기주도적으로 목표를 수행해 가는 데 도움이 됩니다.

공부감각

필자의 조카는 중학교 2학년 때까지 성적도 좋지 않을 뿐 아니라 머리도 나쁜 편이었습니다. 그런데 어떤 계기로 공부를 하겠다는 의지를 보여 겨울방학 3개월에 걸쳐 영, 수 기본을 가르치며 다른 한 과목을 한 단원이라도 완벽하게 공부하는 훈련을 했습니다. 두 달 간 국어, 과학, 사회 중 사회 한 과목 한 단원의 진도를 간신히 나갔습니다. 이후 혼자 시행착오를 겪으며 스스로 공부해서 이전과는 차원이 다른 시험결과를 만들어냈습니다. 이후 고등학교 3년 내내 성적이 우수했습니다. 이 친구는 선행도 하지 않고 스스로 공부했는데 공부에 대한 감각을 한 번 일깨웠더니 그와 같은 결과를 지속적으로 만들어냈습니다.

　지식 주입과 단편적인 공부방법보다 중요한 것이 공부 감각을 일깨우는 것입니다. 완벽한 공부의 경험이 누적되면 센스(감각)가 되는 겁니다. 흔히 센스가 있어야 한다고 말할 때의 센스는 상황에 맞게 다양한 방법 중 하나를 선택하여 적절하게 대응하는 것을 이릅니다. 센스는 어느 방향으로 어느 정도까지 해야 완벽한가에 대한 기준을 줍니다. 한 번만 완벽한 공부를 하면 쉽게 다른 공부에도 전이 될 수 있습니다. 특정 자동차 하나를 완벽히 탈 줄 안다면 모든 차를 운전할 수 있는 것과 같습니다. 완벽한 공부의 감각을 온몸으로 체득하면 선행과 상관없이 항상 완벽한 결과를 얻을 수 있게 됩니다. 이러한 공부감각을 이루는 가장 중요한 방법은 크리티컬 매스, 즉 임계치를 넘는 공부를 하는 것에 있습니다.

7장

★ ★ ★

멘털 트레이닝

Metacognition, Metathinking, Metasense

멘털이 강해야 합니다. 『공부하는 독종이 살아남는다』라는 책 제목처럼 마음과 신념의 혼합체인 정신이 강해야 끝까지 견딜 수 있습니다. 정신이 생각을 지배하고 생각이 행동을 지배하여 결과를 지배합니다. 결국 행동과 변화의 시작은 마음과 신념, 즉 멘털에 달려 있습니다. 멘털이 강해야 항상 행복할 수 있습니다. 주변의 환경에 영향을 받지 않기 때문입니다. 학생들 중 멘털이 불안한 친구들이 종종 있습니다. 이 친구들은 감정과 환경의 변화에 휘둘리며 공부를 해도 안 해도 걱정, 점수가 잘 나와도 못 나와도 걱정입니다. 점수의 굴곡이 심하고 언제 멘털 붕괴가 찾아올지 모르기 때문입니다.

보통 멘털이 불안한 것도 문제지만 너무 성격이 좋다는 말을 듣는 친구들도 문제입니다. 명확성과 정교함이 떨어지기 때문입니다. 다른 사람의 행동에도 마찬가지지만 자신의 행동이나 공부에 있어 완벽히 끝내지도 않았는데 타협해버리는 겁니다. 멘털이 강하려면 끊임없이 에너지를 공급하는 원자로 같은 강력한 동기가 필요하고 좋은 성격의 단점을 극복하기 위해서는 완벽히 공부할 수 있는 신념으로 무장되어 있어야 합니다.

공부 동기만을 지나치게 강조하는 것도 문제지만, 이 부분을 당연한 것으로 생각하여 진부한 말로 가볍게 넘기는 것도 문제입니다. 마음이 움직여야 행동이 움직입니다. 저는 오랜 시간 동안 가치관 학습과 동기 부여 시스템을 개발하여 학생들에게 도움을 주고자 노력했습니다. 많은 학생이 공부방법 이상으로 큰 도움이 되었다고 했습니다.

마인드 리엑터–공부에 무한 에너지를 공급하는 마음의 원자로

영화 〈아이언맨〉 시리즈를 좋아합니다. 아이언맨 슈트만 입으면 세상을 구할 수 있는 영웅이 되는 게 멋집니다. 원래부터 초능력을 가져서가 아니라 평범한 사람도 슈트를 입으면 하늘을 날 수 있고 영웅이 될 수 있습니다. 영화 속 주인공의 힘의 원천은 슈트 자체가 아니라 '리에터(원자로)'였습니다. 가슴에 빛나던 물질 기억나나요? 아무리 훌륭한 기능을 가진 슈트가 있더라도 파워가 없다면 무용지물입니다. 영화 속 원자로는 무한한 힘의 원천입니다. 원자로는 한 번만 일정 수준 이상의 충격과 열을 가하면 연속적으로 핵 분열이 일어나 엄청난 양의 에너지를 만들어냅니다. 아무리 좋은 기술과 장비를 갖춘 자가용도 연료가 없으면 움직일 수 없는 무용지물이 됩니다.

마음의 동기와 열정이 아이언맨의 리엑터입니다. 한 번 불붙기 시작하면 행동을 시작하고 계속 할 수 있는 힘을 주는 것이 동기입니다. 대부분의 학생이 공부방법 이전에 이미 마음의 열정 에너지가 부족하거나 바닥난 상황입니다. 여러 가지 이유가 있겠지만 확신이 부족해서라고 봅니다. 나는 해낼 수 있다는 확신이 부족하기에 머뭇거리고 방황하는 겁니다.

아이언맨의 심장 '리엑터'와 같이 무한한 열정 에너지를 지속적으로 만들어낼 수 있는 마음의 원자로인 동기의 비밀을 알아볼까요? 골대에 공이 들어가기 위한 조건은 무엇일까요?

하나는 공에 충분한 힘을 가해야 한다는 것이고, 다른 하나는 올바른 방향으로 공을 차야 한다는 것입니다. 아무리 좋은 공이 있고 골대가 가까이 있어도 공에 아무런 힘을 주지 않는다면 경기가 끝날 때까지 득점을 하지 못합니다. 공에 힘을 가하더라도 골대의 방향에 맞게 차지 않으면 공은 엉뚱한 곳으로 날아가버립니다.

공부도 마찬가지입니다. 공부 기술도 알고, 체계적인 지식과 능력이라는 좋은 공부 공을 가지고 있더라도 실천하기 않거나 올바른

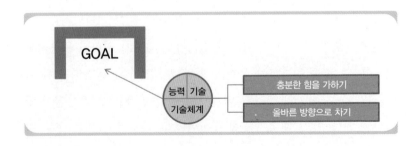

목표점과 방향을 잡아 공부하지 않는다면 목표점에 도달할 수 없습니다. 머리가 좋고 공부법을 알아도 안 하거나, 하더라도 제대로 못하거나, 또는 했다하더라도 결과가 없는 공부를 하는 학생이 많습니다. 위에서 말한 두 가지 조건이 공부 과정 중에 실현되지 않았기 때문입니다.

올바른 방향으로 공부 볼 차기

현재는 9층이지만 아래 1층 방향으로 버튼이 눌러진 엘리베이터와 2층이지만 위 10층으로 버튼이 눌러진 엘리베이터 중 어떤 것이 더 10층에 가까울까요? 눈으로 보기에는 9층에 있는 엘리베이터가 10층과 가까워 보이나 시간적으로는 2층에 있는 엘리베이터가 10층에 더 가까이 있습니다. 9층에 있는 엘리베이터는 1층으로 내려갔다가 10층으로 다시 올라가야 하기 때문입니다.

공부도 그렇습니다. 중요한 것은 자신의 공부 수준이 아니라 올바른 방향으로 향해 있느냐입니다. 물론 실행하여 움직여야 된다는 것을 전제로 말입니다. 중1 첫 시험에서 90점을 맞은 한 친구가 있습니다. 사회만 100점이고 나머지 과목은 그럭저럭했습니다. 이 점수는 그 친구가 최선을 다해 맞은 점수입니다. 전교 1, 2등 하는 친구들이 아닌 이 친구를 부모님들께 자랑하며 예언을 한 적이 있습니다. "이 친구는 학년이 올라가면 전교 상위권 등수가 될 겁니다. 이 친구는 성공

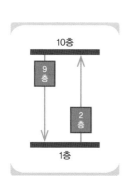

하는 친구들의 자세와 습성을 지니고 있기 때문입니다." 그 친구는 1년도 안 되어 평균이 97점을 넘었습니다. 문제는 태도입니다. 학년이 높아져 학업에 어려움을 겪는 친구들의 공통점은 머리와 방법을 믿고 적당히 하려는 것이었습니다.

중요한 공부의 방향은 두 가지 요소의 영향을 받습니다. 하나는 수행 과정에서 보이는 태도와 자세이고, 다른 하나는 습관적 행동이 정신을 지배하게 되어 만들어진 습성입니다.

방향 요소1 : 발전을 부르는 태도와 자세

발전적인 태도와 자세를 불러오는 사고로는 대표적으로 네 가지가 있습니다. 역발상 사고, 수용적 사고, 도전적 사고, 반성적 사고입니다.

역발상 사고는 성공은 물론 실패에서도 배울 점을 찾아 발전하는 지혜와 에너지로 사용하게 합니다. 역발상 사고를 하는 사람은 좋은 일이든 나쁜 일이든 모두 긍정적으로 해석하며 감사하는 태도를 보입니다. 이 사고는 행복과 행운을 불러오는 가장 중요한 비밀입니다.

수용적 사고는 세상의 변화를 적극적으로 받아들이고 새로운 변화를 시도하며 다양한 문제 상황을 고려해 다양한 차원에서 미리 준비하는 것입니다. 역동적 사고를 하는 사람은 생각만 하다 행동을 미루는 것이 아니라 주어진 상황을 미래지향적이고 적극적으로 대처합니다. 스팬서 존슨의 『누가 내 치즈를 옮겼을까?』를 읽어보면 이해할 수 있을 겁니다.

도전적 사고는 하나를 요구 받았을 때 두 개를 하는 것으로, 주어진 것 이상을 하며 더 높은 것을 추구하게 합니다. 주어진 것, 또는 다른 사람이 기대하는 정도까지만 해서는 탁월한 사람이 될 수 없습니다. 숙제만 해서는 공부를 잘할 수 없는 것과 같습니다. 이 사고의 바탕에는 불만족하는 태도가 전제로 있습니다. 또한 기대한 것보다 더 잘 해내는 태도도 포함되어 있습니다. 『갈매기의 꿈』이란 책을 읽어보면 이해할 수 있습니다.

반성적 사고는 항상 현재의 자신을 되돌아보면서 점검하고 조절하게 합니다. 반성적 사고에는 자신이 스스로의 주인이라는 주인의식과 자신이 한 일에 자신이 책임을 지겠다는 책임의식이 전제되어 있습니다. 반성적 사고는 자신의 현재 위치와 앞으로의 방향성을 살피고 조절하는 것을 도와줍니다.

방향 요소2 : 습성 – 성공을 부르는 원리와 원칙의 체화

습성은 반복되어 자동화된 습관적 행동이 정신세계와 하나가 되어 그 사람의 성향이 되는 것입니다. 머리가 좋은데도 나쁜 습성을 형성한 아이들은 바꾸기 어려워 아쉽습니다. 어려서부터 좋은 습성을 형성하는 게 좋습니다.

대표적인 성공을 가져오는 공부 수행의 원리와 원칙은 무엇일까요? 임계치의 원리, 역동성의 원리, 명확성의 원칙, 단계성의 원칙이 있습니다. 이는 성공하는 공부와 독서의 원리와도 같습니다. 공부든 어떤 일이든 결국 성공원리는 같기 때문입니다. 그래서 한 번 더 확인해보겠습니다.

임계치의 원리에서 임계란 어떠한 물리 현상이 갈라져서 다르게 나타나기 시작하는 경계의 값을 의미합니다. 크리티컬 매스라고도 불립니다. 100도가 되면 액체인 물이 기체인 수증기로 전환됩니다.

열과 충격이 가해지면 우라늄, 플루토늄 등의 핵연료에 분열이 일어납니다. 우리의 두뇌나 공부에도 임계치가 존재합니다. 10톤의 석유를 쓴다 해도 아주 약한 불로는 물을 끓일 수 없습니다. 적당한 노력으로는 안 됩니다. 임계치를 넘는 노력과 반복, 몰입이 필요합니다. 99도의 열로는 물을 끓일 수 없습니다. 1도, 1퍼센트의 노력이 성공과 실패를 가릅니다. 뒤집어 말하면 100도가 되기 전까지는 질적인 변화가 일어나지 않습니다. 눈에 보이는 결과가 보이지 않습니다. 하지만 더 버티면서 몰입하면 곧 결과가 나타납니다.

역동성의 원칙은 몰입과 융합의 균형을 가져오는 동적 중용의 원리를 말합니다. 먼저 말했듯이 자전거의 양 페달에 똑같은 힘을 주면 자전거는 움직이지 않는 반면 돌아가면서 한쪽씩 페달에 힘을 주어야 페달이 돌아가고 자전거가 전진한다고 했습니다. 일단 하나에 몰입하여 집중적으로 끝나면 반대의 면을 보완하는 것이 동적 균형입니다. 몰입을 통해 가속도가 붙고 반복됨으로써 얻는 것이 많다고 했습니다. 또한 반대의 경우도 살피어 균형이 생겨 보다 온전하고 지속적으로 할 수 있는 힘이 생기게 됩니다.

명확성의 원칙은 적당히 하는 것이 아니라 정확하고 분명하게 과제를 수행하고 마무리 하는 것입니다. 숲을 지나가면 풀은 밟히고 길이 생깁니다. 시간이 흐르면 풀이 다시 자라나 길은 곧 사라지지만 돌이나 아스팔트를 깔면 풀이 자라지 않습니다. 불명확하게 공부하면 혼란스럽고 공부를 안 한 것과 다르지 않은 결과가 나타납니다. 공부를 할 때는 선명하고 확실하게 끝을 내야 합니다.

단계성의 원칙은 한 번에 무엇인가를 끝내려 하기보다는 단계를 나누어 부담을 줄이고 하나하나 성취해 가는 것입니다. 완벽한 조건이 갖추어져야 시작한다거나 한 번에 모든 것을 끝내려 하면 시작을 미루게 되거나 부담감으로 시작하기 힘들어집니다. 완벽한 교재가 있어야 공부한다고 하면 언제 공부를 시작할 수 있을지 모릅니다. 세상에 완벽한 교재는 없습니다. 하지만 최선의 것을 선택해 부족한 것을 채우며 공부한다면 더 빨리 시작할 수 있을 뿐만 아니라 부담도 줄어듭니다. 이 원칙은 '1+α의 전략'과도 통합니다. 일단 하나를 완벽히 한 다음에 새로운 것을 더해갑니다.

이상 발전을 가져오는 습관과 원칙들을 살펴보았습니다. 어떤 원리와 원칙을 따르느냐에 따라 공부는 물론 인생이 달라집니다. 부모들은 좋은 성공 롤모델을 통해 자녀에게 올바른 가치 기준과 행동 원리를 더 파악해서 자녀들이 좋은 습성을 형성하도록 도와주시길 바랍니다. 공부 기술만큼 중요한 것들입니다.

이와 관련하여 부모님들에게 꼭 해주고 싶은 말이 있습니다. 어떤 부모님들은 자녀가 공부를 꼭 잘할 필요는 없다고 말씀하시는 경우를 종종 봅니다. 이 생각의 장점은 아이를 배려하고 여유 있는 아이를 만든다는 것입니다. 모두가 공부를 잘할 필요는 없을 수도 있습니다. 문제는 이런 생각을 가지면 아이들은 꼭 해야 하는 것이라는 마음과 원칙이 없기 때문에 일단 집중력이 떨어지고 중간에 조금이라도 힘들거나 흥미를 잃으면 "이거 내가 꼭 해야 돼?"라는 생각을 하면서 어려운 상황을 피하는 경우를 봅니다. 이게 반복되면 아이들의 습성이 되어 무엇을 하더라도 열매를 맺고 성취감을 느끼기 어렵습니다. 공부가 아니라면 다른 것이라도 일단 하면 반드시 해내는 습관, 최선을 다하여 이기는 습관을 들여 힘든 것에 도전해서 성취해낼 때 행복한 아이가 되지 않을까 생각합니다.

공부 볼에 충분한 힘 가하기

이제 골대를 향한 올바른 방향을 잡았으니 충분한 힘만 주면 됩니다. 아무리 비싼 자동차도 연료가 없으면 움직이지 못하고 연료가 충분하지 않으면 곧 멈춥니다. 연료가 충분하더라도 시동을 걸지 않으면 전진할 수 없습니다. 이때 움직일 수 있는 만큼의 충분한 마음의 힘이 충전되어야 움직여지는 겁니다. 100볼트의 전압이 필요한데 10볼트 건전지를 끼워 전류를 공급하면 움직이지 않는 것과 같습니다. 공부도 그렇습니다. 공부하고자 하는 충분한 의지와 열정, 실천이 없으면 그 어떤 공부방법이나 좋은 환경도 소용없습니다.

그럼 어떻게 해야 할까요? 동기가 되는 공부 연료를 외부에서 넣어주거나 가슴에 있는 마음의 원자로에 충격을 가해 핵분열을 일으켜 끝없는 열정이 일어나도록 해야 합니다. 열정은 어떤 일에 열렬한 애정을 가지고 열중하게 하는 마음입니다. 열정은 어떻게 불러일으킬까요? 자신이 생각하고 있는 자신의 현실과 자신이 기대하는 이

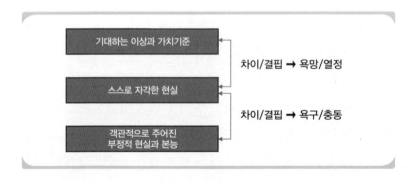

상과 목표 또는 실제 현실 사이의 차이를 인식시켜 불만족을 끌어올리면 됩니다.

어려운 환경에 처해있는 친구는 쉽게 열정을 만들어낼 수 있습니다. 주어진 어려운 환경을 빨리 벗어나고 싶이 하기 때문입니다. 문제는 사는 데 불편이 없는 친구들입니다. 성적도 적당히 나오고, 가정 형편도 문제가 없어 만족하며 문제의식도 열정도 없습니다. 이런 친구들에게 열정을 일으키기 위해서는 가치와 기대 목표를 계속 높여가야 합니다. 현실을 불만족하게 만들어야 합니다. 기대가 낮으면 쉽게 만족하고 멈추게 됩니다. 그럼 열정은 살아나지 않습니다.

학교에서 종종 문제 한두 개 틀렸다고 아쉬워하고 화내고 심지어 눈물까지 흘리는 친구들을 봅니다. 여러 문제를 틀린 대다수의 친구들은 이 친구들을 보며 위선적이라고까지 말합니다. 왜 이런 현상이 일어날까요? 이유는 간단합니다. 그 한두 문제를 틀린 친구의 기대수준은 아주 높기 때문에 한두 개 틀린 것이 마음으로 용서가 안 되기 때문이고, 다른 친구들의 기대수준은 낮기 때문에 몇 개 틀리는 것은 당연하다고 생각하면서 만족하기 때문입니다. 과연 앞으로 누가 더 노력하고 발전할까요?

유명 대학교 장학생으로 졸업한 엄마가 능력에 비해 실수를 너무나 많이 하는 중학교 1학년 자녀의 문제점을 자기만족이라고 지적하는 경우를 봤습니다. 즉 자신은 항상 부족하다고 생각하기에 보다 더 빈틈없이 공부하려 하는데 아이는 적당히 공부해놓고는 다 했다는 만족해하기 때문에 실수를 많이 한다는 것이었습니다. 물론 이것이 다는 아니더라도 중요한 원인 중 하나가 될 수 있습니다.

지나친 기대는 조절해야 합니다. 지나친 기대는 부담감을 불러일으키나 포기하게 만들 수 있기 때문입니다. 스스로의 자기 기대와 자존감을 높이는 가장 좋은 방법은 다양한 성공 경험을 쌓아 가는 것입니다. 성공자와 실패자는 자기 자신과 목표에 대한 기대치의 수준에 의해 결정됩니다. 성공자는 자기 자신과 목표에 대한 기대치가 높아 그 목표를 이루기 위해 최선을 다하고 그것을 하나하나 실현해내면서 자존감과 성취감을 느낍니다. 탁월한 친구들은 도전적이라는 공통점을 가지고 있습니다. 주변에서 주어지는 것보다 스스로 더 큰 목표와 기대치를 가지고 그것을 이루어냅니다. 이때 마음속에 열정의 불씨가 생겨나게 됩니다. 성공하는 사람은 새로운 도전을 계속 찾는 반면 패배자는 새로운 도전을 피하고 안주합니다. 적어도 청소년 때만큼은 넓은 세상을 가슴에 품길 바랍니다. 세상에 자신만 할 수 있는 것을 찾아 가능성을 보여주고, 영향력 있는 사람이 되겠다는 꿈을 세워야 합니다. 자신의 진정한 존재 가치를 깨닫고 자신에게 부족한 것을 찾아 그것을 채우겠다는 목표 의식을 갖고, 자신의 기대를 계속 높이는 것이 열정의 뿌리이자 열쇠입니다.

작은 그릇은 물을 조금만 부어도 가득 찹니다. 큰 그릇은 물을 조금 부어서는 채울 수 없습니다. 자녀들의 가슴에 큰 그릇을 만들어주길 바랍니다. 그릇의 크기만큼 자신의 부족한 점을 채우기 때문입니다. 학습과 관련된 기대는 자기 자신에 대한 기대와 공부 자체에 대한 기대로 나눌 수 있습니다. 자기 자신에 대한 기대로는 자신이 중요하고 유능하며 가치 있다고 생각하는 자존감, 특정 일을 잘할 수 있다는 확신으로서의 자기효능감이 있습니다. 자존감과 자기효능감이 높아야 새로운 목표를 세우고 자신 있게 도전합니다. 자존감과 자기효능감의 원인이자 결과이기도 한 올바른 자아 정체성을 갖는 것은 아주 중요합니다.

공부에 대한 기대는 공부의 가치를 따지는 성취 가치와 공부의 결과가 무엇에 의해 결정되는가에 대한 귀인 양식이 있습니다. 건강한 자아 정체성을 가진 사람은 의미 있는 것이라면 그것을 자신의 것으로 만들기 위해 노력합니다. 학습자가 개선하기 어려운 능력이나 운의 요소가 아니라 자신이 조절할 수 있는 노력이나 방법으로 학업결과를 개선하거나 성공적으로 성취할 수 있다고 믿고 노력합니다. 많은 학생이 자신과 공부에 대해 잘못된 기대와 믿음을 가지고 있습니다. 우리는 올바른 가치와 기준을 갖기 위해 항상 스스로를 점검하고 잘못된 믿음을 합리적 믿음으로 대체하도록 노력해야 합니다.

열정과 힘은 '충분'해야 합니다. 공이 골대에 들어갈 만큼 충분한 힘을 주고 공이 들어갈 때까지 그 힘을 지속해야 합니다. 스티브 잡스는 미국의 유명 대학교 졸업식 연설에서 마지막으로 말했습니다. "Stay Hungry, Stay Foolish!"

올바른 방향으로 공부하기 위해 필요한 것이 많아 보입니다. 복잡하면 기억하기도 실천하기도 어렵습니다. 이를 해결하는 방법은 없을까요? 볼링에서는 가장 앞에 있는 킹핀을 정확하게 맞추면 나머지 아홉 개를 모두 쓰러뜨릴 수 있습니다. 핵심 킹핀을 찾아내어 쓰러뜨리면 됩니다. 이 문제도 마음의 킹핀을 찾으면 풀립니다. 마음의 킹핀은 무엇일까요? **'일단 하나 반드시 해내기'**입니다. 지금 약간 더 어려운 과제의 일정량과 시간을 설정하고 계획하고 반드시 끝내고 성취하는 것입니다. 작은 것이라도 완벽히 끝내가는 습관을 들이면 위의 모든 것을 얻을 수 있습니다. '공부하는 기쁨'의 에너지로 충전하는 것입니다. 어느 정도 어려운 목표를 설정하여 자신을 채찍질하고 시간을 아끼며 분발하면 공부하는 과정 자체에 자긍심을 느낄 수 있습니다.

꿈이나 열정이 있어 공부를 잘하게 된 학생은 그리 많지 않습니다. 어떤 계기로든 공부를 했는데 좋은 점수를 받으면서 꿈과 열정이 생긴 학생이 더 많습니다. 점수가 높아지면 그만큼 꿈과 열정이 커져 갑니다. 스스로의 힘으로 한 과목 한 단원이라도 완벽히 공부해내는 겁니다. 한 번 해보세요. 하면 됩니다. 해내면 자신감과 하고 싶은 마음이 생기게 됩니다.

골은 다리로만 넣는 것이 아니다 - 감정인지

골대에 공을 넣어야 되는 상황으로 다시 돌아가보겠습니다. 올바른 방향과 필요한 힘이 무엇인지 알지라도 골대 상황에 따라 이를 조절할 수 있어야 합니다. 골키퍼의 움직임이라는 환경의 변화에 따라 공의 방향도 힘도 바뀌어야 합니다. 공은 발로만 차는 게 아니라 머리도 써야 합니다. 상황에 따라 행동의 방향과 힘을 조절하는 자기조절력이 필요합니다.

자기조절력에는 인지 조절력(메타인지)과 감정 조절력(감수성), 가치인지력(가치체계) 등이 있습니다. 메타인지는 지적인 부분뿐만 아니라 정서적인 부분도 영향력을 행사합니다. 쉽게 말해 자동차에 연료가 있다 하더라도 결국은 운전자가 시동을 걸어주고 페달을 밟아야 전진하는 거죠. 일직선으로 가는 게 아니라 도로상황에 따라 다양한 판단을 해야 하기에 운전자와 같이 주변 상황을 파악하여 조절하는 힘이 필요합니다.

동기 차원에서는 성공의 원리, 원칙들만이 아닌 나에 대한 이해와 주변 상황, 즉 세계에 대한 이해가 필요합니다. 동기 차원에서는 아이들의 내면의 세계를 일깨우는 방법도 있지만 세상의 문제를 인식하게 하여 소명과 사명을 갖게 하는 방법도 있습니다. 이웃과 세상, 더 아름다운 가치들을 알게 해서 나만이 아니라 다른 사람들의 고통도 가슴에 품어 이웃의 문제를 함께 고민하고 해결하려는 마음을 가진 더 큰 사람으로 더 큰 행복을 만들어 갈 수 있게 하는 것입니다.

이를 위해서는 다양한 가치를 알게 하고 감성지능을 발달시켜 가치 판단력을 기르고, 자신의 감정을 조절하여 좋은 인간관계는 물론 자신의 내면의 안정을 이룰 수 있는 힘을 길러야 합니다. 또한 나와 세상, 삶의 방법에 대한 지식과 이를 사용하고 조절하는 능력인 메

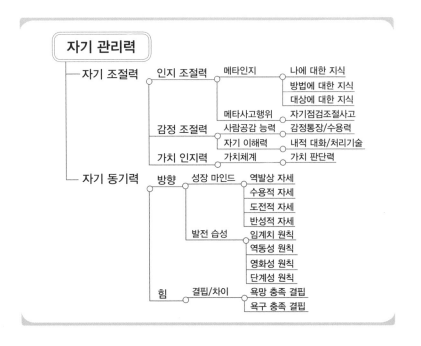

타인지를 길러야 합니다. 인지뿐만 아니라 감정 조절 및 동기도 메타인지의 도움을 받아야 온전하고 행복하게 목표를 이루어 갈 수 있게 되는 겁니다. 이상을 간단히 정리해보면 앞의 표와 같습니다.

성공 마인드 리셋 – 학생들을 위한 '박카스샘'의 파워가치관

이상의 내용은 학부모나 전문가를 위한 내용이었습니다. 이론적인 부분도 있죠. 실제 학생들에게 운명이 바뀌길 바라며 상당한 시간을 할애하여 파워가치관 학습을 진행합니다. 세상을 살아가는 지혜와 마음의 파워를 충전하고 강력한 멘털을 만들어주기 위해서입니다.

사춘기 반항심이 드러나는 친구에게: 시시포스의 원리

그리스 신화에서 시시포스는 신으로부터 두 번째로 무서운 형벌을 받습니다. 첫 번째는 프로메테우스가 끊임없이 독수리에게 심장을 쪼이는 벌입니다. 시시포스는 신으로부터 산에서 떨어진 바위를 산에 올리기를 영원히 반복해야 하는 벌을 받습니다. 커다란 바위를 산 정상에 올려놓으면 산 밑으로 내려가고 또 올리면 다른 쪽 밑으로 다시 내려가는 형벌입니다. 육체도 힘들지만 어차피 또 내려갈 바위를 올리는 것은 시시포스에게 허무하고 지루한 것이었습니다. 바위 올리기를 거부하면 신은 시시포스가 힘이 빠진 상태에서 억지로 바위를 올리게 해 살이 찢어지는 고통을 당하게 했습니다. 피할 수 없었습니다.

결국 시시포스는 무의미하고 힘든 일을 반복해야 했고 그것이 너무나 고통스러웠습니다. 자신의 의지가 아닌 다른 존재가 강제한 일을 억지로 반복해야 하는 게 미칠 것 같았습니다. 시시포스는 이 상황에 대해 고민하던 어느 날 문득 깨달았습니다. 왜 신이 이런 형벌을 내렸을까? 그것은 반복되는 무의미한 일을 하게 하여 시시포스 마음이 허무하고 절망에 빠지게 하여 고통을 당하게 하는 것이었습니다. "그럼 어떻게 해야 할까?" 시시포스는 고민했고 답을 생각해 냈습니다. 바위 굴리는 행위로 인해 우선 고통스러워하지 말고 즐기면서 몸의 근육 단련의 기회로 삼는 등 자기 발전의 기회로 삼고 오히려 더 적극적으로 기꺼이 바위를 굴리기를 하기로 결심합니다. 신의 의도를 명확히 알고 오히려 기꺼이 바위 굴리기를 한 것입니다. '기꺼이'는 '기쁘게'와 '자발적으로'의 합성 의미를 지닙니다. 시시포스는 바위 굴리는 행위에 육체를 단련한다는 의미와 자발성을 더함으로써 신의 의도에 저항한다는 의미를 부여합니다. 무의미에 의미를 줌으로써 시시포스는 신에게 저항한 것입니다. 피할 수 없는 일을 시시포스는 신에게 제대로 저항하고 승리합니다.

　　공부가 학생에겐 시시포스의 바위 올리기와 같을 수 있습니다. 힘들고 무의미해 보이고 내가 하고 싶은 게 아닐 수 있습니다. 이것을 벗어나는 길은 공부를 거부하는 게 아니라 공부하기를 즐기는 발전적 저항이 필요합니다. 주어진 공부를 기꺼이 더 해버림으로써 자신이 발전하는 방법을 선택하는 지혜를 가져야 합니다. 주어진 공부에 스스로 의미를 부여하세요. 자신을 발전시키는 도구로 공부를 기꺼이 이용하기 바랍니다. 그러면 공부를 의미 있는 것으로 만들어 제대로 저항하는 것입니다. 공부는 운명입니다. 피할 수 없다면 즐겨야 합니다. 공부를 즐길 수 있을 때 여러분은 진정한 승리자가 됩니다.

공부를 포기하고 싶은 친구에게: 토끼와 거북이의 원리

조금만 뒤처져도 영원히 뒤처질 것 같은 때가 학창시절입니다. 토끼와 거북이 이야기 아시죠? 자만하고 여유를 부리는 토끼를 거북이가 이깁니다. 그것은 동화 속 이야기이고 현실은 포기하고 좌절하는 거북이가 더 많습니다. 자신은 겨우 두세 발걸음 나아가는데 어떤 친구는 저 멀리 뛰어 가는 것을 보면 절망과 좌절에 빠지기 쉽습니다. 축구 경기를 시작했는데 전반 10분 만에 10대 1로 진다면 그 경기를 포기하고 싶은 것과 마찬가지입니다. 공부 잘하는 학생이 저 멀리 앞서 나가면 뒤처진 학생은 공부에 흥미를 잃어버립니다. 그래서 공부가 아닌 다른 것을 통해 보상을 받고자 합니다. 하지만 기억해야 합니다. 육지의 끝에는 호수나 바다가 있다는 사실을. 사회에는 거북이가 필요한 여러 분야가 있습니다. 거북이가 포기하고 육지의 진흙탕에서 멈추어 서면 영원히 바다를 만날 수 없습니다. 절대로 포기하지 말고 드넓은 바다를 그리며 느리더라도 묵묵히 전진해야 합니다.

공부를 잘하는 토끼 같은 학생은 1차 목적지에 다다랐다고 자만하면 안 됩니다. 산에는 오르막도 있지만 내리막도 있습니다. 내리막은 뒷다리가 긴 토끼가 오히려 불리할 수 있습니다. 얼굴과 팔다리를 오므리고 구르는 거북이에게 질 수도 있습니다. 사회라는 바다에서 살기 위해서는 수영도 배우고 배도 준비해야 합니다. 그렇지 않으면 쓴 패배를 경험할 수 있습니다. 학창시절 1, 2년은 사회생활에서의 1, 2년과 차원이 다릅니다. 사회에서는 10년의 나이 차이도 별 의미가 없습니다. 그 사람이 무엇을 하느냐가 중요하지 언제부터 했느냐는 큰 의미가 없습니다. 자신이 원하는 것을 할 수 있도록 공부를 포기하지 않았으면 합니다. 누가 사회에 빨리 나오느냐가 중요한 것이 아니라, 어떤 역할로 사회에 나오느냐가 중요합니다. 때를 놓치면 목표를 이룰 때까지 힘들고, 외로운 시간을 보내야 합니다. 각 학년에서 자신이 가질 수 있는 모든 가능성을 실현해 보길 바랍니다. 물러서지 마세요. 한 번 물러서면 천 번 물러서게 됩니다.

꿈이 너무 크고 멀다고 느껴지는 친구에게: 운명 저울의 원리

오른쪽에 무게를 더해 오른쪽으로 기울면 왼쪽에 있는 것이 오른쪽으로 쏠리고, 반대로 왼쪽에 무게를 더해 왼쪽으로 기울면 오른쪽에 있던 것들이 왼쪽으로 기울어집니다. 이 물질적인 변화를 사회 현상으로 바꾼 것이 머피의 법칙과 샐리의 법칙입니다. 나쁜 일이 연속되어 일어나는 것이 머피의 법칙이고, 반대로 좋은 일이 계속 일어나는 것이 샐리의 법칙입니다. 선순환과 악순환의 원리와도 연관되어 있습니다.

사회생활도 그러하지만 공부도 이 원리를 따릅니다. 즉 기초가 없으니까 공부가 잘 안되고, 공부가 잘 안되니까 하기 싫고, 하기 싫으니까 안하고, 안 하니까 점수도 지식도 쌓이지 않고, 악순환이 반복되는 겁니다. 반대로 점수가 잘 나오면 칭찬 받고, 칭찬 받으니까 기분이 좋아서 그 과목에 흥미를 갖고, 흥미를 가지니까 가까이 하고 자주 보게 되고, 그러니까 더 쉬워지고 점수도 잘 나오게 됩니다.

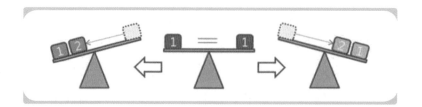

　부모와 주변 사람의 관계에서도 어설픈 사춘기 때 어떤 이유로든 삐딱한 모습을 한 번 보여 주면 본 마음은 그렇지 않은데도 계속 삐딱한 행동을 하거나 더 강하게 삐딱해지는 경우를 많이 봅니다. 그래서 처음이 중요하고, 부정적인 상황과 반응을 가능한 피하는 것이 좋습니다. 사회생활에서도 좋은 직업을 가지면, 좋은 사람을 만나고, 인간관계가 좋아지고 여유 있는 매너를 갖는 등 좋은 결과가 꼬리에 꼬리를 물고 이어집니다. 반대로 직업을 잃으면 돈이 없고, 돈이 없으니 자신이나 미래에 투자를 할 수 없고, 그래서 무리를 하다 또 망하고, 인간관계가 나빠지는 일이 꼬리를 물고 이어집니다.

　이 원리는 두 가지 메시지를 줍니다. 첫째 작은 성공이 큰 성공을 부른다는 겁니다. 인생에 대박은 없습니다. 작은 성공이 모여 단계적으로 더 큰 성공을 부릅니다. 작은 성공은 큰 성공을 끌어당기는 행운의 자석입니다. 작은 성공을 소홀이 하면 큰 성공을 거둘 기회가 작아집니다. 일단 작은 목표에서 성공해야 합니다. 그러면 어느 순간 성공의 기회가 찾아오고 좋은 결과가 나타납니다. 작은 성공은 큰 성공의 발판입니다.

　마지막에는 반드시 성공하라는 겁니다. 결과는 과정을 결정합니다. 과정의 실패는 상관없습니다. 오히려 실패의 경험을 잘 살리면 더 큰 발전의 기회로 삼을 수 있습니다. 최종 마무리는 좋은 결과를 내야 합니다. 어려운 과정이 아름다운 추억이 되고, 과정의 어려움에 비례해서 결과는 더욱 큰 기쁨이 됩니다. 좋지 않은 결과로 끝난다면 과정의 의미는 퇴색되고, 역효과까지 나타날 수 있습니다. 좋았던 기억조차도 지워지거나 원망의 대상이 될 수도 있습니다. 저는 한때 결과보다 과정이 중요하다고 생각했습니다. 점수가 안 나오더라도 열심히 하기만 하면 의미가 있다고 학생들에게 말했습니다. 실제는 그렇지 않았습니다. 학생들은 열심히 했는데도 좋지 못한 결과를 받으면 자괴감을 갖고 능력의 한계를 느꼈습니다. 과정에서 실력이 발전된 것이 있더라도 학생들에게는 별 위안이 되지 않았습니다.

과정도 결과도 좋은 것이 가장 이상적이지만 '최종 결과 성공 중심'의 사고를 갖는 것이 중요합니다. 실패를 성공을 위한 발판으로 삼는다면 실패는 끝이 아니라 과정일 뿐입니다. 아직 게임은 끝난 것이 아니기 때문입니다. 저울의 쏠림 현상처럼 반대편의 것도 기울어진 쪽으로 쏠립니다. 좋은 일로 기울면 나쁜 일도 좋은 일에 힘이 되고 좋은 결과도 배가 됩니다. 슬럼프나 어려운 일에 빠졌을 때 부정적인 마음에 빠지지 말고 위기가 더 긍정적인 기회로 발전될 수 있다는 믿음을 갖고 전진하여 끝까지 해내기 바랍니다.

무기력한 친구에게: 좀비와 슈퍼맨의 원리

학생들을 행동 특성에 따라 시체형 학생, 좀비형 학생, 환자형 학생, 정상인형 학생, 슈퍼맨형 학생으로 나누어볼 수 있습니다. 시체형 학생은 무엇을 하더라도 의욕이 없고 거부하는 친구를 말하고, 좀비형 학생은 어떻게든 바르게 생활하는 친구들에게 바이러스를 전파하여 나쁜 일을 같이 하려는 친구들이고, 환자형 학생은 공부할 마음은 있으나 이해력이나 어떤 특정한 부분이 부족해서 공부에 어려움을 겪는 친구를 의미합니다. 정상인 학생은 특별한 문제는 없이 공부는 하되, 반대로 자신의 한계에 도전한다든지 적극적으로 열심히 하지 않는 평범한 학생입니다. 슈퍼맨은 예상하다시피 우리가 부러워하는 소위 엄친아로 실력과 바른 자세를 가진 친구입니다. 여기서 안전한 건 슈퍼맨뿐입니다. 정상인도 위험합니다. 언제 좀비형 학생에게 물릴지 모르니까요. 학생들은 흔들림 없는 슈퍼맨이 되어야 합니다. 슈퍼맨은 자신을 위해서가 아니라 다른 사람을 도와주기 위해 자신의 능력을 사용하는 존재가 될 수 있습니다.

이 분류에서 좀비형 학생들의 존재가 주는 메시지는 나쁜 짓은 함께 하고 싶어진다는 겁니다. 신기하죠? 항상 좀비는 정상인 인간들을 찾아 어떻게든 같은 족속으로 만들려고 합니다. 왜 일까요? 나 혼자 나쁜 짓을 하면 나만 100퍼센트 나쁜 거지만, 두 사람이 하면 나는 50퍼센트, 열 사람이 같이 하면 나는 10퍼센트만 나쁜 사람이 되는 심리 때문인 것 같습니다. 그래서 안 좋은 것은 같이 하려는 경향이 있고, 또 같이 하는 친구들은 동질감이 생기는 겁니다. 이 동질감을 이 친구들은 우정이라고 하고 외로움을 달래며 마음의 안정을 갖습니다. 하지만 이성을 잃고 인간다워지지 못합니다. 일탈 행동에 대해서는 강력히 저항해야 합니다. 그것은 우정이 아닙니다. 진정 우정이라면 같이 성장하고 발전할 수 있는 것을 같이 해야 합니다.

시체형 학생이나 환자형 학생, 심지어 정상인 학생들이 슈퍼맨 족속이 될 수 있는 방법은 무리하라는 것입니다. 공부의 무기력을 해결하고 강해지는 방법은 자신의 능력보다 약간 더 어려운 일에 도전하는 무리수를 두어 자신을 강하게 하는 것입니다. 하루 또는 사흘 또는 일주, 한 달 단기 이벤트 목표를 두고 반드시 실천하면 됩니다. 그러면 점차 강해져 슈퍼맨이 될 수 있습니다.

만약 책을 쓰기로 결심하고 하루에 한 장 씩 쓰기로 결심하면 1년이면 책 한권이 쉽게 쓰일 거라는 계산이 나옵니다. 하지만 이것은 생각일 뿐 실천은 대단히 어렵습니다. 실행에 옮기는 정신적 에너지가 생기지 않기 때문입니다. 꾸준히 천천히 하다 보니 절실함도 없고, 미루게 됩니다. 문제는 시간을 길게 그리고 천천히 계획을 잡는 겁니다.

꾸준히 하는 공부가 정말 어려운 겁니다. 하루 한 장 글쓰기는 현실적인 계산으로는 훨씬 더 쉽고 실현 가능해보이지만, 실행으로 옮기게 하는 가장 중요한 가슴의 에너지, 즉 열정이 충분히 나오지 않는 계획입니다. 미루고 끌고 늘어지는 거죠. 약간 무리지만 가능하다고 믿는 목표는 긴장을 하게 하고 집중력과 몰입을 가져옵니다. 물론 꾸준히 습관적으로 해야 하는 것들도 있습니다. 무리를 하는 공부, 한계에 도전하는 역동적인 공부가 함께 해야 더 역량이 발달하고 성취감도 맛보면서 재미있고 흥미롭게 공부를 해나갈 수 있습니다.

주변 다양한 것에 관심이 많은 친구에게: 돋보기의 원리

적도 지방은 아침에 40도를 넘게 하는 태양의 빛을 받을 지라도 그 때문에 불이 나지는 않습니다. 하지만 중위도 지방에서는 20도를 넘는 태양 빛을 돋보기로 모으면 불을 지필 수 있습니다. 공부에 있어서도 적도지방의 강한 햇빛처럼 강하고 좋은 머리를 가졌을 지라도 집중하지 않으면 결과를 만들어낼 수 없는 것입니다. 반대로 중위도 지방의 빛의 세기 같은 머리 지능을 가졌을 지라도 돋보기에 빛을 모으듯 하나에 집중하면 결과를 만들어낼 수 있습니다.

선순환이든, 악순환이든 모든 것을 한 번에 변화시키기는 힘들고 어렵습니다. 일이든 마음이든 하나의 고리를 잡고 그것에 집중하면 나머지는 자동적으로 변한다는 희망의 메시지입니다. 효과를 극대화하기 위해서는 볼링의 킹핀과 같은 핵심 포인트를 찾아서 집중 공략해야 하지만, 킹핀을 알 수 없을 때는 최선의 것 하나를 잡고 거기서부터 시작하면 됩니다. 공부, 돈, 명예, 이성 친구 등 모든 것을 한 번에 가지려 하지 말고 전부를 가져올 수 있는 하나에 집중하면 좋습니다. 학생에게 전부를 가져오는 하나는 당연히 능력자가 될 수 있는 공부입니다! 기초가 많이 부족하면 여러 과목에서도 어떤 한 과목에 집중하면 됩니다. 그 과목이 영어라면 독해, 문법, 단어 중에서 단어와 같은 한 영역이나 단원에 집중해서 끝장내는 겁니다. 수학도 마찬가지입니다. 모든 것의 시작은 하나입니다. 하나가 뚫리면 다른 것을 뚫는 것은 몇 배 더 쉬워집니다.

열심히 노력했는데 결과가 없는 친구에게: 빌딩의 원리와 물의 원리

빌딩을 지으려면 높이 올리려는 만큼 땅 속을 파고 기반을 닦아야 합니다. 빌딩을 짓는 과정을 지켜보면 시간이 한참 지나도 건물이 올라가는 것이 보이지 않습니다. 그런데 어느 순간 기반 공사가 마치면 순식간에 건물이 올라갑니다. 단층집을 지을 때는 금방 건물이 완성됩니다. 그것은 층수가 낮기 때문이 아니라 바탕공사가 단순하기 때문입니다. 실력을 올리는 교육은 도대체 눈에 보이는 결과가 빨리 나타나지 않을 수 있습니다. 하지만 어느 순간이 되면 급격히 향상됩니다. 마치 빌딩의 층수가 높아지는 것처럼 말이죠. 눈에 보이는 결과가 없다고 실망하지 않기 바랍니다. 근본적인 실력을 키우는 사람이 더 높이 올라갈 수 있는 겁니다.

물의 온도는 1도여도 99도여도 물입니다. 액체인 물이 기체인 수증기라는 존재 자체가 바뀌어 공중으로 날아오르려면 1도의 열이 더 필요합니다. 100도가 되어야 합니다. 여러분이 공부의 불을 태우고 있다면 중간에 멈추면 안 됩니다. 임계치, 크리티컬 매스의 원리지요. 이건 학교 공부의 점수를 떠나 성공자와 실패자의 운명을 가릅니다. 경주 중 떨어진 말에서 다시 올라타는가가 승리자와 패배자를 가른다고 합니다. 그 시합에서는 설령 지더라도 끝까지 포기하지 않는 투지가 이후의 시합들에 영향을 미치는 것입니다. 인디언이 비가 오지 않으면 더 정성을 다하여 제사를 지내는 이유는 제사를 지내면 비가 반드시 온다는 확신이 있기 때문입니다. 그 확신은 비가 올 때까지 제사를 지내는 경험에 바탕을 둔 것입니다. 하나를 하더라도 끝을 보는 자세는 자신감과 확신을 주고 그것은 성취감을 높여줄 것입니다.

주의할 것은 단순히 포기하지 않는 것만으로는 안 된다는 것입니다. 물통에 약한 불로 불을 때서는 몇 통의 연료를 쓰더라도 물을 수증기로 변화시킬 수 없듯이 필요한 강도의 노력의 집중이 필요합니다. 또한 구멍 뚫린 물통에 물을 채우는 방법은 구멍의 크기보다 더 많은 물을 집어넣어야만 물이 차오르는 것입니다. 결과와 발전을 가져올 수 있는 일정량과 세기가 있는 것입니다. 참고로 시험에 나온 부분을 빼 놓고 공부하면 아무리 오랜 시간 열심을 다해도 그 이상이 나올 수 없는 경우도 많습니다. 정확한 분석을 통해 우선은 빠짐없이 확보하는 것도 필요합니다. 모든 건 이유가 있고 방법이 있습니다.

닫힌 마음을 갖고 있거나 고집을 부리는 친구에게: 씨앗&자동차 운전대의 원리

두 개의 씨앗이 있습니다. 한 씨앗은 크고 건강한 일 등급 씨앗이고, 다른 씨앗은 작고 평범한 삼 등급 씨앗입니다. 일 등급 씨앗은 자신이 너무 소중해 병에 담아 땅에 묻고, 작고 평범한 씨앗은 그대로 땅에 묻습니다. 결과는 어떻게 될까요? 시간이 흐를수록 크고 건강했던 일 등급 씨앗은 씨앗 한 알 그대로 남거나 썩을 것입니다. 왜냐하면 아무것도 받아들이지 않았기 때문입니다. 반면 작고 평범한 씨앗은 자신의 몸을 찢고 뿌리를 내려 주변의 영양을 흡수합니다. 삼 등급 씨앗은 시간이 흐르면 싹을 틔우고 햇빛을 받으며 자라나 큰 나무가 되어 열매를 맺고 새로운 씨앗들을 만들어낼 것입니다.

종종 머리 좋은 친구들이 자만하면서 고집이 센 경우를 봅니다. 그것은 마치 유리병 속의 일등급 씨앗과 같은 것입니다. 정말 좋은 씨앗이지만 주변의 물과 햇빛을 흡수하지 않아 성장이 멈추는 것입니다. 자신감이 자만과 독선의 유리병에 갇히게 되는 것입니다. 아무리 좋은 씨앗이라도 유리병에 갇히면 싹을 틔우지 못하는 것처럼 다른 사람의 의견을 받아들이지 않고 자신에게 필요한 것들을 배워서 자신을 성장시키지 않으면 비참한 결과를 받아들일 수밖에 없어질 것입니다.

삼 등급 씨앗처럼 처음에는 볼품없지만 주는 대로 다 빨아들이려는 자세를 지닌 친구들을 봅니다. 비록 지금은 부족하더라도 다른 사람의 의견을 받아들이고 자신을 채우려 하는 학생은 풍성한 결실을 얻을 수 있습니다. 고집과 신념은 다른 것입니다. 고집은 나쁜 것입니다. 열린 마음으로 받아들이고 배우려 해야 합니다. 다른 사람을 위한 것이 아닌 자기 자신을 위해서 말입니다.

변덕스러운 친구에게: 뿌리 깊은 나무가 거목이 된다

기름진 땅에 묘목 두 그루를 심었습니다. 한 그루는 6개월마다 더 기름진 땅에 옮겨 심었고, 다른 한 그루는 처음 심었던 곳에 그대로 두었습니다. 6년에서 12년 후 어떻게 될까요? 6개월마다 옮겨 심은 묘목이 처음에는 더 잘 성장합니다. 하지만 나중에는 튼튼하게 자라지 못하고 성장이 늦어집니다. 계속 옮겨 심다 보니 땅의 영양분을 빨아들이는 잔뿌리가 계속 잘려 나가고, 뿌리가 깊게 내리지 않기 때문입니다. 크게 자라지 못하고 바람이 세게 불어오면 쉽게 쓰러지게 됩니다. 반면 한 자리에 뿌리를 내린 나무는 깊이 뿌리를 내리고 잔뿌리로 주변의 영양분을 충분히 흡수하여 건강하고 튼튼한 나무로 성장합니다.

학생들 중에는 자주 옮기는 묘목과 같이 뿌리가 약한 친구들이 대단히 많습니다. 한 학원을 어느 정도 다니다가 재미가 없어지고 힘든 단계를 배우면 공부에 대해 흥미가 떨어지고 공부가 잘 안 된다며 학원을 자주 옮겨 다니는 경우입니다. 새로운 학원에서 테스트를 하면 항상 기초가 부족한 것으로 나오고 보통은 쉬운 것부터 시작합니다. 쉬운 내용을 새로운 곳에서 새로운 선생님과 새로운 방식으로 배우니 신선하고 재미있을 것입니다. '바로 이곳이야'라고 생각하겠죠. 그러나 시간이 흘러 수업은 점차 단계가 높아져 힘든 내용을 배우고 반복되는 학원 수업에 익숙해져 싫증이 나면 또 어려움을 토로하며 옮기기를 계속 원하는 학생들이 있습니다. 이때 부모는 아이가 흥미를 잃을까봐 빨리 학원을 바꿔 줍니다. 그러면 학생은 전에 그랬듯이 처음에는 그곳이 좋다고 하다가 얼마 안 있어 또 학원을 옮기게 됩니다.

문제는 매번 같은 수준의 내용을 공부하면서 시간이 흘러간다는 것입니다. 생각하는 힘의 뿌리가 약한 학생이 됩니다. 결국 스스로 설 수 없고 깊이가 없어집니다. 한 곳에서 뿌리를 내리도록 인내력을 기르고 부족한 부분을 보완해야지 근본적인 뿌리를 자꾸 바꾸려 하면 안 됩니다. 설령 정말 안 맞아 이동하더라도 일정 기간 일정 수준을 마치면 이동하겠다는 의지와 계획을 가지고 그것이 지켜지면 옮기는 것이 좋습니다. 조금 더 좋은 교재, 더 좋은 학원이 생겼다고 바로 옮기는 어리석은 행동을 해서는 안 됩니다. 학원이 문제가 아니라 학생 자신이 문제인 경우가 더 많습니다. 한 교재를 여러 번 철저히 보고 부족한 부분만을 다른 교재로 채워서 마무리 하는 것이 지혜입니다. 단권화라고도 하지요. 완벽한 학원도, 교재도, 사람도, 직업도 없습니다.

항상 적당히 하는 친구에게: 한정된 자신의 조건과 자아 규정의 틀을 부숴라

'운명'과 '도전'이라는 두 거지가 있었습니다. 두 거지는 3년 동안 제대로 먹지도 씻지도 못했습니다. 걸인 생활에 지친 이들은 인간답게 살고 싶어졌습니다. 식당에 취직하기로 마음먹었습니다. 운명 거지는 아무런 준비 없이 식당을 찾아갔습니다. 식당 주인은 냄새 나고 더럽고 바짝 마른 거지가 오자 손님들이 싫어할까 봐 얼른 내쫓았습니다. 내쫓긴 운명 거지는 "역시 안 돼!, 그래 난 원래 거지니까, 누가 나 같은 거지를 쓰겠어"라며 체념하고 돌아갔습니다. 그리고 영원히 거지로 살다 죽었습니다. '도전' 거지는 동냥 받은 돈을 모으고, 친구에게 30만 원을 꾸어 50여만 원을 만들었습니다. 시장에서 깔끔한 옷과 신발, 양말을 샀습니다. 머리를 깎고 몸을 씻고 옷을 갈아입었습니다. 좋은 음식을 먹어서 몸을 건강하게 만들었습니다. 그리고 식당을 찾아가서 일하게 해 달라고 부탁했습니다. 주인은 도전 거지를 직원으로 썼습니다. 도전 거지는 한 달 후에 30만원과 이자를 친구에게 갚았습니다. 도전 거지는 주변 사람에게 신뢰를 쌓았습니다. 저축을 해서 식당을 차리고 잘 살았습니다. 운명 거지는 자신의 모습을 거지에 한정 짓고 거지로 살아갔습니다. 하지만 도전 거지는 자신의 운명을 바꾸었습니다.

자신의 상황을 한정 짓고 벗어나려 하지 않는 학생을 많이 봅니다. 운명 거치처럼 말입니다. 그 학생들은 말합니다. 나름 노력해 봤다고. 운명 거지가 식당을 찾아간 것처럼 말입니다. 운명 거지는 정말 노력한 것일까요? 도전 거지는 어떤 것이 노력이라는 것을 분명히 보여 줍니다. 자신을 한정 지어서는 운명을 벗어날 수 없습니다. 끊임없이 자신에게 목표를 이루기 위해 필요한 것이 무엇인지를 고민하고 준비하면 반드시 승리할 수 있습니다. 자신의 현재 상황에 안주하지 않고, 미래의 꿈을 위해 준비하고 실천하여 운명이 바뀌길 기대합니다.

소극적인 친구에게: 벼는 익기 전에 고개를 숙이면 안 된다

'벼는 익을수록 고개를 숙인다'라는 속담이 있습니다. 가진 것이 많을수록 겸손하다는 말입니다. 이 속담의 뜻을 뒤집어 생각하면, '벼는 자라서 익기 전에는 고개를 숙이면 안 된다'라고 할 수 있습니다. 벼가 자라기 전에 고개를 숙이면 주변 잎 때문에 햇빛도 받을 수 없어 성장이 더디고, 벼 이삭이 물에 닿으면 썩어 죽을 수도 있습니다.

사람도 마찬가지입니다. 스무 살이 되기 전에는 지나친 겸손이나 자기 비하로 고개를 숙이고 자존감을 낮추거나 무리해서 양보하거나 자신을 포기해서는 안 됩니다. 너무 어려서부터 고개를 숙이고 소극적이면 성장할 수 없습니다. 누가 알아주는 것도 아닙니다. 그런 행위는 미래의 사랑하는 사람, 사랑하는 일, 사랑하는 것들을 포기하는 것과 같습니다.

벼가 열매를 맺기 전까지는 태양을 향해 머리를 꼿꼿하게 쳐들고 물과 햇빛을 받아들이듯이 적극적이고 도전적으로 주변의 것들을 흡수하길 바랍니다. 할 수 있다는 자신감으로 공부는 물론 주변의 일에 적극적으로 참여하길 바랍니다. 주변인으로 구경만 하는 들러리로 존재하는 것이 아니라 여러분 자신이 주인공이 되길 바랍니다.

도전적이라는 말은 '반항적'인 것을 의미하는 것이 아닙니다. 반항적인 것은 자기파괴적인 저항이고, 도전적인 것은 자기발전적인 실천으로 어떤 목표로 세우고 그것을 해내는 것을 의미합니다. 물론 무조건 순종적이기만 해서도 안 됩니다.

반대로 어느 정도 나이가 들고 성취를 이루었다면 머리를 숙여야 합니다. 머리를 숙이지 않으면 속빈 쭉정이에 불과하듯이 자신이 많이 알고 더 잘 할수록 고개를 숙이고 겸손해야 합니다. 그래야 열매가 풍성한 사람이 되고 신과 운명의 축복을 받을 수 있습니다. 쭉정이는 태워지거나 다른 열매를 위한 거름으로 쓰일 뿐입니다.

머리 좋은 친구들이 적당히 공부하고 놀면서 만족하거나 자만하여 더 노력하지 않고 더 공부하려고도 안 하는 경우를 봅니다. 공부를 잘 하더라도 이기적이고 소위 '건방진' 친구들이 있습니다. 이 친구들은 머리가 좋고 공부를 잘해서 미래에 먹고 사는 데에는 지장은 없어 보이지만 안타깝게도 큰 사람은 되지 못하고 자신이 지닌 역량보다 작은 삶을 살게 됩니다. 인성은 성공과 행복의 마침표는 아니어도 그것들의 중요한 기초입니다. 잘 익은 벼는 역시 고개를 숙여야 하는 겁니다.

4남 2녀를 모두 하버드, 예일 등 명문대에 보낸 전혜성 박사의 아들이자 미국 예일대 고홍주 학장은 "청부 살인업자는 일을 완벽하게 해도 가슴과 영혼이 없잖아요. 탁월함은 인간성과 조화를 이루어야 합니다"라고 말합니다. 한국인 전혜성의 아들이자 열두 살의 어린 나이로 3년 만에 최우등으로 대학을 졸업하고 명문 의과 대학원에 입학한 쇼 야노도 스스로 자랑스럽지 않냐 말하는 리포터의 질문에 "저에게는 이것이 겨우 시작입니다. 이제야 제가 원하는 의학공부와 연구를 할 수 있기 때문입니다. 이렇게 원하는 공부를 할 수 있었던 건 모두 부모님과 하나님 덕분입니다"라고 대답했습니다.

지금 즐기고 싶은 친구에게: 거꾸로 살아야 성공한다

파레토 법칙은 경제, 정치, 사회, 문화 모든 면에서 '전체 결과의 80퍼센트가 전체 원인의 20퍼센트에서 일어나는 현상'을 가리킵니다. 즉 20퍼센트의 중요한 원인이 결과의 80퍼센트를 만들어 낸다는 것입니다. 학교시험으로 따지면 중요한 20퍼센트의 내용으로 문제의 80퍼센트가 만들어지고, 80퍼센트의 내용에서 20퍼센트의 문제가 만들어진다는 겁니다. 또 20퍼센트의 사람들이 80퍼센트의 부를 가지고 여유로운 반면, 나머지 80퍼센트 사람들이 20퍼센트의 부를 가지고 경쟁하며 산다는 겁니다.

인생도 그런 것 같습니다. 스무 살까지의 시간과 그 이후의 시간의 가치가 같은 것이 아닙니다. 스무 살까지 집중해서 무엇인가를 해두어야 나머지 80년이 좋은 결과로 결정되는 것이 대한민국의 현실인 듯합니다. 두뇌 발달적으로 두뇌의 왕성한 변화가 20년 사이에 이루어지는 것을 보면 일면 그런 것 같습니다. 원하는 것을 먼저 하는 삶과 해야 할 것을 먼저 하는 삶으로 나누어 볼 때, 해야 할 것을 먼저 하는 삶을 선택하길 바랍니다.

여섯 살 아이에게 5백 원짜리 건강에는 좋지 않지만 맛있는 사탕과 5만 원짜리 건강에 좋지만 약간은 쓴 공진단 한약을 선택하라면 당연히 5백 원짜리 사탕을 선택할 것입니다. 아직 미래를 많이 경험하지 못한 학생들이 자신이 해야 할 것보다 편하고 즐겁고 재미있는 것을 선택합니다. 더 중요하고 더 의미 있고 더 큰 기쁨을 가져올 수 있는 것을 선택하는 경우는 적습니다. 학생은 우선은 원하는 것보다는 해야 할 것을 집중해야 합니다.

어릴수록 어른처럼 살아보라고 하고 싶습니다. 어떤 사람은 어린이는 어린이처럼, 어른은 어른처럼 살아야 한다고 말합니다. 이는 어른이 어른답게 책임감 있고 본보기가 되도록 살아야 한다는 것을 강조하는 말입니다. 하지만 거꾸로 살면 인생이 더 풍요로워집니다. 어릴 때 빨리 철이 들어 해야 할 것에 집중하고, 나이 들어서는 어린아이처럼 자신이 하고 싶은 것을 맘껏 하는데도 돈도 여유롭게 충분히 번다면 인생이 얼마나 행복할까요? 반대로 학창시절 스무 살까지 자신이 하고 싶은 것을 우선하고 집중하면 해야 할 것들이 쌓이게 되어 나머지 80년은 해야 할 것에 억눌려 살 확률이 높습니다. 가장 이상적인 것은 학창시절도 사회생활도 모두 하고 싶은 것에 집중하는 것이겠지만 신은 권리와 의무를 공평히 나누신 것 같습니다.

부정적인 친구에게: 축복과 저주 점괘의 원리

'긍정'이라는 친구와 '부정'이라는 친구가 점을 보러 갔습니다. 긍정이는 앞으로 20년간 축복과 커다란 행운이 함께하기 때문에 어떤 일이 있어도 좋은 결과를 얻게 될 것이라는 점괘를 받습니다. 이후 긍정이는 나쁜 일이 생기면 이것이 곧 더 좋은 것으로 보상되리라 믿고 오히려 기대하는 마음과 기쁜 마음으로 더 노력했고, 좋은 일이 생기면 '역시 나는 행운아야' 하면서 좋은 결과를 마음껏 즐겼습니다. 부정이는 앞으로 20년간 불행이 함께하고 나쁜 일이 많이 생길 것이라는 점괘를 받습니다. 이후 부정이는 좋은 일이 생겨도 곧 나쁜 일로 될 것이라 생각했기에 기쁘지 않았고, 나쁜 일이 생기면 '역시 나는 저주받았어'라고 생각하며 슬퍼할 뿐이었습니다.

극단적인 이야기처럼 들리지만 우리는 두 친구 중 한 명의 삶을 선택해야 합니다. 놀라운 사실은 처음엔 둘에게 나쁜 일과 좋은 일이 비슷하게 일어났다는 것입니다. 단지 어떻게 받아들이고 대응하느냐에 따라 긍정이와 부정이는 아주 다른 삶을 삽니다. 지난날을 되돌아볼 때 긍정이는 좋았던 일만 떠올라 과거를 행복하게 기억하고 더 긍정적으로 살아 더 좋은 일이 많아질 것입니다. 반면 부정이는 나빴던 일만 떠올려 소극적이 될 확률이 높습니다. 긍정이는 발전적인 태도로 고난과 어려운 일을 자기계발의 기회와 발판으로 삼아 더 행복한 삶을 삽니다. 긍정적인 태도와 부정적인 태도는 주어지는 것이 아니라 자신이 선택하는 것입니다.

세상을 살아가는 힘은 긍정적인 삶의 태도와 역발상 사고, 즉 어려운 일도 자신의 발전을 위한 도구로 발전시키는 생각과 태도입니다. 여러분에게 좋은 일과 나쁜 일, 하고 싶은 일과 하기 싫은 일이 생길 것입니다. 이것을 어떤 생각과 태도로 받아들이냐에 따라 운명이 바뀝니다. 어떤 선택이 지혜로운 선택인지 여러분은 잘 알 것입니다.

처음 공부를 시작하려는 친구에게: 참고 견딤은 하늘을 날 수 있는 날개를 선물한다

애벌레와 나비의 차이를 아시나요? 애벌레는 땅을 기어 다니고, 나비는 하늘을 날아다닙니다. 애벌레는 나뭇잎을 먹기 때문에 많아지면 나무에 해를 끼치지만 나비는 꽃의 꿀을 찾아다니기에 열매를 맺게 도와줍니다. 애벌레는 징그럽다 하지만 나비는 아름답다 말합니다. 사실은 같은 존재인데 전혀 다른 특성을 보입니다. 애벌레가 나비가 되기 위해서 반드시 거쳐야 되는 과정이 있습니다. 번데기 과정입니다. 좁고 어두운 번데기 속에서 날개가 자라고 힘이 생길 때까지 기다려야 합니다. 번데기로 있을 때 차라리 애벌레처럼 땅을 기어 다니는 게 낫지 않을까 고민할 수도 있습니다. 아직 날아보지 않았기에 현재의 좁은 공간보다는 땅바닥이라도 움직여 다닐 수 있는 게 좋아 보일 수 있기 때문입니다. 번데기 과정을 거부하면 영원히 벌레로 남거나 하늘을 날수 없게 됩니다.

학창시절이 번데기 과정과 비슷합니다. 번데기 속처럼 좁은 책상에 앉아 날개를 만들고 힘을 길러야 되기 때문입니다. 자신이 하고 싶은 것들을 맘껏 즐기고 싶을 것입니다. 미래의 찬란한 나비의 날개가 필요 없다고 생각할 수도 있습니다. 왜냐하면 경험해 보지 않았기 때문입니다. 미래의 나비를 포기하고 현재의 주변 것을 즐기려 번데기 과정을 거부합니다. 이런 친구들은 영원히 하늘을 날 수 없을 것입니다. 진정 자신이 하고 싶은 것들을 펼쳐갈 수 있는 능력이 부족하기 때문입니다.

외로운 친구에게: 두 명 이상의 멘토를 갖자
- -

저는 세 분을 인생의 멘토이자 지표로 삼고 있습니다. 스티브 잡스와 안철수 전 교수(지금은 정치인이기에 정치인 이전의 모습에 한정) 그리고 이길여 총장입니다. 스티브 잡스는 혁신과 열정을, 안철수 전 교수는 원칙과 영혼의 승부를, 이길여 총장은 사람 사랑과 긍정의 도전 유전자가 핵심 키워드입니다.

멘토를 한 명만 두면 절대로 그 사람 이상이 될 수 없고 모방밖에는 되지 않는다고 생각합니다. 하지만 두 사람 이상을 멘토로 두고 그 분들의 강점을 활용한다면 각각의 멘토와는 달리 새로운 캐릭터를 형성하고 더 탁월한 결과를 가져올 수 있다고 믿습니다. 멘토는 현재의 인물일 수도 있지만 과거의 사람일 수도 있습니다. 그분들의 삶과 글들이 우리에게 말해주는 것들을 소중히 가슴에 담고 있으면 어떤 일을 결정하거나 진행해 나갈 때 항상 힘이 됩니다.

멋진 미래를 만들어 내기 위해서는 자신만의 생각으로 자신을 채우지 말고, 성공적인 삶을 산 사람들의 생각과 태도로 자신의 가슴과 머리를 채우고, 그들의 삶을 내 삶의 기준과 에너지로 이용해야 합니다. 더 멋지고 탁월한 삶을 살기 바랍니다. 멋진 미래를 그려가는 분들의 지혜, 성공과 행복으로 이끄는 판단과 선택을 배우길 바랍니다.

아이들 변화를 고민하는 학부모에게

부모의 교육 철학이 아이 교육에서 가장 중요합니다. 부모는 아이 교육에 대한 기준이 있어야 합니다. 올바른 기준이 없으면 옆집 아줌마 때문에 내 아이를 망치는 경우가 생깁니다. 어떤 교육이든 내 아이에게 맞는 것이 중요합니다. 학부모님들께 세 가지를 당부합니다. 기도와 교육 다이어트, 균형 있는 교육입니다.

자녀 곁에서 자녀를 위해 열심히 기도해야 합니다. 훈계와 잔소리가 아니라 부모의 마음을 보여주어야 합니다. 성공하는 학부모가 되려면 자녀를 격려하고 칭찬해야 합니다. 자녀의 잘못된 점은 말하지 말아야 합니다. 저는 학부모님에게 자녀 곁에서 불경이든 성경이든 읽고 기도하시라고 진담 반 농담 반으로 말씀드립니다. 자녀의 행동을 보면 큰 소리가 나오고 울화통이 터질 수 있습니다. 그렇지만 야단과 잔소리가 효과 없다는 것은 이미 잘 아실 겁니다. 자녀가 꼭 고쳐야 할 점, 변하기를 바라는 점은 자녀를 교육하는 교육 전문가에게 말씀하세요. 그리고 아이가 잘 하는 점은 아이가 듣는 데서 다른 사람에게 칭찬하세요. 조금 과장해서라도요. 그러면 아이는 우쭐해하거나 부담스러워하며 좋은 방향으로 더욱 노력합니다. 이것이 부모로서 해야 할 첫째 일입니다. 어떤 부모님은 선생님께 아이의 어떤 점에 대해 "꼭 칭찬해 주세요"라며 전화나 메시지를 줍니다. 정말 지혜로운 학부모입니다.

누가 그러더군요. '요즘 아이들은 배우고 또 배우니 헷갈리지 아니하겠는가?' 배우는 것이 너무 많은 아이는 어느 것 하나도 자신의 것으로 소화하지 못합니다. 부모의 욕심이 아이를 망치게 합니다. 배고픈 시절에는 살찐 몸이 부의 상징이었다면 오늘날에는 다이어트와 자기관리를 한 날씬한 몸이 부의 상징입니다. 교육도 마찬가지입니다. 과거에는 많이 교육시키는 것이 지혜로운 선택이었을지 모르지만 지금은 적게 교육시키는 것이 지혜로운 선택입니다. 열매가 너무 많이 열리면 솎아내기를 해야 좋은 열매를 얻듯이 교육에도 선택과 집중이 필요합니다.

마지막은 균형 있는 교육입니다. 자전거 페달의 양쪽에 힘을 똑

같이 주거나 한쪽에만 계속 힘을 주면 페달을 돌릴 수 없다고 말했습니다. 번갈아 가면서 힘을 주고 빼고를 반복해야 페달이 돌아가고 자전거가 나아간다고도 했습니다. 이 원리를 자녀 지도의 원리로도 이용할 수 있습니다. 우선 모든 것에 똑같은 비중을 두면 어느 것도 발전하지 않습니다. 영어와 수학 중 한 쪽을 강조할 때는 다른 쪽의 시간과 힘을 살짝 빼 주어야 합니다. 서로 번갈아 가면서 집중도를 조절해 주는 것이 학습에 더 효과적입니다. 두 과목에 똑같이 힘을 주면 두 과목의 실력을 높이는 데 효율성이 떨어질 수 있습니다.

또 한쪽에만 힘을 주지 말고 반대쪽에도 힘을 주어야 합니다. 이는 정서 지도에도 적용됩니다. 그 동안 아이를 너무 강하게 눌러 온 분은 아이의 기운을 살리는 쪽으로 행동해야 합니다. 반대로 너무 조심스럽게 아이를 키워 온 분은 아이에게 자율성과 자신감을 주어야 합니다. 단언컨대 부모가 너무 강압적이거나 조심스럽게 아이를 대하면 아이가 공부하는 데 도움이 안 됩니다. 너무 강압적이거나 조심스러운 부모의 태도 때문에 자기 확신이 없거나 의존적인 아이를 많이 봅니다. 그런 아이들은 부모가 시키는 것만 하지 스스로 도전하지 않습니다. 반면에 자율성을 지나치게 강조하는 아이에게는 원칙을 지키고 교육하기를 권장합니다.

공부를 진짜 잘하는 아이들의 공통점은 '강하다'는 것입니다. 겉으로 부드러워 보이는 아이도 원칙이 있고 내면이 강합니다. 아이들이 자신을 긍정적으로 생각하고 자신을 믿을 수 있게 자존감을 키워 주기 바랍니다. 이를 위해서는 긍정적으로 대화하는 습관을 키워야 합니다. 이는 성적뿐만 아니라 아이의 내면적인 안정을 위해서도 중요합니다. 무슨 일이든 양극단으로 치우치지 말고 중심과 균형을 잡아야 합니다. 페달을 돌리는 것도 중요하지만 자전거의 중심을 잡는 것이 중요한 것처럼 말입니다. 아이가 자신감을 갖고 공부에 매진하게 도와주어야 합니다. 한쪽만으로 치우친 양육은 아이의 발전을 가로막을 수 있습니다.

제7의 지능 & 감각 메타센스 실전 공부기술

메타인지와 메타사고의 복합개념인 메타생각과 완벽한 공부감각의
융합이 메타센스입니다. 메타센스는 융합과 몰입, 역동적 균형을 추
구합니다. 융합은 지식의 영역간은 물론, 인지능력과 비인지능력의
융합, 언어사고지능과 수리사고 지능의 융합, 메타인지와 공부감각
의 융합 등 새로운 창조와 혁신적 발전을 가져옵니다. 항상 반대의
측면을 고려해 장점은 살리고 단점은 보완해 갑니다. 몰입하여 임계
치로 끌어올리는 공부가 빠른 효과를 가져올 수 있습니다. 양극단을
오가며 몰입과 융합을 번갈아가면서 변증법적으로 끊임없는 발전을
통해 완벽을 추구하는 겁니다.

메타Meta의 어원은 'after, about, beyond, with, change' 다섯 가

지입니다. After는 '~뒤에'는 무엇을 마친 뒤 적극적으로 반성하고, 복기하는 사고로 재해석할 수 있습니다. About은 '~에 대하여'는 재귀적이고 순환적인 생각, 즉 생각에 대한 생각, 공부에 대한 공부 등 끝없이 생각하는 사고방식을 의미합니다. Beyond는 '~위에'는 상대적으로 전체를 바라보는 시각과 생각을 의미할 수 있습니다. 전체를 보며 전, 중, 후 모두를 보려하게 되어 현재의 내 상황을 객관적으로 보면서 다음을 예측하여 다양한 시나리오를 그려보는 사고입니다. With는 '~와'는 상호간 또는 과정과 과정 사이를 보는 눈으로 볼 수 있습니다. Change는 '변화'는 고정하지 않고 다양한 관점에서 바로 보고, 새로운 조작을 통하여 변화를 바라보는 눈으로 이해할 수 있습니다.

메타적 사고는 점검과 조절이라는 메타인지의 학문적 의미 외에 어원적 의미를 추가하고 더 초점을 맞춤으로써 '자신의 현재 생각보다 상위에서, 전체적으로 지식과 지식, 생각과 생각, 감정과 감정 사이에 숨어 있는 본질적 의미를 파악하고 상호간의 관계 및 변화의 전체 과정을 파악하려는 **의지적 상위 시스템 사고**이며, 지속적으로 지나간 과정에 대해 반성하고 현재 과정을 높은 곳에서 고찰하며 미래를 예측하면서 지식과 인지 도구 등을 이용하여 더 발전적인 목표를 달성하는 **자기주도적 진행형 문제해결 성찰사고**'로 재정의할 수 있습니다.

공부센스의 센스Sense는 1차적으로 즉각 느끼는 감각과 기분을 의미하는 수동적 감정feel과 대비하여 새롭게 재정의할 수 있습니다. 수많은 이론적 지식과 정교한 공부 경험, 훈련에 의해 체득된 지속적이고 완벽한 감각으로서, 한마디로 표현할 수 없는 인지와 행동의 복합 감각입니다. 이는 전체 상황을 빠르게 파악하고 융통성 있게 상황에 대처하고 행동을 조절할 수 있는 능동적 감각으로 정의할 수도 있습니다. 자전거나 자동차의 운전은 센스로 합니다. 한 번 형성된 센스는 단편적인 접근이 아닌 다양한 논리체계 속에서 상황별로 최적의 선택을 유도합니다. 메타는 인지주의 심리학적 접근이라면, 센스는 행동주의 심리학적 접근입니다. 센스를 기르려면 반복 실행을 해야 합니다. 정교하게 계획된 훈련이면 더 빨리 더 좋은 결과를 얻을 수 있습니다. 메타가 논리적 질문사고라면 센스는 직관적 이미지 사고라 할 수 있습니다. 만점 공부감각인 공부센스는 체험과 시행착오에 의해 적극적으로 완벽한 공부감각을 체득하게 하고 완벽한 공부의 기준을 갖는 데 도움을 줄 것입니다.

 메타센스 로고의 의미와 철학

메타센스 로고는 세 가지 차원의 의미와 전략이 엮여져 만들어졌습니다. 이것은 메타센스의 철학이자 원칙입니다. 자전거 페달은 한쪽만 힘을 주거나 양쪽 모두 같은 힘을 주고 있으면 움직이지 않습니다. 번갈아 가면서 힘을 주고 빼주어야 전진하듯이 역동적이면서도 변증법적인 중용 및 균형을 갖추어 앞으로 전진한다는 의미를 지닙니다. 역동적 균형은 몰입과 융합의 절묘한 조화이며 발전의 핵심 원리입니다. 연역적 접근과 귀납적 접근, 전체 중심과 부분 중심, 교과서 중심과 문제집 중심, 강의 듣기와 스스로 공부 등의 다양한 이항 대립을 오가며

균형을 이루어야 합니다는 것입니다.

두 번째 차원은 새의 모형입니다. 중앙의 동그라미는 몸통을, 좌우 선은 날개를 의미합니다. 몸통은 꿈을 의미하고, 양 날개는 교과서 중심과 스스로 또는 메타인지와 공부감각 또는 생각과 실천, 인지와 정서 등을 의미합니다. 날개 하나로는 날 수 없습니다. 이 모두를 잘 이용해야 합니다. 즉 온전한 전인교육을 통해 실력도 행복도 비상하길 바라는 마음이 담겨 있습니다.

세 번째 차원은 계단의 모형으로 두 가지 의미를 지니고 있습니다. 첫 번째 의미는 좌에서 우로 시간의 흐름에 따라 실력이나 성적이 단계적으로 상승한다는 의미입니다. 아이들의 성적 변화는 물의 상태 변화 그래프처럼 노력하는 만큼 성적이 올라가는 것이 아니라 정체 구간이 있다가 점프합니다. 정체하는 구간 때문에 노력의 지속성이 도전 받습니다. 공부방법도 적용하고 나름 노력해봤는데 바로 성적이 오르지 않으면 공부방법 자체에 대한 의심과 회의가 들기 때문입니다. 명심해야 합니다. 10도의 물도 액체고 99도의 물도 액체입니다. 1도 더 가열해줘야 기체가 되는 겁니다. 될 때까지 하는 사람은 반드시 승리합니다. 두 번째 의미는 공부방법 습득 자체도 단계적이어야 한다는 것입니다. 처음엔 필요한 기초를 준비하고, 공부방법의 틀을 세운 다음, 배운 방법을 변형 응용하여 자신만의 공부방법을 체득하는 3단계를 의미합니다.

메타센스의 의미와 철학은 다음과 같이 구체적인 실전 공부기술로서 **메타센스 세 가지 공부 전략**으로 이어집니다.

메타분석 및 센스확인 전략

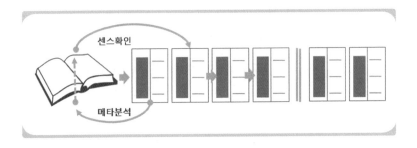

좀더 실질적인 공부방법으로서 메타분석 및 센스확인 전략을 소개합니다. 메타분석은 한 문제가 틀리면 틀린 문제를 중심으로 그 과목을 총체적으로 분석해서 만점을 맞을 수 있는 방법을 고민하고 전략을 짜서 다시 공부하는 것입니다. 센스확인은 만점의 확신이 들면 관련 문제를 풀어서 확인함으로써 만점 감각이 정확한지 확인하는 겁니다.

이 전략은 공부는 감각이라는 공부 끝장내기의 철학이 들어 있습니다. 하나를 공부하더라도 완벽히 공부해야 합니다. 그러면 선행을 하지 않아도 더 빨리 더 완벽히 공부하는 힘이 커집니다. 이는 인공위성의 원리와 맥을 같이 합니다. 인공위성은 지구의 표면에서 쏘아 올렸을 때 일정한 높이까지 도달하지 않으면 지구의 중력에 의해 추락하게 됩니다. 마찬가지로 머리에 남을 정도의 어느 수준까지 제대로 공부하지 않으면 잊어버리게 됩니다. 적당히 한 공부는 시간이 흐르면 모두 사라지기 때문에 쉬지 않고 공부를 했더라도 적당한 수준까지 공부하지 않는 한 자신에게 남아 있지 않게 될 겁니다.

셀프 상황 입체점검 전략

메타인지는 메타인지 지식을 바탕으로 수시로 현재 생각과 감정, 행동 등을 객관화해 자신을 모니터링하면서 조정하는 겁니다. 즉 과정을 지켜보며 목표로 하는 방향으로 길을 잃지 않고 최적으로 갈 수 있도록 의식적으로 상황을 조정해가는 겁니다. 점검지를

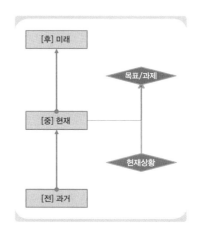

통해 자신의 과거와 현재, 미래를 동시에 조절하며 목표와 현재상황을 파악하는 고난도의 인지 과정입니다. 메타인지력을 기르려면 수행을 반복하면서 수행 과정을 의식하고 점검하고 조절해야 합니다. 반복함으로써 여유가 생길 때 메타인지를 더 쉽게 사용할 수 있습니다. 질문 체크리스트에 답하면서 위 모형에 생각해낸 답을 연결하여 적으면 됩니다.

		셀프상황 입체점검 전략
과거 회상		그동안 무엇을 해왔지? 무엇을 느꼈고 무엇을 깨달았지?
현재 점검 & 조절	시작	최종 나의 목표는 뭐지? 지금 나의 목표는 뭐지? 나의 현재 상황은 어떻지? - 어느 단계/수준에 와 있지? - 무엇을 어떻게 해야 하지? - 필요한 건 뭐지?(시간/정보/자원/전략) - 언제까지, 어느 정도로 해야 하지? - 왜 해야 하지? 필요한 과정인가?
	중간	내가 무슨 일을 어떻게 왜 하고 있지? 내가 지금 잘하고 있나? 다른 방법은 없나? 이렇게 하면 어떻게 될까? 계속해야 하나? 말아야 하나? - 현재 문제나 발생 가능한 문제는 없나? - 원인은 무엇이고 해결방법은 무엇이지? - 실현 가능하도록 더 구체적인 준비 사항과 실행 사항은 뭐지?
	끝	결과는 어떻게 되었지? 이번에 사용한 방법의 장점과 단점은 무엇이지? 내가 새롭게 깨달은 일반화 가능한 원칙은 무엇이지? - 실패인가/성공인가? - 실패했다면 실패의 원인과 해결 방안은 무엇이지? - 성공했다면 성공의 요인은 무엇이지? - 실패를 반복하지 않고, 성공을 지속하고 발전시키기 위해서는 어떤 방법을 강구해야 하지? - 실패로 일어난 손실을 어떻게 보충해야 하지?
미래 예측		앞으로 어떻게 진행될까?(로드맵/미래 예측) 무엇을 준비해 두어야 할까? 무엇을 주의해야 할까?

지그재그 정반합 공부 전략

세 번째 '지그재그 정반합 공부 전략'은 앞서 살펴본 역동적 균형과 몰입의 공부를 실전 기술화한 겁니다. 각자의 유형에 따라 선호하는 공부 스타일이 다릅니다. 이 경우 선호하는 유형만을 따르거나 한 방향으로만 공부하지 말고 자신이 선호하는 방법을 사용하고 반대의 공부방식으로 번갈아 적용하면 장점을 살리고 약점은 보완할 수 있습니다. 모든 상황이나 수준에 적절한 공부방법이 있는 것은 아닙니다. 상황에 따라 지그재그로 왔다 갔다 하는 변증법적 정반합 공부 전략을 추천합니다. 이 방법을 쓴다면 굳이 유형별 공부에 갇히지 않아도 됩니다.

구체적인 방법은 아래 체크리스트에서 맘에 드는 접근법을 선택해 충분히 공부해보고 반대편 접근법을 써보면 됩니다. 한 번에 두 개의 방법을 동시에 적용할 수도 있는데, 사용한 방법을 지워가며 적용해도 됩니다. 각 이항 대립은 한 번만 하는 것이 아니라 반복하면서 더 정교하게 완성될 때까지 되풀이 합니다. 정해진 순서는 없기 때문에 자신에게 맞는 방법과 순서를 골라 하면 됩니다.

여기서 살펴본 순수 메타센스 공부기술이 핵심 날개입니다. 하늘을 날기 위해서는

META SENSE

우뇌형 <---> 좌뇌형
직관형 <---> 감각형
넓게형 <---> 깊게형
기억형 <---> 이해형
감성형 <---> 이성형
확장형 <---> 축소형
외향형 <---> 내향형
판단형 <---> 인식형

날개가 있어야 합니다. 새처럼 태어날 때부터 날개로 태어나거나 날개가 있는 비행기를 타서 비행훈련을 해야 합니다. 순수 메타센스는 비행기의 날개에 해당한다고 볼 수 있습니다. 날개는 방향을 조절하며 평행을 유지하며 하늘을 날게 해주는 비행기의 핵심 부위인 것처럼 튼튼한 공부의 날개를 사용하시기 바랍니다.

이항대립		공부 방식
좌·우뇌	우뇌형/좌뇌형	이미지와 종합을 중심으로 한 우뇌형 공부와 논리를 중심으로 한 분석적인 좌뇌형 공부가 있습니다.
인식 기능	직관형(입체형)/ 감각형(순차형)	부분적인 내용들을 정확히 따지고 느리게 처리하는 감각형과, 직관에 의존하며 미래 지향적이고 가능성과 의미를 찾아보고 전체 숲을 보려고 비유적으로 이해하는 직관형이 있습니다. 감각형은 계획에 따라 꼼꼼하게 공부하고 단계적이고 구체적이며 정확한 자료와 예시를 좋아하고, 직관형은 자기만의 방식으로 자유롭게 공부하고 개념과 원리를 파악하고 전체적인 맥락을 파악하는 것을 좋아합니다.
기본·심화	넓게형(기본형)/ 깊게형(심화형)	포괄적으로 전체적인 그림을 그려 관계를 파악하는 공부와 일부를 파고들어 더 세밀하고 정교하게 하는 공부가 있습니다. 쉬운 개념과 원리를 중심으로 공부하는 기본형 공부와 고난도 문제를 중심으로 하는 심화형 공부가 있습니다.
기억·이해	기억형/이해형	새로운 내용을 이미 알고 있는 지식과 논리적으로 연결하는 것에 초점을 맞춘 이해형 공부와 정리해서 반복 설명하면서 기억하는 것에 초점을 맞춘 기억형 공부가 있습니다.
판단·결정	감성형(창의형)/ 이성형(논리형)	사람과 관계에 관심을 갖고 서로 가르치거나 질문하면서 공부하는 감성형과, 진실과 사실에 관심을 갖고 혼자 분석하고 논리적 근거를 찾으며 공부하는 이성형이 있습니다. 감성형은 관계 중심적, 과정 중심적이므로 재미있게 공부하도록 도와주고, 이성형은 성과 중심적, 목표 지향적이므로 성취를 강조해주는 것이 좋습니다.

진행 스타일	확장형/축소형	새로운 교재나 새로운 내용으로 보충 학습함으로써 공부 내용을 넓히는 확장형과 배운 내용을 반복하면서 새로운 내용을 줄여나가는 축소형 공부가 있습니다.
에너지 방향	외향형/내향형	폭넓은 대인 관계를 유지하며 만들기나 설명하기 등 활동적인 방법을 사용하는 외향형과 깊이 있는 대인 관계를 유지하며 글로 표현하는 방식으로 공부하는 내향형이 있습니다.
생활양식	판단형(체계성)/ 인식형(융통성)	분명한 목적과 방향이 있으며 기한을 엄수하고 철저히 사전 계획하고 체계적으로 정리하며 공부하는 판단형, 목적과 방향은 변화 가능하고 상황에 따라 일정이 달라지며 자율적이고 융통성을 가지고 몰입하여 공부하는 인식형이 있습니다.

메타센스 인지공부 기술 – 공부법 이전의 핵심 공부인지기술

앞서 정보처리 학습 및 문제해결 탐구의 공부 프로세스는 컴퓨터나 스마트폰의 운영체제(윈도우, 안드로이드)와 같습니다. 지금부터 살펴볼 다양한 인지기술 도구들은 문서 프로그램이나 영상 프로그램처럼 특정한 목적과 기능을 수행하는 응용 소프트웨어와 같습니다. 인지기술 도구들은 과목의 본질적 특성과 최신 뇌과학 및 인지심리학, 성공적인 교육공학적 기술의 핵심을 파악하여 가장 단순화하여 만든 최고의 모형들입니다. 단순히 기술만을 배우는 것이 아니라 반복 숙달하면 각 과목이 필요로 하는 핵심 역량도 길러지는 것을 느낄 수 있습니다.

이 도구들은 막연하고 복잡한 인지과정을 단순화하고 구체화하여 형상화된 모형으로서 공부기술 자체를 이해하고 기억하는 데 많은 도움을 줄 것입니다. 이 도구들은 스마트폰처럼 단순하면서도 응용이 가능해 초등학년부터 성인에 이르기까지 누구나 쉽게 이해하고 사용할 수 있습니다. 좋은 도구를 이용하다보면 똑똑해지는 느낌을 받을 때가 있습니다. 현장에서 이 기술들을 익힌 아이들이 점점 더 머리가 좋아지며, 특정한 과목에 치우쳐 공부한 아이들의 불균형한 두뇌를 골고루 발달시켜 균형을 잡아주고 부족한 2퍼센트를 채워 놀라운 성취를 보여주고 있습니다.

순수 메타센스 공부기술이 축구감독이라면 여기에 나오는 각각의 핵심 인지도구들은 축구선수라고 보면 됩니다. 감독의 힘만으로는 최고가 될 수 없습니다. 월등한 실력을 갖춘 각각의 축구선수들이 있어야 최종 우승을 할 수 있는 것입니다. 윈도우나 안드로이드와 같은 운영체제만 있고 문서작업이나 음성녹음 등 구체적인 앱이나 소프트웨어가 없으면 실질적인 일을 처리 못하고, 반대로 구체적인 소프트웨어는 있어도 운영체제가 없으면 제대로 돌아갈 수가 없습니다. 공부도 전체의 운영체제로서의 정보처리 및 문제해결 프로세스와 구체적 소프트웨어에 해당하는 다음 공부기술들을 사용하는 방법을 잘 숙달해야 어떤 공부든 제대로 수행해낼 수 있습니다.

학생들은 이 도구들의 원리를 이해하고 기술을 익혀 숙달한 후 앞서 살펴본 순수 메타센스 공부기술과 더불어 공부 메커니즘 속에서 활용하면 가장 쉽고, 빠르게 완벽한 공부를 할 수 있게 될 겁니다. 각도구들을 정교한 도구들이기에 실제 실행하기 위해서는 좀더 상세한 설명이 필요합니다. 여기서는 전체적인 프로세스를 이해하는 데 목표를 두겠습니다.

단계	과정
공부 머리와 날개 장착하기	1) 메센 텍스트버드 기본 정보처리 툴: 감상이해(개념/도해구조)-이해(시각/논리)-정리(텍스트/로직트리)-기억(논리/창의) 2) 메센 텍스트피시 가속 정보처리 툴: 원형이해-팽창이해-응집기억-핵심풀기
공부의 날개 펴고 비상하기	3) 메센 싱크해머 생각공부 툴: 확장/정교화-구성조직화-심화-응용-재구성체계화-압축/변형 4) 메센 워크미사일 약점보완공부 툴: 문제분석-확산공부-축소구성-피드백
날개에 공부엔진 달기	5) 메센 로직링스 종횡공부 툴: 종 준비법(가로축 이해분석/귀납논리)-횡 처리법(세로축 처리기억/연역논리) 6) 메센 타임부메랑 프로세스 툴: 0수준=바닥(기본 개념)/기둥(영역유형 발전)/지붕(실전 응용) 1수준=유지(누적복습/복습)/심화(구분-반복)/선행(예습/속진), 2수준=전체구조의도/부분시스템/전체 체계재구성, 3수준=설계준비/실행/반성고찰-마무리, * 별용=문제이해-구상설계-계산-답안분석-반성연결
공부 무기 장착하기	7) 로직 랑구아펜슬 언어 공부 툴:상상이해-추리이해-LWSR-개념어 이해-논리적 해석-수용/표현 8) 매직 매스나이프 수학 공부 툴: 정개념-반유형-합응용-실전/문제이해-해법구상설계-계산-피드백 9) 피시본 외국어 구조어법 툴: 패턴구조(틀 나누기)-재료 성질 파악-흐름-리듬-유형 10) 프레임나침반 통합 사고 논술 툴: 문제인식-상황파악-원인조사-해결방안 탐색

메타센스 인지공부 기술의 학습 원리

메타센스 인지공부 기술의 이론적 배경은 인지주의 학습이론을 중심으로 구성주의와 행동주의 학습 이론을 혼용합니다. 지식의 내용보다 패턴을 중요시하는 구조주의 관점, 지식보다 능력을 더 우선시합니다. 단순성을 지향하면서도 다기능 정교화를 추구하고, 결과 위주의 교사 주도에서 과정 위주의 학습자 주도에 초점을 맞춥니다. 다음에 소개할 다양한 인지공부 기술은 메타센스 철학과 더불어 세 가지의 기본 원리를 지키며 훈련할 때 가장 효과적으로 습득할 수 있습니다.

깁스의 원리

뼈가 부러지거나 어긋나면 교정한 다음 깁스를 합니다. 교정할 때 고통스러울 뿐만 아니라 깁스를 한 채 일상생활을 하면 불편하기 그지없습니다. 깁스를 하지 않으면 뼈가 비정상적인 모양으로 굳어 불구로 살아갈 수도 있습니다. 훈련도 마찬가지입니다. 훈련을 정확하고 정교하게 하면 두뇌에 깁스를 한 것처럼 불편할 수도 있습니다. 처음엔 융통성을 부리지 말고 정확히 따라하는 게 좋습니다. 평소대로 적당히 해도 큰 문제가 없는데 라는 생각을 가지면 기존의 방법이 굳어져 생각의 불구로 살아가야 할 수도 있습니다. 처음 완벽하게 습득될 때까지는 정확하게 따라하고 숙달되면 융통성을 발휘해도 됩니다. 나중에는 오히려 변형을 추천합니다. 깁스를 일정 기간 동안 하는 것은 좋지만 제대로 뼈가 붙었는데도 계속 깁스를 하고 있으면 근육이 쇠퇴합니다. 시간이 지나면 깁스를 제거하고 근육을 단련하고 자유롭게 사용하는 것처럼 나중에는 더 자유롭게 공부해도 됩니다. 개헤엄으로는 수영선수가 될 수 없고, 마구잡이 탁구로는 선수가 될 수 없습니다. 할 줄 안다고 자만하는 친구들이 있는데 그 정도로는 동네 놀이밖에 못하겠죠. 처음엔 설명을 듣고 따라하고, 학생 스스로 기억하고 적용하고, 마지막으로 다른 사람을 가르쳐보면서 숙달하기, 가르치면서 설명하고 시범을 보이도록 하는 절차를 거치면 좋습니다.

달궈진 쇠의 원리

숯불에 빨갛게 달궈진 쇠를 식어서 굳기 전에 망치로 두들겨 원하는 모양을 만들어야 합니다. 식은 후에는 오히려 다른 모양을 만들기 어렵습니다. 마찬가지로 배운 것은 잊어버리기 전에 복습이 되어야 합니다. 배운 것은 방법적인 것은 그날 안에 복습하고 실행하는 것은 3일 안에 하는 것이 좋습니다. 종종 수업 후 일주일 만에 만나는 친구들은 일주일 동안 한 번도 들여다보지 않다가 수업 당일이나 전날에 숙제를 하려고 합니다. 이미 다 잊어버렸기에 숙제를 하기도 어렵고 시간도 많이 걸립니다. 당연히 하기 싫어지겠죠. 배운 것은 직후, 당일 복습, 3일 안에 적용하고 수행해 보기 잊지 맙시다. 엄마나 선생님은 언제 확인해야 될지 알겠죠?

접시돌리기의 원리

서커스에서 여러 개의 접시를 한 번에 돌리는 광경을 보신 적이 있을 겁니다. 그 과정을 보면 접시 하나를 나무 막대 끝에 두고 돌리고 이어 새로운 접시를 계속 추가합니다. 먼저 돌아가는 접시는 가볍게 흔들어주고 새로운 접시는 손으로 빠르게 돌아가도록 돌려줍니다. 하나씩 돌리고 안정을 취하면 새로운 것을 추가해서 돌리듯이 공부도 하나를 제대로 배워서 익히고 어느 정도 안정이 되면 새로운 것을 추가하는 식으로 해야 합니다. 물론 먼저 공부했던 것도 누적해서 다시 한 번 봐주어야 하는 겁니다. 그렇게 되면 여러 개의 공부 접시가 성공리에 자신의 머릿속에서 돌고 있을 겁니다.

메타센스 핵심인지 공부 기술

스마트폰 앱이나 컴퓨터 응용 프로그램에 해당하는 인지공부 기술 도구들을 살펴보겠습니다. 지금 소개하는 다양한 모형 및 도구들은 교육학적 이론과 인지심리학적 이론을 체계화해 가장 실질적이고 효과적인 공부과정을 융합해 모형화한 것입니다. 이 공부방법 및 인지기술 툴들을 숙달한 후 앞서 살펴본 정보처리 및 문제해결 메커니즘의 공부 과정에서 메타분석법과 만점 공부감각 확인법과 함께 활용된다면 완벽한 공부를 할 수 있을 것입니다.

공부방법은 다를지라도 탁월한 성취를 보이는 공부 고수들의 방법은 성공원리는 같습니다. 아무리 다양한 공부법도 가장 기본적이고 본질적인 공부의 원형은 같습니다. 그것을 정확히 알면 공부는 쉽게 지배할 수 있게 됩니다. 이 도구들이 공부의 원형들입니다.

텍스트버드 – 기본정보처리 툴

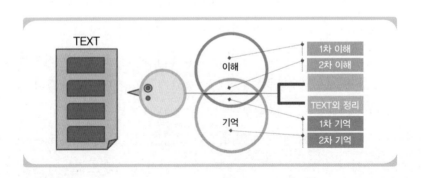

이 도구는 공부의 기초가 되는 정보처리 과정을 기본 텍스트를 통

해 훈련하는 모형으로 새의 모양을 가지고 있습니다. 감상이해, 1차 이해, 2차 이해, 텍스트 내 정리, 텍스트 외 정리, 1차 기억, 2차 기억의 단계를 거쳐 정확한 공부의 기초를 세우는 통합인지 계발도구입니다. 이 모형의 특징은 이해와 기억을 구별 지으면서도 유기적으로 파악해 인지처리 과정의 본질을 보여줍니다.

이 도구로 훈련했을 때 아이들이 정보처리의 프로세스를 명확히 이해하고 두뇌가 정확해지고 정교화되는 것을 느낍니다. 진행 과정은 새의 머리에 해당하는 감상 이해부터 시작됩니다. 텍스트를 빠르게 읽으며 전체적인 맥락을 파악하고 모르는 용어를 표시하여 그 의미를 찾아봅니다. 준비단계인거죠. 다음 새모형의 날개와 다리 부분은 본격적으로 문장을 분석하며 이해하고 정리하고 기억하는 과정을 거치며 학습의 기본 프로세스를 형성해둡니다.

텍스트의 문장을 의미덩어리 단위로 끊어 읽으며 개념의 관계를 재구성하고 그 사이 빠져 있거나 연결이 안 되는 부분을 찾아 자신의 지식과 생각을 채워 이해합니다. 다음은 텍스트 내에서 핵심을 뽑아 같은 관련 내용끼리 묶어 분류한 후 정확한 지식의 구조로 엮어서 조직화합니다. 그 포스트잇이나 노트를 활용하여 정리합니다. 이때 정리는 조목화, 마인드맵, 로직트리 등으로 할 수 있습니다. 이어 정리한 내용을 이해기억, 암기기억, 강제기억 등 다양한 방법으로 기억하는 훈련을 합니다.

1인 2역 공부법

KBS 다큐멘터리 〈습관〉에 소개되었던 전교 1등 전소희 학생의 '1인

2역 공부법'은 스스로 묻고 답하면서 설명하거나 외우고 싶은 내용을 소리 내서 읽고 그것을 녹음하여 듣는 방법입니다. '질문은 힘이 세다'라는 표제처럼 질문은 공부의 핵심입니다. 다음의 질문을 참고하여 질문하고 답하듯이 공부하면 능동적인 공부가 될 뿐만 아니라 내용을 체계적으로 정리하는 데 효과적이며 장기 기억력 향상에 도움이 됩니다.

암기를 확인하는 질문	이해를 확인하는 질문	분석력을 길러주는 질문
육하원칙(누가, 무엇을, 언제, 어디서, 어떻게, 왜)에 의거한 질문을 한다.	나만의 말로 풀어서 설명한다.	공통점과 차이점을 찾아라.
왜 그런지 설명해 보자 어느 것이 가장……일까? 특징을 골라보면? 무엇을 의미하는 걸까? 얼마인가?	구체적인 예를 들면? 이렇다면 어떻게 될까? 그래프를 보며 설명하면? 만약 A가 B라면? 이 주장의 근거는?	어떤 관계가 있을까? 무엇이 핵심 개념일까? 사실과 의견을 구분하면? 관련 개념은 무엇일까? 가장 덜 중요한 것은 무엇일까?

텍스트피시 – 가속정보처리 툴

이 도구는 아래와 같이 바다고기 모양으로 어렵고 많은 지문을 빠른 시간 안에 가장 효율적으로 처리하는 모형입니다. '원형이해-팽창이해-응집기억-핵심풀기'라는 과정으로 진행됩니다. 앞서 본 텍스트버드는 독수리로 텍스트피시는 강력한 상어로 생각하면 좋겠습니다.

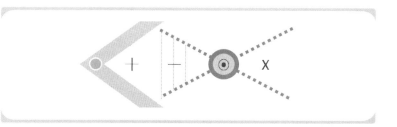

원형이해는 텍스트 속 의미구조를 100퍼센트 파악해 구조화하고, 팽창이해는 속에 숨겨진 정보와 빠진 정보를 생각과 지식으로 채워 주어진 정보보다 더 많은 것을 추가하는 과정이고, 응집기억은 하나를 알면 열을 알 수 있는 지식의 킹핀을 찾아내는 과정을 통해 핵심만 찾아내어 기억할 양을 줄여줍니다. 핵심풀기는 다른 종이에 단계적으로 핵심부터 부수적인 내용까지 인출 연습을 통해 출력 훈련을 하는 겁니다.

이는 많은 양의 정보를 빠른 시간에 자유자재로 줄였다 늘렸다 하는 능력을 길러줍니다.

원형이해

고대의 유산: 헬레니즘과 헤브라이즘

그리스 사람들은 초자연적인 힘의 도움을 받지 않고 인간의 감각과 이성을 수단으로 하여 자연과 인간을 바라봄으로써 새로운 세계관을 만들려 했다. 그 결과 오늘날 우리가 철학과 과학이라고 부르는 학문 체계가 만들어졌다. 새로운 세계관에 따라 그리스 사람들은 인간 자신의 생활에 관심을 집중시켰다. 인간에 대한 정확하고 사실적인 묘사는 그리스 예술의 특징을 이루고 있다. 이들은 인간을 관심의 중앙에 둠으로써 서사시, 서정시, 희극, 비극, 역사, 철학, 수사학 등 다양한 장르를 발전시켰다.

로마 사람들은 그리스의 문화를 숭상하며 받아들였지만, 그것을 자신들 고유의 경험에 맞게 변형시켰다. 그리고 막강한 군사력과 방대한 조직력을 바탕으로 그리스 문화를 전파시켰으므로, 그리스와 로마의 문명을 합해 고전 문화라고 말한다. 단적으로 고전 문화의 특징은 비판적 정신이라고 말할 수 있다.

크리스트교는 고전 문화와 다른 방식으로 유럽 사람들의 생활에 침투했다. 크리스트교는 신자들에게 내세에서의 구원을 약속했다. 비천한 사람들도 구원을 받을 수 있다고 강조함으로써 사회의 모든 계층으로부터 신도를 얻을 수 있었다. 여성이 성직자가 되는 길은 금지했지만, 여성이 종교 의식에 참여하는 것은 허용했다. 또한 크리스트교 교회는 엄격한 위계 질서를 갖는 성직자들의 공동체를 발전시켜, 노약자를 보호하거나 병자를 간호하고, 장례를 주관하는 등 각종 봉사 활동을 펼쳤다. 신도들은 크리스트교에서 강한 윤리적 의무감과 함께 인간적인 유대감을 얻을 수 있었던 것이다.

보통 고대 지중해 세계가 중세와 그 이후의 세계에 물려준 유산은 헬레니즘과 헤브라이즘으로 크게 나누어진다. 헬레니즘이라는 말은 알렉산드로스 제국의 성립으로 만들어진 문화를 가리키기도 하지만, 넓은 의미로는 그리스에 원류를 두고 있는 문화를 지칭한다. 그 말은 그리스 사람들이 다른 민족들과 구분하기 위해 자신을 헬레네스라고 불렀다는 사실에서 비롯된다. 헤브라이즘이라는 단어는 크리스트교가 헤브라이 민족의 신앙에 근원을 두고 있다는 사실에 유래한다. 헬레니즘과 헤브라이즘은 서로 대립하고 보충하면서 유럽 문화의 원동력을 이루고 있다. "헬레니즘의 최고 관념은 사물을 있는 그대로 보는 것이며, 헤브라이즘의 최고 관념은 선행과 복종이다"라는 19세기 영국의 문명 비평가 매슈 아널드의 말은 그 양대 원류의 성격을 간명하게 포착하고 있다.[1]

위 내용을 읽으며 글 속 구조를 잡아내어 100퍼센트 정리합니다. 구조적 정리의 핵심은 '위치는 의미를 지니고 있다'와 '어떤 의미 있는 시각적 모양으로 단순화해야 한다'는 것입니다. 즉 어떤 형태를 만들어 위치에 따라 관련된 내용을 잘 연결해 주어야 합니다.

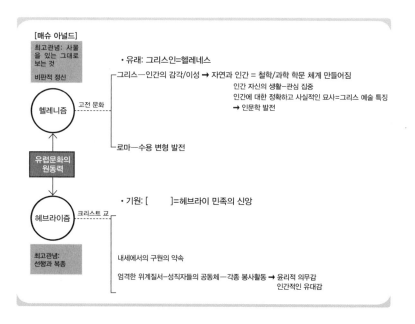

1) 김은숙 외, 『고등학교 세계사』(교학사, 2002) 79쪽.

팽창 이해

정리된 내용에서 빠져있는 부분이나 연결이 안 되는 부분을 생각이나 관련 자료를 찾아 채워 넣습니다. '늘려야 줄어든다'는 역설이 성립되는 절차입니다. 즉 빠져 있는 부분을 더 많이 채움으로써 관련 내용들이 앞에 것이 떠오르면 뒤에 것이 떠오르는 인출 도미노 효과가 발생하게 됩니다.

응집기억

앞에 것을 알면 떠오르는 것들을 찾아 뒤의 것을 지워가는 겁니다. 이미 아는 것을 통해 다음 내용을 떠올릴 수 있게 만드는 이해기억을 통해 더 많은 정보를 가지고 있으려 하지 말고 버려 줄이는 겁니다. 남는 것들이 핵심 정보이며 그것을 암기하면 됩니다.

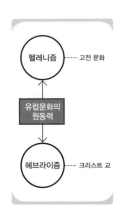

핵심 풀기

암기된 핵심을 우선 써보고 이어 지웠던 내용들을 순차적으로 떠올려봅니다.

싱크해머 – 생각공부 툴

싱크해머는 체계적이고 정교한 생각공부의 방법들을 구체적으로 보여줍니다. 이 도구는 수학, 과학 같은 응용과목에서 보다 수준 높고

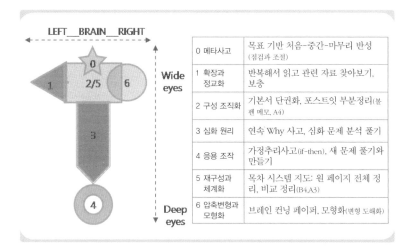

LEFT__BRAIN__RIGHT		
0 메타사고	목표 기반 처음-중간-마무리 반성 (점검과 조절)	
1 확장과 정교화	반복해서 읽고 관련 자료 찾아보기, 보충	
2 구성 조직화	기본서 단권화, 포스트잇 부분정리(볼펜 메모, A4)	
3 심화 원리	연속 Why 사고, 심화 문제 분석 풀기	
4 응용 조작	가정추리사고(if-then), 새 문제 풀기와 만들기	
5 재구성과 체계화	목차 시스템 지도: 원 페이지 전체 정리, 비교 정리(B4,A3)	
6 압축변형과 모형화	브레인 컨닝 페이퍼, 모형화(변형 도해화)	

다양한 측면에서 공부할 필요가 있을 때 사용됩니다. 어려운 내용이 나오면 생각 망치로 부수어 버릴 수 있기 바랍니다.

위 생각공부는 소단원 내지 대단원의 전체 내용과 관련하여 폭넓게 보는 눈으로 공부하는 좌우 가로축의 1, 2, 5, 6번 공부나 어떤 한 소주제를 중심으로 깊게 생각공부를 하는 상하 세로축의 3, 4번 공부, 전체로 점검하고 조절하는 0번 메타센스 생각공부로 나누어 볼 수 있습니다. 우선 폭넓은 눈으로 공부하는 1, 2, 5, 6번 공부를 알아보겠습니다.

1번 '확장&정교화'는 관심 있는 주제와 관련하여 쉽게 나온 교재나 강의를 찾아보면서 배경 지식을 넓히고 더 정확하게 알아가는 방법입니다. 가장 쉽게 실행할 수 있는 방법이죠.

2번 '구성 조직화'는 새롭게 알게 된 내용들을 기본서에 단권화하는 겁니다. 일부분이면 볼펜으로 메모를 추가하고 내용이 많아지면 포스트잇이나 종이를 잘라 정리한 후 붙입니다.

5번 '재구성&체계화'는 배우는 내용의 전체 체계화 흐름을 파악하여 입체적으로 구조를 파악할 수 있도록 목차를 만들고 빠진 부분들을 채우거나 관계를 새롭게 파악하는 등 재구성을 말합니다. 헷갈리는 내용을 비교표로 정리할 수도 있습니다.

6번 '압축변형&모형화'는 핵심과 기억하기 어려운 것을 추려내어 한 장에 정리하거나 중요 내용을 다른 형태로 모형화해서 바꾸어 보는 겁니다.

다음은 깊은 눈으로 공부하는 3, 4번 공부를 알아보죠.

3번 '심화원리'는 본질을 파악하는 공부로 스스로 질문하고 명확하게 답할 수 있을 때까지 궁리하는 겁니다. '왜 그렇지?', '어떻게 그렇지?' 라는 질문을 내가 이미 알고 있는 배경지식과 연결될 때까지 하면 됩니다. 내 수준보다 고난도 문제들을 분석하고 풀어보는 것도 한 방법입니다.

4번 '응용조작'은 배우는 내용을 다양한 조건의 조작을 통해 어떻게 될지 예측하는 공부방법입니다. 즉 일부의 조건을 추가, 제거, 확장축소, 순서나 구조를 바꿔보는 등의 조작을 가하면 어떻게 되는지 예측하는 겁니다. 새롭게 문제를 만들어서 풀어보는 것도 한 방법입니다. 문제를 만들려면 우선 기존의 관련 문제들을 분석하고 종합해야 하겠죠? 응용력을 기르는 데 있어 중요한 것이 반복 숙달입니다. 반복 숙달을 통해 지식은 응집되고 두뇌회로는 자동화될수록 작업기억에서 여유공간이 생겨 생각 더하기를 할 수 있는 공간이 늘어나기 때문입니다.

단권화와 노트의 활용

탐구 과목은 지식 정보처리 과목으로 학습 내용을 빠짐없이 체계화하는 것이 중요합니다. 이때 이용할 수 있는 방법이 단권화와 서브노트의 활용입니다. 단권화란 기본서 한 권에 여러 권의 책에서 추려낸 내용을 덧붙여 하나로 모으는 작업입니다. 단권화하는 방법에는 두 가지가 있습니다. 하나는 약점 기입형이고 다른 하나는 보충첨가형입니다. 약점 기입형은 문제를 분석하면서 선택지와 관련하여 빠진 부분을 기입하고(시스템2단계), 중요하지만 부족한 부분을 채워 넣는 방법입니다(시스템 3-1단계). 관련 내용을 직접 기본서에 기입하거나 포스트잇을 이용하여 기입합니다. 보충 첨가형은 기본서 한 교재를 반복해 공부하면서 다른 교재를 참고하여 빠진 부분을 채워넣는 방법입니다. 보충 첨가형은 포스트잇이나 참고노트를 따로 만들어 이용할 수 있습니다. 가능하면 중요도와 역할을 표시하거나 메모하도록 합니다. 단권화는 확장하는 공부이기 때문에 자칫 산만해지고 내용이 중구난방으로 많아질 수 있습니다. 따라서 중요 사항에는 밑줄을 긋거나 표시를 하는 것이 좋습니다.

서브노트는 핵심 개념과 내용을 압축하여 요약 정리한 것입니다. 서브노트에는 주요 개념의 흐름과 취약 개념을 정리합니다. 서브노트는 만드는 데 시간이 많이 걸린다는 단점이 있지만 배운 내용을 축약해서 명료하게 정리할 수 있다는 장점이 있습니다. 서브노트는 어느 정도 내용을 습득한 다음에 최종 정리 차원으로 활용하는 것이 좋습니다.

단권화를 기본으로 하고, 어렵고 복잡한 부분은 서브노트로 보충하는 방법을 추천합니다. 단권화와 서브노트는 타이밍이 중요합니다. 단권화는 최소 한 개 이상 대단원의 개념을 학습한 후에 시작합니다. 과목의 전반적 흐름을 모르는 상태에서 개념을 요약 정리하면 중요한 내용을 파악하기 힘들어 흐름과 맞지 않게 요약할 수 있기 때문입니다. 오답노트는 시스템 공부의 4단계 실전 실력확인 문제풀이 후 약점을 보완할 때 사용합니다.

위크미사일 – 약점보완공부 툴

자신이 취약한 주제의 내용이나 문제를 풀고 틀린 부분을 해결하는 방법은 무엇일까요? 답안지 해설을 보고 이해하면 될까요? 오답노트를 만들면 해결이 될까요? 약점이 있을 때 이것을 해결하는 도구인 미사일 모양의 위크 미사일을 통해 약점을 끝장내는 방법을 알아보겠습니다. 미사일 모양을 한 이유는 무엇일까요? 크루즈 미사일은 자체적으로 비행하여 정확하게, 다양한 측면으로 공격할 수 있습

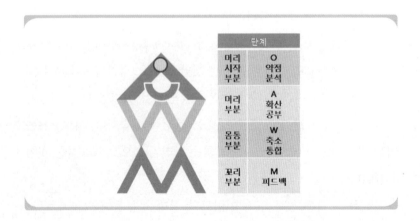

단계		
머리 시작 부분	O	약점 분석
머리 부분	A	확산 공부
몸통 부분	W	축소 통합
꼬리 부분	M	피드백

니다. 무서운 적, 공부의 약점을 정확하게 파악하여 정교하게 공격하는 프로그램이길 바라는 마음으로 이 도구를 모형화했습니다. 우선 문제 지점을 찾아 그보다 폭넓게 범위를 설정하여 압축 정리하고 그것을 확인하기 위하여 관련 문제들을 풀어봅니다.

미사일의 '머리 시작 부분(O단계)'은 우선 자신의 약점을 분석해야 합니다. 똑같이 90점을 맞았더라도 어떤 문제를 틀렸느냐에 따라 공부할 내용이 다릅니다. 같은 문제를 틀렸다고 하더라도 문제를 이해 못한 건지, 식을 유도 못한 건지, 발상을 못하는 건지, 발상을 못한다면 어떤 영역의 문제인지를 모르는지 관련 공식이나 법칙 정리를 생각해내지 못하는 건지, 풀이 방향을 생각해내지 못하는 건지, 논리적인 해결 단계를 구축하지 못하는지, 계산을 못하는 건지 다양한 이유가 있습니다. 내용에 대한 문제인지, 문제해결 과정에서의 문제인지도 구분해서 파악하고 해결방안을 찾을 수 있습니다.

이어 미사일의 '머리 부분'은 '확산공부'단계(A단계)로 그 문제에 대해 내용적으로 형식적으로 폭넓게 범위를 정하고 관련 내용을 공부하는 겁니다. 답안지를 보고 그 문제만을 맞힐 수 있는 해설을 추가하는 식의 공부로는 고득점하기 어렵습니다. 관련된 내용을 찾더라도 좀더 폭넓은 범위를 선택하여 공부해야 합니다.

'축소통합' 단계(W단계)는 실제적인 내용지식과 절차적인 방법지식으로 나누어 압축해서 정리해야 합니다. 마지막 꼬리 부분은 '피드백'단계(M단계)로 백지 구술 또는 논술 설명테스트나 새로운 문제를 풀어보면서 확인해서 제대로 공부했는지를 확인하는 단계입니다.

오답노트 추천 전략

오답카드 구성을 다음과 같이 하면 좋습니다.

문제번호:		
문제 유형.	질문 의도	오답 처리

문제 형식과 특성은 무엇인가?
- 능력 절차
문제인가/내용 기억 문제인가?
- what 개념/내용 문제인가?/
  how 구조 관계 문제인가?/
  why 의도적용문제인가?
	무엇을 어떻게 알기를
	바라는가?
		- 문제 분석과 해결 전략
		  분석
		Why: 왜 틀렸나?
		How: 어떻게 해야 하나?

링스넷 – 종횡무진 공부 툴

빈틈없이 공부하면서도 배운 지식들을 살아 움직이게 하고 싶은가요? 링과 그물의 모양을 한 종횡무진 공부 툴을 추천합니다. 링은 비교형 공부를 통해 사이

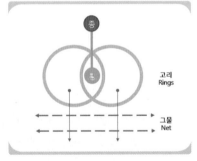

지식을 찾아내어 메우는 방법을 상징하고 그물은 가로줄 세로줄이 엮어져 있듯이 공부하는 순서를 바꾸어 빈틈없으면서도 단단한 공부방법을 상징합니다.

  1차로 공부할 때는 내용 중심으로 단위별 공부를 한 다음 일정량의 공부 단위(소단원 내지 대단원)를 마치면(종) 2단계로 소제목 간, 소

	종 준비법	횡 처리법
단계	1차_세로축 BLOCK형 (벽돌쌓기식)	2차_가로축 INTER형 (다리연결식)
특징	순차적 개별 처리 준비 내용 중심 / 문제유형 중심	입체적 함께 반복 처리 주제 중심 / 핵심문제 중심
학습 방식	개별 특성 파악 제목별 정리	주제간 비교 / 대조: 공통점 차이점 찾기 전체 흐름도 / 비교표 / 지도 정리
수업 방식	1차 개념 설명 강의교수기법	2차 HYPER UP 구성교수기법

단원 간, 대단원 간 전체 개념과 개념, 주제와 주제 간 비교해서 새로운 것을 발견하고 헷갈리는 것은 명확히 구분해서 이해하는 겁니다. 전체 내용이나 문제의 흐름을 파악하여 전체의 구성과 체계를 세우는 겁니다(횡).

이 방식을 사용하기에 가장 좋은 과목이 도덕과 수학입니다.

도덕의 경우 1차로 한 소단원 내지 단원을 순서대로 읽으면서 개념 내용, 예화 내용, 도덕적 기준 내용으로 나누어 이해하면서 분류한 후, 2차로 개념은 개념끼리 따로 정리해서 기억하고, 예화는 예화 처리방식으로, 도덕적 기준은 도덕적 기준 처리방식으로 처리해가면 됩니다. 그리고 나서 자습서와 문제집을 보면 됩니다. 수학의 경우는 교재 순서대로 또는 유형별로 공부하고 나서 자신이 약한 문제를 기초에서 심화 및 새로운 문제까지 횡으로 복습합니다.

중학교에서 도덕은 가장 정확한 순수 언어능력을 보여줍니다. 의외로 중학교에서 도덕을 어려워하는 학생들이 많습니다. 도덕 문제는 대부분은 도덕적 개념과 의도, 상황이해력을 다루는 문제인 만큼 상황 독해력이 필수입니다. 또한 도덕과 수학에서 공통으로 중요한 역할을 하는 것이 논리입니다. 초등학교 고학년에서 중학교 저학년 때 논리학 관련 책을 꼭 읽어보길 바랍니다.

타임부메랑 – 프로세스 툴

공부 전체 메커니즘은 4박자를 따르는 반면, 학습과정에서 특히 기억 및 시간관리 과정은 대부분 3박자로 진행됩니다. 중·고등학교 과정이 3년 단위로 이루어지고, 각 학년에서 기존에 배운 것은 다지고 새로운 것에 대한 기본 토대를 다지는 방학기간, 학기 중 진도를 나가는 학습기간, 배운 것을 다지고 실력을 평가하는 시험 기간으로 나뉩니다. 각 학년, 각 기간마다 기억 관련 공부계획과 시간관리는 달라야 합니다.

하루 단위 시간 및 기억 관리도 마찬가지로 3박자입니다. 과목별로 전에 배운 것을 강화하기 위해 하는 누적복습, 아는 것과 모르는 것, 쉬운 것과 어려운 것을 구분해 모르는 것과 어려운 것을 반복해서 공부하는 심화공부, 다음 것을 준비하는 선행공부로 3박자입니다.

한 과목 한 챕터를 공부하는 과정도 전체를 보고 부분들을 전체를 보는 3박자고, 어떤 일을 하던 준비, 실행, 마무리라는 3박자를 따라야 제대로 일을 마치게 됩니다. 문제를 푸는 과정도 문제를 이해하고 해법을 구상하는 준비과정과 계산하는 실행과정, 답안을 보고 채점 및 분석을 한 후 기존 인지체계와 비교하며 수정 보완하는 마무리 단계로 3박자입니다. 기본 인지과정도 입력(인지)-처리(부호화)-출력(인출)이라는 3박자로 이루어집니다.

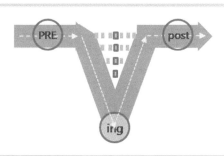

	전	중	후
0수준 3year 4month	바다 기본 개념 방학	바다 기본 개념 방학	바다 기본 개념 방학
1수준 Day	유지 [누적복습/복습]	유지 [누적복습/복습]	유지 [누적복습/복습]
2수준 subject Chapter	전체 구조/의도	전체 구조/의도	전체 구조/의도
3수준 Text Problem	준비-설계	준비-설계	준비-설계
별용 Problem	문제이해-구상설계-계산-답안분석-반성연결		

랑구아펜슬 – 국어 공부 툴

국어는 앞서 과목별 공부의 특징에서 살펴보았듯이 특징별로 공부할 영역을 지식 영역, 판단 영역, 언어능력 영역으로 나누어 보았습니다. 지식 영역은 국문법이나 원리지식, 갈래지식과 같은 이론지식

예습(준비)	수업	복습	한 번 더 복습
감상 이해-글 분석	비교 확인 통찰	확인 정교화	적용/응용

감상이해 ― 글 분석 │ 상상 이해 / 추리 이해 │ W L S R │ 설명 판단 처리 │ 개념어 이해 / 논리적 해석 │ 적용 / 응용

을 습득하는 겁니다. 이것은 사회나 과학처럼 정보처리 식으로 접근해야 합니다. 반면 강의와 해설을 이해하고 동의하는 판단 영역은 의사결정 방식으로 접근해야 합니다. 글을 분석하고 쓸 수 있는 것을 목표로 하는 순수 언어능력 영역은 다독, 다상, 다작을 통하여 길러야 합니다. 해석 능력을 기르는 방법 중 하나는 문학작품 해설서를 많이 읽는 것입니다.

판단 영역과 순수언어능력은 다음에 제시하는 공부방법을 통하여 저자의 글 속에서 상대방의 의견과 생각, 마음을 공감하고 동감하는 능력을 길러 의사소통능력을 향상해야 합니다. 사회나 과학은 결과로서의 지식을 기억하는 것이 중요하고, 국어는 과정으로서의 생각과 그 생각을 이끌어내는 과정을 중요시합니다. 사회나 과학은 구조를 중요시 한다면 국어는 의도를 중요시 하는 과목입니다. 소설, 시 등을 외울 필요는 없습니다. 그것은 하나의 도구죠. 더 중요한 것은 같은 장르의 글을 읽을 때 각 문단에서 목표로 하는 바를 수행할 수 있느냐 입니다. 국어는 수학과 마찬가지로 능력과목이며 도구과목입니다. 수업과 복습만으로도 만족스런 사회, 과학과는 달리 미리 문제를 풀거나 글을 분석하는 예습과 새로운 문제나 지문에 적용하고 응용해보는 한 번 더 복습이 중요한 과목입니다. 국어 공부의 본질

적 프로세스는 '준비-수업-복습-한 번 더 복습'의 4단계로 나누어
볼 수 있습니다.

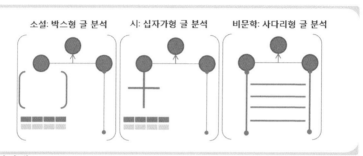

준비단계

준비단계는 교과서의 감상읽기와 글 분석 단계로 나누어볼 수 있습
니다. 감상읽기 단계에는 작품을 빠르게 읽어보면서 전체의 줄거리
를 파악하면서 동시에 모르는 어휘들을 찾아 의미를 알아냅니다. 이
어 글 분석 단계에는 스스로 글의 구조와 내용, 그리고 의도 및 의미
정서 등을 파악합니다. 글의 구조와 내용 파악은 상상이해와 추론이
해를 통해 내용, 형식, 목적, 추론의 네 가지 차원에서 분석합니다.
단원의 길잡이, 학습목표, 학습활동 등을 분석해 단원의 목적과 원리
지식을 파악해 둡니다.

수업단계

수업시간은 열심히 읽고, 듣고, 쓰고, 말하며 자신이 분석한 내용이
선생님의 설명과 같은지 확인하는 시간입니다. 자신의 분석이 선생
님의 설명과 같으면 복습이 되고, 다르면 추가 정리하고, 모르는 부

분은 질문하여 정리합니다. 발표하고, 질문하고, 토론하며, 적극적으로 수업에 참여 한다면 가장 재미있는 시간이 되리라 봅니다.

복습단계

복습단계는 선생님의 설명 중 자신이 몰랐던 부분과 자습서의 설명을 꼼꼼히 확인하며 자신의 것으로 만들고, 문제를 풀어보는 단계입니다. 이때 이용되는 방법이 개념어와 논리적 해석처리 기법입니다. 국어는 기억이 본질이 아니라 해설들의 정확한 이해와 동의가 중요합니다. 자습서의 해설이나 문제에 나오는 선택지의 개념들을 철저히 확인하고 그에 기반을 두고 지문 속에서 논리적 근거를 찾는 연습을 해야 합니다.

한 번 더 복습단계

복습단계로 국어 공부가 끝나는 줄 압니다. 진정한 공부는 여기서부터입니다. 한 번 더 복습단계는 배운 내용에 근거해서 새로운 작품에 적용하고 응용하는 겁니다. 글을 분석하고 글을 쓰는 겁니다. 시의 운율을 파악하는 법을 배웠다면 이해하고 문제를 푸는데 멈추지 말고 다른 시를 읽으면서 운율을 파악해보고 운율을 넣어 직접 시를 만들어봅니다. 교과서의 보충학습이 존재하는 이유가 바로 한 번 더 복습을 위한 것이죠. 이것이 언어실력 향상의 본질이겠죠. 학생들은 시험에 나오지 않으면 그냥 지나치는 부분입니다.

국어 공부법 플러스

• 절대 어휘력

언어 관련 서적 중에 새로 부각되는 것이 어휘 책과 언어 개념책입니다. 언어 문제에서 지문이나 발문, 선지, 보기에 쓰이는 단어들의 정확한 의미를 알아야 실수 없이 문제를 풀 수 있고 고득점을 할 수 있습니다. 국어 공부할 때는 한 두 권의 언어 개념책과 어휘책을 수시로 볼 수 있도록 구비해야 합니다. 그 책에 나오지 않은 개념들은 사전에서 찾아보고 따로 노트나 포스트 잇에 추가로 정리하면 됩니다.

• 논리적 문제 분석력

문제 분석은 실전에서 문제를 풀거나 풀고 나서 사용하는 방법입니다. 닥치는 대로 문제를 풀거나 막연히 독서량을 늘리는 이상주의자는 언어 실력을 올릴 수 없습니다. 문제와 선택지들을 지문과 연관 지어 의미가 무엇이고(개념), 왜 그러한지를 지문 속에서 찾는 훈련을 해야 합니다. 잘못된 사고 회로를 교정하고 판단과 근거를 연결하는 논리의 힘을 길러야 합니다.

언어에서 가장 무서운 적은 두루뭉술함과 막연함입니다. 강력한 언어의 힘은 정확성과 정교함입니다. 문제가 어떻게 답과 연결되는지 근거를 정확히 파악하는 연습을 해야 합니다. 각 영역과 문제의 특성에 따라 문제를 분석하는 원칙을 세우고 실제 적용하는 훈련을 통해 논리적 사고력을 체화하길 바랍니다.

• 약점 문제 유형 집중공략

국어 영역은 꼭 틀리는 문제를 계속 틀립니다. 그것은 문제 유형에 근본적으로 취약한 것입니다. 틀리는 문제의 유형을 파악해 그것과 관련된 개념과 이론을 정리하고 집중적으로 문제를 풀어 확인해야 합니다. 언어영역 문제 유형을 정리해보면 다음과 같습니다.

• 문학의 열한 가지 유형
① 작품의 표현 방식과 특징 파악하기
② 작품의 구성 요소와 그 기능 이해하기
③ 작품에 드러난 사회, 문화적 상황 파악하기
④ 감상과 수용의 적절성 파악하기
⑤ 문학의 갈래에 따른 미적 가치 파악하기
⑥ 작품을 다양한 시각과 방법으로 해석하고 평가하기
⑦ 시적 화자의 태도와 정서 파악하기
⑧ 시어, 시구의 함축적 의미 파악하기
⑨ 작품의 서술상의 특징과 효과 파악하기
⑩ 작품 속 인물의 성격과 심리 추리하기
⑪ 작품에 드러난 작가의 생각 파악하기

• 비문학의 열한 가지 유형
① 글의 세부 정보나 내용 파악하기
② 글의 개략적인 짜임 및 내용 파악하기
③ 글의 중심 내용, 주제 파악하기
④ 글의 내용 전개 방식의 유형과 특징 파악하기

⑤ 글쓴이의 목적이나 의도 파악하기

⑥ 글의 표현상의 특징과 효과 파악하기

⑦ 내용의 타당성 평가하기

⑧ 문맥을 고려하여 단어의 의미 파악하기

⑨ 내용에 맞는 구체적 사례 추리하기

⑩ 반응의 적절성 평가하기

⑪ 생략된 내용 추리하기

• 쓰기의 여덟 가지 유형[2)]

① 내용을 통일성 있게 구조화하기

② 다양한 표현을 사용하여 조건에 맞게 글쓰기

③ 고쳐 쓰기의 적절성 파악하기

④ 연상하는 방법으로 내용 및 주제 생성하기

⑤ 들어갈 내용을 적절하게 생성하여 작성하기

⑥ 문법 요소들의 기능을 이해하기

⑦ 단어의 특성과 의미 관계 파악하기

⑧ 국어의 음운 규칙, 표준어, 맞춤법 이해하기

매스나이프 – 수학 공부 툴

수학 공부가 재미있었던 아이들도 어느 순간부터 수학에 대한 흥미

---

2) 유상근, 『성적 급상승의 비밀』(21세기북스, 2012) 참고.

를 잃어버리곤 합니다. 갈수록 다양해지는 수학 문제와 높아지는 학습 난이도에 적응하지 못하고 자신감을 잃고 지치기 때문입니다. 처음부터 체계적으로 수학을 학습하는 것이 중요합니다.

문명사회의 발전과 더불어 가장 강력한 영향력을 발휘하는 과목이 수학입니다. 융합사회가 되면서 누구에게나 수학은 더 중요해지고 있습니다. 근본적으로는 필요 없는 영역들도 있으나 첨단사회에서 수학은 하나의 세계 공용어로서 인공지능 사회를 준비하면서도 그 논리체계 위에 창의가 더해져야 하기에 중요성은 더해지고 있습니다.

대학은 수학으로 결정된다고 해도 과언이 아니고, 적성과 가치관이 아닌 수학을 잘 하면 이과, 못하면 문과로 진로가 결정되는 것도 현실입니다. 누구는 수학이 쉽고 재미있다고 하지만 대다수의 학생들은 대단히 어려워합니다. 이유는 무엇일까요? 근본적으로 수학은 천재들의 발견에 의해 발전되어 왔고, 외부에서 주입되는 지식이 아닌 생각하는 과목이라 학생 스스로 생각하여 문제를 해결해가는 힘이 필요합니다. 가르침보다는 학생의 역량이 중요합니다.

고등 수학까지는 천재의 창조 수학이 아닌 대학에서의 공부를 해낼 수 있는 수학 능력을 확인하는 논리적 시험이기에 적절한 타이밍과 올바른 학습방법으로 공부한다면 많은 학생이 수학을 극복할수 있습니다. 수학 공부의 핵심은 각 영역별 이해와 그에 맞는 공부방법, 한 문제에 포커스가 맞춰진 풀이 법이 아닌 몰랐던 문제와 관련 모든 문제를 푸는데 필요한 수학의 흐름체계를 만드는 것입니다. 한 문제의 풀이방법이 아닌 좀더 근본적으로 '왜 그 문제를 그렇게 접근해야 하는지' 알아내야 합니다. 문제를 그렇게 접근하는 이유를 학생이 이미 알고 있는 수학적 지식들과 연결하여 더 큰 논리체계 내에서 판단하고 해결하는 힘이 필요합니다. 개별 문제 풀이에 집중하면서 공식을 외우고 반복적으로 문제를 푸는 방식으로는 해결이 되지 않습니다.

심리학자들은 새로운 경험에서 근본적인 원리나 규칙을 뽑아내는 습관이 있는 사람은 경험을 액면 그대로 받아들이고 나중에 비슷한 상황에 적용할 교훈을 이끌어내지 못하는 사람에 비해 훨씬 성공적인 학습자가 되다고 말합니다. 새로운 계획에 뛰어들면서 자신의 안목과 판단력을 개선할 수 있는 교훈을 이끌어내고, 심성 모형을 만드는 것을 규칙 학습과 구조형성이라고 부릅니다. 근본 원리들을 이끌어내고 구조를 만들어내는 이런 자세가 탁월한 학습결과를 가져옵니다.

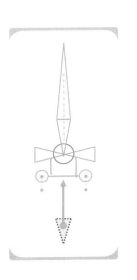

수학 공부 툴의 모양은 칼(나이프)입니다. 다용도 칼의 경우 다양한 문제를 해결할 수 있는 도구입니다. 수학은 많은 문제를 해결해야 하기에 서로 잘 어울립니다. 매스나이프 수학 공부 툴은 거시적인 공부 진행순서로서의 머리 부분과 각 문제에 대한 문제해결 과정에 초점을 맞춘 미시적인 문제해결 프로세스의 손잡이 부분으로 나누어 모형화한 겁니다.

매스나이프의 윗부분은 수학 공부의 기본 프로세스로 개념공부 (정)-기본 문제유형 공부(반)-응용 심화 공부(합)-실전 및 약점 공부의 과정을 모형화한 것입니다. 포인트는 개념공부를 문제에 적용하기 위하여 그 의미와 용도, 탄생 배경과 원리를 파악하는 것이고, 기본 문제 유형을 공부할 때는 그것이 어떤 개념에서 파생되는지, 문제와 해결 체계를 파악하는 것을 목표로 합니다. 심화, 응용 공부는 개념공부와 기본 유형 공부를 통해 형성한 판단체계를 변형 확장하는 연습을 하는 겁니다. 심화, 응용 공부까지는 하나의 구조로 엮는 훈련이 필요합니다. 마지막으로 실전 적용 및 약점 보완 공부를 합니다. 이때는 고난도 문제에 계속 도전하면서 최대한 답안지를 안 보고 다양한 방법으로 접근하는 훈련을 해야 합니다.

문제의 바다에 빠져 허우적거리며 절망에 빠지거나 문제풀이에 길들여져 이미 만들어진 유형의 레시피에 의존하면 안 됩니다. 개념을 연결하여 깊게 이해하고 변형하면서 개념과 문제를 융합하여 커다란 논리체계를 만들어내야 합니다. 특히 공식, 법칙, 성질, 정리 등을 이끌어내는 증명 논리는 충분히 익혀야 합니다. 증명은 개념 논증 문제입니다. 논증 과정 속에 수학적 사고의 핵심 논리와 아이디어가 숨겨져 있어 고난도의 문제를 해결하는 데 도움이 될 수 있습니다.

문제해결의 기본 근력을 기르기 위해서는 각 문제를 과정중심으로 다음과 같이 분석적이고 단계적으로 푸는 연습을 하는 것이 좋습니다. 문제 상황 이해(구하는 것, 주어진 조건의 의미 확인, 관련 그림, 표, 그래프 생성 및 변환), 해결방법 탐색(영역 규명 및 발상, 관련 정의와 관련 공식, 법칙, 성질, 정리의 탐색), 선택과 실행(귀납적, 연역적 접근법 선택, 결론 도출 및 계산), 반성과 일반화(상위 구조화) 등을 적용해야 합니다. 이는 폴리야의 '문제해결 과정으로서의 수학'을 바탕으로 메타인지로 접근한 모형입니다.

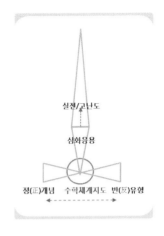

수학 공부를 할 때 근본 원리를 이끌어내고 구조를 형성하기 위해 노력해야 합니다. 각각의 문제풀이 방법을 외우는 것이 아니라, 상위의 개념체계, 문제유형체계, 판단처리체계 등 종합적인 알고리즘을 뽑아내기 위해 개념을 체계화하거나 문제와 문제의 특성, 문제유형과 접근법의 체계를 구성해야 합니다. 이를 위해서는 두 가지 이상의 예를 공부하면서 서로 어떻게 비슷하고 어떻게 다른지 스스로 질문을 던지거나 구성요소들을 분석해서 상호 관련성을 파악해야 합니다.

수학 공부는 크게 개념 이해와 문제 해결로 나눌 수 있는데 개념 이해는 각 개념을 목적을 이해하고 논증하고 연결하는 문제고 문제 해결은 주어진 조건에서 구하고자 하는 것을 구하기 위해 다양한 정의, 공식, 법칙, 성질, 정리 등 지식과 아이디어를 논리로 연결하는 문제입니다. 논리는 연역적 접근과 귀납적 접근으로 나눌 수 있습니다. 이미 알고 있는 수학 지식을 연역적으로 적용하는 방법이고, 다른 하나는 여러

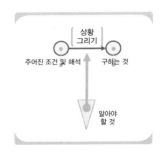

조작과 발견을 통하여 귀납적으로 해결하는 방법입니다.

연역적으로 문제를 잘 풀기 위해서는 개념과 문제 해결 절차를 융합한 알고리즘을 만들고 영역별 핵심 포인트들을 숙지합니다. 귀납적인 문제들을 해결하기 위해서는 다음과 같은 다양한 문제해결 접근법을 숙지하고 의식적으로 적용해보는 노력이 필요합니다.

문제해결 접근법[3]

분류	전략	전술
언어와 논리	보조 도구의 활용	그림과 표를 활용하기/ 보조선을 활용하기/ 연립하여 풀기/
	경우 따지기	경우를 나누고 꼼꼼히 따지기(MECE)/ 홀짝, 나머지에 의한 분류/
	깔끔한 어법(수학적 표현)	좋은 표기법을 쓰기/적절한 정의를 만들어 사용하기/
	논증 기술의 이용	귀류법/ 수학적 귀납법/ 재귀/ 비둘기집 원리/
관찰과 실험	규칙성에 주목	실제로 해보기(부분적으로 구체적인 수 적용해서 패턴 찾기) 관찰을 통해 추측하기/ 반복성, 주기성 이용하기/ 대칭성 이용하기 /
	특성과 분석	볼록성, 오목성 이용하기/ 연속성과 흔들기/ 유한성과 무한성/
	불변량 찾기	색칠을 활용하기/ 불변량, 고정점 찾기(고정사항과 변동사항 구분 및 우선 하나 고정하기)/ 단조성 이용하기/
	아이템의 수집과 조립	아이템 모으기/ 아이템 조립하기/
	극단적인 경우의 고려	극단적인 경우를 관찰하기/ 이산 극값 원리/ 극단적인 경우로 몰고 가기/

---

3) 고봉균, 『셈이의 문제해결기법』(셈틀로미디어, 2004) 참고.

변형과 비약 (움직임)	동치변형	알기 쉽게 옮기기/ 서술 범위를 좁히기/
	관점을 바꾸자	두 가지 관점에서 세기/ 주인공을 바꾸기(치환/보조문제 활용)/ 다른 상식과 연관 짓기/
	거꾸로 작업하기	과정을 거꾸로 밟기/ 목표로 돌아가기/
	더 작은 문제를 먼저 풀자	더 작은 문제를 관찰하기/ 나누어 생각하기: 더 작은 문제로부터 조립하기(분해/재결합)
	일반화	일반화해보기/편한 충분조건을 찾기/

앞서 교수설계에서 말했지만 수학의 심화와 선행은 원칙적으로 자기 학년 심화가 우선이고 한 학기 예습정도는 필수라 생각합니다. 그 다음의 선행은 원칙적으로 하는 게 좋으나 학생 역량에 맞게 조절해야 한다는 것을 다시 한 번 확인하시길 바랍니다.

 수학 추천 전략

• 수학적 암기

수학에서도 암기는 공부의 기본이며 가장 효율적인 공부법입니다. 물론 원리 이해에 바탕을 둔 암기여야 합니다. 의외로 수학을 잘하는 최상위권 친구들은 수학을 암기과목이라고 합니다. 반대로 대다수 중하위권 친구들은 수학은 이해 및 사고 과목이라고 한정하고 문제를 푸는 데 집중하면서 개념이나 공식은 읽고 스쳐 지나가는 경우가 태반입니다.

수학 공부에서 암기는 겉 의미기억과 속 의미 및 원리기억으로 나눌 수 있습니다. 개념이나 공식을 문자 자체로만 외운다면 그것은 겉 의미기억으로 단편적으로 저장됩니다. 하지만 개념이나 공식의 유도 과정, 심층적 의미 및 개념 체계를 생각하며 외운다면 속 의미 및 원리기억이 되어 머릿속에 확실히 저장될 수 있습니다.

기억은 반복 학습을 통해 이루어집니다. 개념이나 공식을 무작정 암기하고, 문제 유형을 나눠서 한 번에 외우면 신유형이나 응용문제에는 한계가 나타날 수 있습니다. 학년이 올라갈수록 암기량이 기하급수적으로 늘어나서 감당할 수 없는 지경에 이르게 됩니다. 겉의미기억에만 의존하는 공부는 수학을 포기하게 만드는 지름길입니다. 유도 과정이나 심층적 의미를 생각하며 외우는 속 의미 및 원리 기억의 단계로 올라가야 합니다.

• 개념 지도와 문제유형 지도

수학은 흐름과 연관의 학문입니다. 개념지도는 다양한 개념들을 상위, 하위, 연관성 등을 따져서 구조화해 정리한 것입니다. 개념지도는 전체적으로는 수학 공부의 길을 알려주고, 세부적으로는 각 개념의 이해를 도와줍니다. 기본 문제 유형은 '상위 유형'으로 정리하고, 여러 응용 유형은 '하위 유형'으로 상위 유형에 연결하여 정리합니다. 이처럼 문제유형 지도를 정리하고 문제를 풀면 이미 정리한 문제 유형을 빠르게 불러올 수 있고 새로운 문제 유형도 쉽게 응용할 수 있습니다.

• 심화문제와 답안지 분석

처음 보는 문제나 심화 문제를 푸는 열쇠는 체계적인 기초 개념과 이론, 원리 중심의 공부입니다. 개념과 이론을 원리 중심으로 공부해야 스스로 풀 수 있습니다. 개념을 표면적으로 이해하고 기억하면 스스로 문제를 풀 수 없습니다. 문제는 무한하지만 개념과 이론, 핵심 원리는 무한하지 않습니다. 100가지 문제를 풀 수 있는 원리 하나를 잡으면 됩니다. 원리는 개념과 이론 속에만 있는 것이 아니라 문제 속에도 있습니다. 개념과 이론의 의미와 의도, 탄생 배경과 과정을 파악하면 개념과 이론 속의 원리는 자동으로 깨우칠 수 있습니다. 문제 속의 원리는 문제의 조건, 구하는 것의 의도와 의미, 풀이 과정에 사용되는 개념과 이론, 해법의 단계적 의도와 의미를 분석해야 깨우칠 수 있습니다.

수학 심화 문제는 보통 학생이 풀기에 아주 어렵습니다. 답안지를 보지 말라는 말은 중하위권 학생들을 더 절망하게 만듭니다. 재료가 있어야 요리를 하고, 도구가 있어야 작업을 하고, 비빌 언덕이 있어야 오를 수 있습니다. 중하위권 친구들은 문제를 보고 외우지 말고 잘 분석하여 숨겨진 원칙과 원리를 찾아내어 기억하기 바랍니다.

피시본 – 외국어 구조어법 툴

모든 언어에는 구조와 그 구조를 채우는 내용 재료가 있습니다. 각 언어를 구조와 재료로 구분하고 그 특성을 파악하면 가장 빠르고 효과적으로 문법의 체계를 잡을 수 있습니다. 특히 영어는 문장 자체의 구조와 더불어 인간의 시선과 생각의 흐름을 잘 따르고 있기 때문에 영어 문법 공부는 사고의 이해 및 훈련에도 도움이 됩니다. 참고로 실용영어 문법의 습득은 문장구조 분석에 의한 구조학습에서 점차

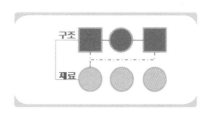

무의식적이면서 자연적인 말 속의 '소리 리듬' 파악으로 전환되어야 합니다. 소리 리듬이란 소리의 높낮이와 강약입니다. 이것은 순수하게 그 언어를 들으면서 소리를 중심으로 따라 말하며 통째로 익히면 됩니다.

개인적으로 외국어 교육이 고난도의 두뇌교육이라고 봅니다. 두뇌교육을 위한 두뇌교육보다는 교과목 속에 숨겨진 비밀을 이해하고 공부하면 외국어 공부 자체가 강력한 인지훈련이 될 수 있습니다.

영어 문장의 구조와 패턴을 잡아라

영어문법은 개별문법, 구조문법, 유형문법 세 가지로 나눌 수 있습니다. 개별문법은 전치사, 접속사, 관계사 등 각각의 문법 사항을 배우는 것을 말합니다. 이렇게 배우는 문법은 독해나 작문을 하는데 실용적인 도움이 되지 않고 배우는 데 시간이 많이 소모됩니다.

구조문법은 문장 구조를 이해하고 그것을 만드는 원리를 이해하는 차원에서 통합적으로 보는 문법인데, 쉽고 단순하며 빠른 시간에 체계를 잡을 수 있습니다. 문법을 안다고 문장에서 문법 문제를 보는 눈이 생기지는 않습니다. 직관적으로 문제를 해결할 수도 있지만 패턴과 원리에 따라 문제를 보는 눈을 기르기 위해서는 유형문법을 훈련해야 합니다. 구조문법을 통해 문장패턴과 문법의 기본 체계를 잡고 개별문법과 유형문법을 병행하며 보완하는 문법 공부가 좋은 시험 결과를 얻게 합니다.

필자는 구조문법을 '영어생선 문법'이라고 하는데 그 이유는 다음과 같습니다. 붕어빵 틀 안에 재료를 넣으면 무한대로 붕어빵을 만

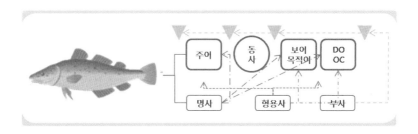

들 수 있습니다. 영어 문장 구조는 기본적인 붕어빵 틀이고 명사, 형용사, 부사, 동사 등의 품사는 틀 안에 넣는 재료에 해당합니다. 구조틀과 재료로 나누어 이해하고 한 장으로 정리하는 것이 핵심입니다.

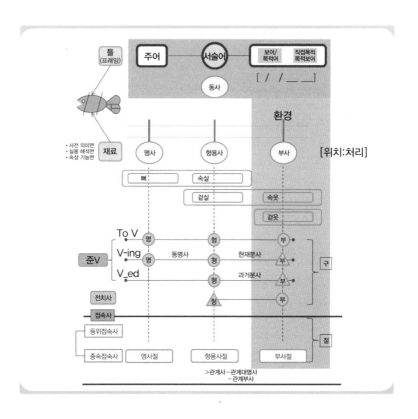

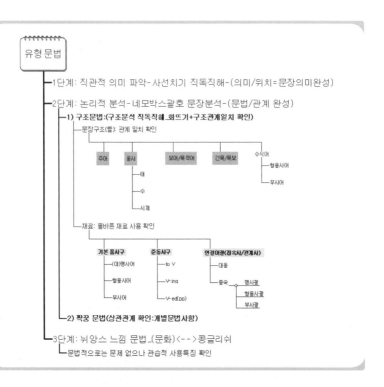

유형 문법

─1단계: 직관적 의미 파악-사선치기 직독직해-(의미/위치=문장의미완성)

─2단계: 논리적 분석-네모박스괄호 문장분석-(문법/관계 완성)
  ─1) 구조문법:(구조분석 직독직해_회뜨기+구조관계일치 확인)
    ─문장구조(틀): 관계 일치 확인

      | 주어 | 동사 | 보어/목적어 | 간목/목보 | 수식어 |

            ─태   ─형용사어
            ─수   ─부사어
            ─시제

    ─재료: 올바른 재료 사용 확인

      | 기본 품사구 | 준동사구 | 연결어광(접속사/관계사) |

        ─(대)명사어   ─to V   ─대등
        ─형용사어   ─V-ing   ─종속 ─명사절
        ─부사어   ─V-ed(pp)   ─형용사절
                                           ─부사절

  ─2) 짝꿍 문법(상관관계 확인:개별문법사항)

─3단계: 뉘앙스 느낌 문법_(문화)<-->콩글리쉬
  ─문법적으로는 문제 없으나 관습적 사용특징 확인

전치사, 준동사(부정사, 동명사, 분사), 접속사 관계사 등 나머지 문법은 모두 재료의 하나로서 들어갈 수 있는 위치가 정해져 있습니다. 기본 문장 구조를 이해하고 주요품사인 명사, 형용사, 부사, 동사의 개념과 특징을 정확히 아는 것이 핵심입니다.

한권의 회화 교재를 마스터하길 바랍니다. 문법의 마지막 관문은 뉘앙스와 관용표현, 패턴인데 좋은 회화 교재에는 뉘앙스와 관용표현이 잘 구성되어 있습니다. 패턴은 사고의 흐름을 이해하고 원어민의 문장 발음 속에 있는 문장의 리듬을 파악하는 훈련은 실용적이고 완벽한 문법 공부 및 영어 실력에 도움을 줍니다. 언어는 생각을 담는 틀입니다. 특히 영어는 문장 속에서 사고의 흐름이 있습니다. 원어민의 발음 속에 숨어 있는 인토네이션 속에 무의식적으로 숨어 있는 구조가 리듬입니다.

시험을 위한 문법 공부는 개별문법의 습득과 단계별 문제해결 방법인 유형문법이 필요합니다. 문제의 유형을 파악하고 문제를 단계적으로 판단해낼 수 있는 유형문법의 이해가 그것입니다. 우선은 문장의 구조와 내용에 초점을 맞추어 읽고 어색한 것을 찾아내보고, 동사나 대명사를 중심으로 문장 구성 성분 간의 관계에서 서로 어울리지 않는 것을 찾아보고, 문장 구성 성분 속의 재료의 적절성을 판단해보고, 뉘앙스적으로 문제는 없는지 파악하는 단계로 틀린 부분을 잡습니다.

 영단어 기억법 – 어휘력이 외국어의 시작이자 끝이다

영어 단어를 외우는 단계는 3단계입니다. 1단계는 단어집 두세 권을 반복하여 외우는 단계로 머릿속에 새로운 단어를 외울 수 있는 지식의 망을 확보하는 단계입니다. 2단계와 3단계는 자연스럽게 읽고 들으면서 영어를 영어로 받아들이는 단계입니다.

단어를 외우는 기본 원칙은 소리 내어 말하고 들으며 기억하는 것입니다. 영어 단어를 기억할 때 중간에 한글로 의미를 새기지 않고 바로 영어로 사고를 하려면 감각을 떠올리며 익혀야 합니다.

1단계: 어휘망 깔기

기초 어휘집과 어원별, 테마별 어휘집을 단기간에 집중적으로 반복해서 외워야 합니다. 어떤 사람은 단어집을 외우기에 반대하는데, 구구단을 외워야 기초 계산을 효율적으로 하듯이 위의 세 가지 어휘집을 독파해야 영어 학습을 효율적으로 할 수 있습니다. 주의해야 할 점은 초기에 시간을 많이 투자하더라도 단기간에 이 과정을 끝내야 한다는 것입니다. 외워가는 원칙은 누적복습과 반복으로 교재를 독파하는 시간을 줄이는 것입니다. 한 번에 외우겠다는 생각을 버리고, 단어집 한 권을 외우는데 처음에는 한 달, 다음에는 15일, 그 다음에는 7일, 그 다음에는 3일, 마지막으로 하루에 다 볼 수 있도록 반복합니다. 이렇게 시간을 줄이려면 모르는 단어를 표시하고 집중적으로 외워서 모르는 단어를 점차 줄이는 방법이 가장 효과적입니다. 다음과 같은 과정을 밟으면 더 효과적입니다.

- 소리 익히기: 의미를 기억하기보다는 여러 번 소리 내어 발음합니다. 들으면서 따라 말해도 좋습니다.
- 단서 걸고 반복 익히기: 단어 안에 의미를 떠올릴 수 있는 단서를 만들어 안 보고 설명하기를 반복합니다. 단어 내에서 단서를 걸 수 없는 것은 다른 단어와 비교해서 주변 단어와 상황이 단서가 되도록 설정하고 익힙니다.
- 직관 실용화: 예문을 읽으면서 의미가 바로 떠오르도록 연습하고 잘 떠오르지 않는 것은 표시하여 단서를 걸고 반복 익힙니다.
- 한글을 보며 영어 단어나 문장을 떠올리며 씁니다.

2단계: 독해를 통한 어휘 확장

두 번째 단계에서는 독해하면서 모르는 어휘만 노트에 따로 정리하고 문장 속에서 익히도록 합니다. 유사어, 파생어 등도 함께 정리해

서 외웁니다. 필요에 따라서는 색종이에 카드식으로 앞면과 뒷면에
나누어 기록하고 틈틈이 외웁니다.

영어 단어	단서: 동의어/반의어/파생어-영영사전 풀이/예문	한글 의미

3단계: 듣기를 통한 어휘 습득

마지막 단계는 소리와 내용을 통해 자연적으로 어휘를 습득하는 단
계입니다. 대화를 통해 새로운 어휘의 의미와 정보를 얻을 수 있는
것처럼 영어 뉴스나 드라마를 통해 새로운 어휘와 정보를 확장해가
는 겁니다. 새롭게 접한 어휘나 표현은 영어일기나 회화에서 사용하
고 표현해서 살아 있는 어휘로 만들어야 합니다.

 강남엄마 따라잡는 초등영어 공부 따라잡기

영어는 교육 시간과 타이밍 설정이 중요합니다. 효과적으로 영어 공
부를 하기 위해서 학습 설계를 단계적으로 할 필요가 있습니다. 다
음의 영어 학습 설계는 허정윤의 『강남엄마 따라잡는 초등영어』를
참고하여 정리했습니다.[4]

....

4) 허정윤, 『강남엄마 따라잡는 초등영어』(중앙북스, 2007).

시기	추천 방법
유아	- 문자 영어보다 소리 영어를 많이 접하게 하라. - 원어민과 영어로 대화할 시간을 가능한 자주 갖게 하라. - 영어는 공부가 아니라 놀이라는 생각을 갖게 하라.
초등학교 1~2학년	- 문자 영어가 아닌 소리 영어를 접하게 하라(영어 미디어). - 많은 노래를 영어로 따라 부르게 하라. - 빠른 학생은 영어 일기를 쓰게 하라. - 영어 그림책을 많이 보게 하고, 읽어 주고, 원어민 발음을 많이 들려 주고 따라 하게 하라. - 대형 서점을 찾아 영어책을 마음껏 보고 뒤적이게 만들어라.
초등학교 3~4학년	- 듣고 말로만 해오던 영어를 글로 표현하는 훈련에 들어가라. - 독서가 가장 중요한 시기로 많이 읽혀라. - 소리 내서 읽기, 듣고 따라하기 연습을 꾸준히 시켜라. - 명대사, 명장면을 암기하게 하라. - 영어 일기 쓰는 습관을 갖게 만들라.

초등학교
5~6학년
1학기
	- 기초 문장 구조(기초 영문법) 틀을 세워라.
	- 어휘력과 독해력을 집중적으로 향상시키기 위해 단어집 두세 권을
	  독파하게 하고 영어 독서와 영어 미디어를 통해 소리 영어 능력을
	  길러라.
	- 명 연설문 한두 개를 암기시켜라.
	- 독해 속도를 향상시키고 영어 독서를 꾸준히 하게 하라.

초등학교 6학년 겨울방학	- 중학교 영문법을 집중하여 선행학습하라. - 수능형 영어 문제를 푸는 훈련을 통해 학교 내신 대비 능력 키워라.
이후	- 학교 내신은 기본 실력으로 해결해 나가고 독해력과 어휘력 등을 꾸준히 끌어올리면서 완성해가라. - 실용 영어 회화와 공인 인증 시험 대비하라. - 꾸준히 영어책, 영자 신문, 방송 등 접하게 하라.

프레임 나침반 - 통합사고논술 툴

독서를 많이 하는데도 논리적으로 글을 못 쓴다는 말을 많이 듣습
니다. 글이 쓰이지 않는다는 것은 둘 중의 하나입니다. 재료 지식과

아이디어가 없거나 지식과 생각을 구성하는 법을 모르는 겁니다. 체계적으로 생각하고 논리적 글 쓰는 법을 모른 채 생각나는 대로 써서 그렇습니다. 생각을 잘 설계하기 위해서는 생각을 구조화하고 논리적인 프로세스를 거쳐야 합니다. 이를 통해 논리력과 표현 능력도 기를 수 있습니다.

인공위성 또는 나침반의 모양을 한 통합사고 모형입니다. 다양한 재료들을 주제 중심으로 엮으면 됩니다. 순서는 '현재의 문제 상황 분석-기대결과와 영향 분석 및 판단-원인/조건 분석-해결방안, 발상 및 평가'의 과정을 거칩니다. 다양한 주제를 가지고 각각의 단계에서 적절한 질문을 하고 그 답을 모형에 연결하여 정리해 본 후 생각 나누기, 생각 맞추기, 생각 끼우기 등을 하면서 보다 구체화하면 정교하면서도 체계적인 생각지도가 만들어질 겁니다.

2 부 생각편 — 공부법의 본질은 하나다

해결 방안 + 평가	원인, 조건 분석	현재 문제 상황 분석	영향 분석, 판단
• 발생 원인과 조건을 어떻게 처리해야 하는가? • 그 해결방안은 적절한가?	• 발생 원인과 조건은 무엇인가? • 보다 근본적인 원인은 무엇인가? • 다른 원인은 없는가?	• 어떤 상황인가? • 보다 구체적으로 자세히 설명해보면?	• 이 상황이 어떤 결과들을 만들어내고 있는가? • 어떤 영향을 미칠 것인가? • 긍정적인가, 부정적인가? • 어떻게 해야 하는가?
해결 방안	발생 원인, 조건	현상 구체화	기대 결과 및 영향 예측, 판단

9장
★ ★ ★
독서 트레이닝
-아주 특별한 메타센스 코어리딩 학습독서

Metacognition, Metathinking, Metasense

공부를 잘하게 하는 독서는 따로 있다

흔히 독서를 많이 하면 공부를 잘할 수 있다고 말합니다. 독서가 공부에 많은 도움이 된다는 것은 상식이죠. 그런데 정말 그런가요? 교육현장에서는 그 효과가 잘 보이지도 느껴지지도 않을뿐더러 독서활동을 많이 했음에도 공부에 어려움을 느끼는 학생들이 의외로 많습니다. 실제 공부에 필요한 기능을 고려하지 않은 막연한 독서였기 때문입니다.

독서가 공부에 주는 대표적인 의미는 결과로서의 스키마 배경지식과 과정으로서 발달하는 집중력, 문자 해독력, 상상력, 이해력 등의 인지력입니다. 배경지식의 측면에서 보면 역사나 과학과 같은 비문학 지식독서가 도움이 많이 됩니다. 초등학년 때 이야기만 좋아하는 친구들은 비문학 분야를 반드시 읽도록 유도해야 합니다. 비문학 도서는 배경지식도 형성하지만 체계적 사고인 구조적 사고를 형성하게 해줍니다.

문학은 감성을 계발하고 인성과 상상력을 계발하는 효과가 있습니다. 특히 초등학교 3학년 전에 가치관과 인성이 형성될 때 읽기를 통해 평생 행복을 결정하는 감성을 잘 형성해주면 좋습니다. 좀더 적극적으로 독서가 공부에 도움이 되게 하려면 발상의 전환이 필요합니다. 실질적으로 공부에 사용되는 핵심지식을 구성하는 힘을 키우고 공부에 사용되는 인지기술들을 독서에 직접 적용하면 빠르게 학습력을 발전시킬 뿐만 아니라 정교한 이해력을 형성하는 등 많은 도움이 됩니다.

메타센스 학습독서인 코어리딩은 공부에 직접적으로 사용되는 학습인지기술(이해, 정리, 기억, 영역별 지식의 망)을 발달시키는 읽기방법으로 성적과 독서의 연결고리를 풀어냅니다. 다양한 독서의 목적이 있겠지만 코어리딩은 독서가 공부에 직접적으로 도움이 되도록 인지 치료 및 인지 강화를 위해 특화한 겁니다. 학생이 책을 읽고, 스스로 정리 및 질문하고, 다시 종합적으로 융합 정리하고, 생각을 확장시키는 활동들을 통해, 실제 공부에 도움이 되는 배경지식을 얻고 인지능력을 훈련하여 학습의 기초체력을 강화할 수 있습니다. 스스로 지식을 구성하도록 하여 인지력을 향상시키고, 과목별 핵심지식을 습득하게 함으로써 성적 향상에 직접적으로 도움을 줍니다.

코어리딩 설계원리

코어리딩은 학습의 기술과 능력을 기를 수 있는 활동에 초점을 맞춘 학생 중심의 독서법입니다. 코어리딩의 설계원리는 공부의 설계원리와 같습니다. 독서 측면에서 살펴보도록 하겠습니다.

몰입독서의 원리

학습독서 설계의 첫 번째 원리는 몰입독서입니다. 엉성한 그물망에 삽으로 모래를 퍼부으면 거의 모든 모래가 그물 사이로 빠져나갑니다. 반면에 촘촘한 그물에 모래들을 진흙이나 찰흙처럼 덩어리로 만들어 부으면 그물에 걸려서 빠져나가지 않습니다. 그 위에 삽으로 모래를 퍼서 부으면 붓는대로 쌓이게 됩니다.

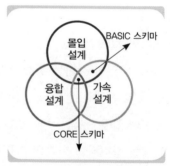

그물망은 지식을 담을 수 있는 바탕지식 체계인 스키마로 비유할 수 있고, 처음의 모래로 만든 덩어리는 가장 대표적이고 기본이 되는 책의 내용이 장기기억으로 굳어진 지식입니다. 삽으로 퍼서 올리는 모래들은 다양한 책을 읽으면서 필요한 지식들을 앞서의 스키마와 기본지식에 연결 지어 확장해가는 것을 의미합니다.

엉성한 그물망에 모래를 퍼붓는다고 모래가 쌓이지 않는 것처럼 책을 한 권씩 읽고 지나가는 것은 독서의 힘을 키우지 못합니다. 머리에 남지 않기 때문입니다. 기초적인 배경지식을 알게 하는 책 몇 권을 정리하면서 반복하여 읽어야 합니다. 이후 다양한 책에서 다른 부분 또는 필요한 부분만 발췌하여 읽으면 가장 효과적인 독서법이 됩니다. 쇳가루들은 손으로 힘을 준다고 뭉쳐지지 않습니다. 우선은 자성을 띤 자석을 만들어 쇳가루들에 대면 달라붙고, 달라붙은 쇳가루는 자성을 띠어 다른 쇳가루들을 쉽게 달라붙게 하듯이 핵심도서를 선택해 반복적으로 읽는 게 중요합니다. 천천히 반복하여 흡수한 지식은 책 읽는 속도를 높여주는 가속독서의 바탕이 됩니다.

'아는 것이 힘이다'라는 말이 있습니다. 지식은 힘이 됩니다. 많은 사람이 책을 읽어도 머리에 남지 않는다고 합니다. 힘이 없는 독서가 지속됩니다. 이를 막는 방법이 몰입독서입니다. 몰입독서는 두뇌 속에 관련 지식이 살아 있는 동안에 집중적으로 키우는 것입니다. 몰입독서는 뇌의 망각을 인정하고 시간의 간격을 줄이기 위해 일정 기간 집중 반복강화하는 것과 확장 정교화 과정으로 나누어 볼 수 있습니다.

종종 백 권을 한 번 읽는 것보다는 열권을 열 번 읽는 것이 더 힘이 세고, 열 번 읽는 것보다는 한 주제를 백 권 읽는 게 낫다고 말합니다. 한 주제 및 분야의 대표저서 열권을 열 번 정도 읽으면 기억할 수 있는 지식이 많아져 전문성을 띠게 됩니다. 인재가 되기 위한 독서법입니다. 새로운 분야에 대한 바탕지식을 확보하는 가장 빠른 방법이자 학습독서라고도 합니다.

한 주제를 두고 백 권의 도서를 기초에서 더 구체적인 분야까지 섭렵하는 독서를 프로젝트 독서 또는 탐구독서라 합니다. 이는 한 주제와 연관되어 있기에 새로운 책을 읽어도 자연적으로 반복되는 효과가 있습니다. 모티머 애들러의 '신토피컬 독서'와 같습니다. 이런 독서법은 통찰을 줍니다.

융합독서의 원리

학습독서 설계의 두 번째 원리는 융합독서입니다. 코어리딩의 융합독서 원리는 메타센스 공부의 역동적 균형 원리와 맥을 같이 합니다. 작은 균형을 깨야 더 큰 균형을 이룰 수 있다는 겁니다.

학습은 물론 독서도 이 원리를 따를 때 더 좋은 효과를 얻을 수 있습니다. 어떤 사람은 정독해야 한다, 어떤 사람은 속독해야 한다고, 또 유형을 나누어 각자의 유형에 따라 선호하는 스타일이 다르며 특정한 방향으로 독서하도록 조언합니다. 하지만 독서의 선호 유형이 있다지만 독서방식이 학습자의 유형과 맞느냐 보다 독서 방법이 독서의 목적과 특성에 맞는지가 더 중요하다고 최근의 인지심리학 실험들이 말해주고 있습니다. 다음의 다양한 유형을 구분했을 때 자신이 선호하는 유형의 접근법을 사용하고, 보완하는 차원에서 다른 접근법을 사용함으로써 지속가능한 발전을 가져오는 독서를 하면 좋겠습니다.

메타센스 융합은 비문학과 문학, 사회과학과 자연과학 등 지식 영역의 융합을 포함하지만 독서과정 접근법의 융합에 좀더 포커스를 두는 개념과 방법입니다. 다음의 방법들을 아이들이 의식적으로 활용하면 좋습니다.

부분 리딩/ 전체 리딩	부분 읽기를 통해 각 부분을 정리하고 나중에는 전체 읽기를 통해 통합적으로 정리하거나 반대로 전체의 체계를 먼저 잡고 세부적으로 내용을 정리합니다.
우뇌형 리딩/ 좌뇌형 리딩	우뇌형 읽기는 내용의 구조와 상황을 그려보게 하고, 좌뇌형 읽기는 원리 및 의도 질문을 만들어가며 읽는 방법입니다.
표면 리딩/ 심층 리딩	표면 읽기는 있는 그대로 저자 중심의 객관적 읽기를 중심으로 핵심을 파악하는 방법이고, 심층 읽기는 독자 중심의 주관적 읽기로 글 속에 숨겨진 의미, 의도, 정서, 가치관 등을 파악하고 기준을 세워 비판, 해석하며 읽는 방법입니다.
지식 리딩/ 능력 리딩	지식 읽기는 결과로서의 핵심 지식을 뽑아 기억하는 것이고, 능력 읽기는 과정 중심의 읽기로 SQ3R등 다양한 읽기 전략을 활용합니다.
입력 리딩/ 출력 리딩	입력 읽기는 책을 많이 읽어서 지식을 흡수하는데 초점을 맞추는 것이고, 출력 읽기는 설명하거나 표현하는 활동에 초점을 맞추는 읽기입니다.

가속독서의 원리

학습독서 설계의 세 번째 원리는 가속독서입니다. 초등학교 때 어느 정도의 독서속도가 형성되어야 중·고등학교 때도 독서를 이어 갈 수 있습니다. 독서속도가 빠르면 처리하는 정보의 양과 속도가 달라집니다. 속도가 빠르면 더 많은 양의 정보를 처리하거나 더 높은 수준의 인지처리 활동을 함으로서 생산적이고 여유 있는 전문가가 될 수 있습니다. 주의해야 할 것은 독서의 속도는 대부분 기술이라기보다는 결과라는 겁니다. 즉 배경지식의 양과 성격, 습관 등의 결과인 거죠. 독서속도에 문제가 있는 친구들도 있습니다. 일례로 한 고등학교 1학년 학생은 머리도 우수하고 수학 같은 과목은 아주 좋은 성적을 받지만 너무나 늦은 독해습관 때문에 자기실력을 발휘하지 못했습니다. 이런 경우는 기술적으로 접근해서 뒤에 나오는 방법을 참고해서 단기에 향상되도록 훈련해야 합니다.

작은 눈송이는 부드럽고 힘이 없습니다. 작은 눈송이들이 뭉쳐지면 단단해지고 힘이 생깁니다. 눈사람을 만들 때 우선은 약간의 눈들을 모아 손으로 뭉쳐야 합니다. 굴리면서 중간 중간 힘을 주어 뭉쳐 줍니다. 어느 순간이 되면 굴리기만 해도 무게에 의해 단단히 뭉쳐지면서 급격히 빠르게 커다란 눈덩이가 됩니다. 이렇듯 몰입독서에서 말했던 자성의 원리가 가속독서에도 도움을 주는 겁니다. 자성을 띈 구술이 있으면 주변 쇳가루를 쉽고 빠르게 잡아당겨 달라붙게 하는 것처럼 말입니다. 눈의 원리는 말해줍니다. 우선은 기초적인 눈덩이가 필요합니다. 굴리기만 해도 눈이 달라붙듯이 읽기만 해도 지식과 능력이 달라붙도록 핵심 책들을 반복해서 읽어야 합니다.

다음은 끊어 읽기 입니다. 소위 '사선치며 읽기' 입니다. 사선치며 읽으면 집중력을 높여주고 정확한 독해를 도와줍니다. 끊어 읽기 단위를 확장해가면 한 번에 인지하는 폭이 커져 독서속도도 빨라집니다. 독서속도가 느린 친구는 빠르게 해주고, 너무 빨라 대충 읽는 친구들은 정확성을 높여주는 효과가 있습니다.

 의미단위 끊어 읽기

다음 문장을 아래 끊어 읽기 단위로 읽어보기 바랍니다.

민주주의 이념과 기본 원리를 제대로 구현하기 위해서는 모든 국민이 나라의 주요 정책을 직접 결정하는 것이 가장 이상적이다.

㉠ 민주주의/ 이념과/ 기본 원리를/ 제대로/ 구현하기/ 위해서는/ 모든/ 국민이/ 나라의/ 주요/ 정책을/ 직접/ 결정하는 것이/ 가장/ 이상적이다./

㉡ 민주의 이념과 기본 원리를/ 제대로 구현하기 위해서는/ 모든 국민이/ 나라의 주요 정책을/ 직접 결정하는 것이/ 가장 이상적이다./

㉢ 민주주의 이념과 기본 원리를 제대로 구현하기 위해서는/ 모든 국민이 나라의 주요 정책을 직접 결정하는 것이/ 가장 이상적이다./

㉠의 경우와 같이 읽으면 시간도 많이 걸리고 답답할 것입니다. ㉡와 ㉢처럼 끊어 읽기 단위가 커질수록 읽기 속도뿐만 아니라 이해속도도 더 빨라지고 정확해지는 것을 알 수 있습니다. 한 번에 적절한 의미단위로 끊어 읽는 것이 정확성과 적절한 속도를 동시에 얻을 수 있는 방법입니다. 자녀들이 교과서나 비문학 지문을 읽을 때 일부분은 사선을 치면서 읽도록 도와주면 좋습니다.

코어리딩 학습독서의 세 가지 설계원리가 독서에 적용되면, 책을 '코어(핵심)도서'와 '알파(주변)도서'로 구분하여 읽게 해야 한다는 결론에 이릅니다. 코어교재는 각 영역에서 가장 기본이 되는 핵심 정보를 지닌 책으로 교과서처럼 일정 기간 꼼꼼히 정리하면서 반복적으로 보는 교재를 의미하고, 알파교재는 수시로 흥미와 의미를 찾을 수 있는 가벼운 책을 말합니다. 코어교재가 기억의 자성을 띤 자석이 될 만큼 단단해질 때까지 반복적으로 보면서 주변 도서를 읽어 교양을 확장해야 합니다. 머리에 남는 독서를 통해 아는 힘을 키우고, 그것을 바탕으로 알아내는 힘을 길러야 할 것입니다.

메타센스 코어리딩 학습독서의 기술

코어 독서과정과 구체적으로 목적에 따라 사용할 수 있는 독서기술들을 살펴보겠습니다. 전체 독서 운영시스템은 4단계로 이루어집니다.

1단계 – 준비 리딩	2단계 – 본本 리딩	3단계 – 마무리 리딩	4단계 – 독후활동
공부의 예습에 해당하며 실질적으로 전체 이해 방법과 유사하다. 즉 책 전체의 구조 및 의도를 파악하고 여유가 있으면 전체적인 줄거리를 파악하며 모르는 단어를 찾아내어 의미를 안다.	책을 수동적으로 읽지 말고 내용을 이해하며 중요 내용, 의문 나는 것, 더 알고 싶은 것, 새로운 깨달음과 삶에 적용할 아이디어 등을 찾으며 표시 및 메모하고 분류한다.	책을 읽으며 한 메모들을 분류하고 느낌이나 감상을 적어본다. 중요 핵심 개념을 정리한다.	책을 읽으며 한 메모들을 분류하고 느낌이나 감상을 적어본다. 중요 핵심 개념을 정리한다.

1단계 – 준비 리딩

본문을 읽기 전에 주변 정보에서 전체의 핵심을 파악하고 내용을 예측하는 단계입니다. 이를 위해 책이나 인터넷, 해설서, 저자 정보를 확인하고 머리말, 맺음말, 겉표지, 서평 등을 확인합니다. 독서노트에 간단히 저자와 핵심내용을 메모해두면 좋겠죠? 책을 통해 얻고자 하는 것은 무엇일지, 목적과 기대되는 내용과 변화(지성/감성/능력 등)를 명확히 설정해보면 좋습니다. 책의 의도를 파악한 후에는 목차 구조를 분석해서 내용을 예측하고 어떻게 읽어갈지 원칙을 세우고 읽을 순서를 선택합니다. 필요하면 기한이나 날짜를 제목 옆에 적어도 좋습니다.

2단계 - 본本 리딩

어려운 책은 챕터 단위로 읽는 게 좋습니다. 우선 책에서 선택한 한 챕터를 읽어가며 의미 있는 내용에 밑줄이나 네모박스 등을 표시합니다. 세로줄이나 별표 등으로 그 중요도를 표시하고 떠오르는 것 등이 있으면 옆에 메모합니다.

① 사선치기: 의미단위 또는 읽기 호흡단위로 연필로 사선 치며 읽으면 어느 부분까지 읽었는지 알 수 입습니다.

② 밑줄: 의미 있는 중요한 내용에 밑줄을 칩니다.

③ 모르는 단어는 노란색 형광펜으로 표시하거나 연필로 동그라미와 물음표로 표시해줘도 좋습니다.

④ 세로줄: 여러 문장이나 문단 이상의 범위를 표시해 줄 때

⑤ 세로줄 별: 중요표시로 글의 핵심 내용이거나 나중에 다시 볼 가치가 있을 때 표시합니다.

⑥ 메모는 새로운 깨달음이나 느낌, 의문 나는 것 등을 글 옆 공간에 기록합니다.

견출지로 영역을 나누면 책을 구조화하여 사전처럼 이용할 수도 있고, 주제별·목적별로 다른 색연필이나 형광펜을 이용해 관련 있는 내용들끼리 박스나 세로줄로 표시해둘 수 있습니다. 꼼꼼히 읽고 싶은 책이나 핵심도서에 다음과 같은 두 가지 기술을 사용할 수 있

습니다.

하나는 여백을 활용하는 것입니다. 한 챕터를 다 읽으면 앞으로 돌아와 밑줄이 많이 그어진 페이지에서 중요한 내용이 있으면 책 상단에는 밑줄 친 내용을 요약정리하고, 하단에는 깨달음이나 적용할 점, 생각거리를 적습니다. 읽는 중 또는 다 읽은 후에는 포스트잇을 이용하여 주제별, 중요도별, 유형별로 색깔을 달리하여 붙이고 메모를 추가합니다.

나머지 하나는 포스트잇을 활용하는 것입니다. 한 페이지 내지 한 소주제 또는 한 챕터에서 책을 읽는 중 또는 읽은 후 포스트잇에 위치나 색깔로 구분해서 감성, 발문, 질문, 정리한 것을 해당 페이지에 붙여둡니다.

① 감성 포스트잇: 책을 읽으면서 재미있거나 감동적인 내용, 아이디어, 삶에 적용할 만한 지혜 등의 내용이 있으면 적어둡니다(상단 좌우/A색깔의 작은 포스트잇).

② 발문 포스트잇: 책을 읽으면서 의문나거나 궁금한 내용 생각거리 및 탐구거리가 있으면 적어봅니다 (중간 좌우/B색깔의 작은 포스트잇).

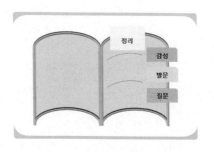

③ 질문 포스트잇: 기억하고 싶은 내용이나 문구가 있으면 질문과 답의 형태로 적습니다(하단 좌우/C색깔의 작은 포스트잇).

④ 정리 포스트잇: 중요한 내용은 핵심 위주로 간단히 정리합니다(중간 상하/좀 큰 포스트잇).

책의 해당 내용은 밑줄을 치고, 포스트잇에는 페이지를 적습니다. 색깔과 크기를 고려해서 유형별로 구분해 두면 더 좋습니다. 포스트잇을 붙일 때에는 책 옆으로 약간 나오도록 붙입니다.

3단계 – 마무리 리딩

한국 축구에서 아쉬운 것이 골 결정력이라고 합니다. 아무리 중간에 열심히 해도 마지막에 골을 넣지 못하면 승리할 수 없습니다. 독서도 마찬가지겠죠? 지금까지 읽은 내용을 바탕으로 독서노트에 체크한 것 중 더 중요한 것들만 뽑아 노트에 종류별로 붙이면 좋습니다. 그것들을 엮어서 짧은 느낌이나 감상을 적어보면 됩니다. 핵심 개념이나 핵심 주장을 요약합니다.

 전략적 독서법 SQR

전략적 독서기술 중에 많이 알려진 것이 'SQ3R독서법'입니다. 5단계 과정을 통해 책의 내용을 자기 것으로 만드는 가장 기본적인 방법이기에 짧게 정리해봅니다. SQ3R은 훑어보기Survey, 질문하기Question, 읽기Read, 되새기기Recite, 검토하기Review의 이니셜만 모아서 지은 이름으로, 오하이오 주립 대학교의 심리학자인 프랜시스 로빈슨이 개발한 방법입니다. SQ3R 독서법은 학습과 기억을 다루는 심

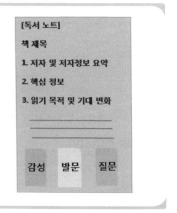

리학에서 이루어진 연구결과를 토대로 하여 설계된 고급 독서법이자 학습법입니다.

훑어보기Survey

책의 제목과 목차, 삽화, 그림 표 등을 살펴보면서 책의 주제를 추론합니다. 표지를 보면서 제목, 지은이, 출판사, 그림 등을 살핍니다. 책의 서문을 훑어보며 글 쓴 목적, 책 내용의 주된 방향, 책의 특징 등을 알아보고, 목차를 보면서 개요를 파악합니다. 문단들의 첫줄과 마지막 줄을 읽어보며 내용을 예측하며 읽을 수도 있습니다.

질문하기Question

훑어본 내용을 바탕으로 책과 관련된 질문을 만들어보는 단계입니다. 제목이나 목차는 대개 글의 중심 내용의 표현입니다. 제목과 목차와 관련된 질문은 핵심 내용에 대한 질문이 됩니다. 또 질문을 스스로 함으로써 독자는 배경지식을 적극 활용하면서 글을 능동적으로 탐색하게 됩니다.

읽기Reading

앞서 던진 질문에 답을 찾아가며 본격적으로 책을 읽습니다. 분명한 목적의식을 갖고 읽게 되기 때문에 더 집중하면서 글을 읽을 수 있도록 도와줍니다. 글을 읽으면서 자신의 생각과 비교합니다. 겉으로 드러나지 않은 글 속에 숨은 의미를 파악하려고 노력해야 합니다. 미처 질문을 하지 못한 내용이 나오면 그 내용도 파악하여 새로운 질문을 만들 수 있습니다. 글을 읽는 과정에서 새로운 의문이나 궁금한 점이 있으면, 그 옆에 간단히 적습니다. 각 문단의 핵심 단어나 구절도 간단히 적어 둡니다. 글을 읽다가 어려운 단어가 나오면 앞뒤 문맥을 살펴 그 의미를 파악하도록 하고, 나중에 사전을 찾아 확인합니다.

되새기기Recite

지금까지 읽은 내용들 중에서 중요하고 생각되는 핵심내용을 요약, 정리, 암송해보는 단계입니다. 글의 내용 정리는 제목이나 소제목 중심으로 하는 것이 좋습니다. 앞의 읽기 단계에서 각 문단의 핵심 단어나 구절을 적어 두었다면, 이 단계에서는 핵심 단어나 구절을 중심으로 문단의 내용을 재구성해 봅니다.

각 장을 요약하고 그것을 연결하여 요약문을 만듭니다. 각 장은 각 소주제의 주제어를 찾고 그 주제어를 좀더 길게 발전시켜 '주제구'를 만든 다음, 주제구를 다시 하나의 문장으로 만들면 쉽습니다. 앞서 자신이 던진 질문에 답해보거나 종이에 적어 되새깁니다. 이 단계는 자신이 안다고 생각하는 것을 적어봄으로써 실제 내용을 얼마나 이해하고 있는지 확인할 수 있습니다.

검토하기Review

읽은 내용을 정기적으로, 종종 검토하고 암송합니다. 글의 내용을 더욱 분명히 이해하고 중요한 내용을 기억하기 위해 요약문을 가리고 각장의 내용을 회상하면서 책의 내용을 기억하고 있는지 확인합니다. 책 내용을 완전히 이해했다는 생각이 들면, 간단한 비평을 해 봅니다.

4단계 – 독후활동

아는 힘에서 알아내는 힘으로 사고를 강화하고 확장시키는 단계입니다. 부엉이는 밤에 눈을 크게 뜨고 움직이기 시작합니다. 서양에서 부엉이를 지혜의 상징으로 보는 이유는 일이 끝났을 때 생각이 시작된다는 것에서 이루어졌답니다. 독후 활동은 아래 표로 정리된 것처럼 세 가지 수준으로 나뉩니다. 마이너스 수준, 제로 수준, 플러스 수준이죠.

마이너스 수준의 활동은 입력 중심의 단계로 기존의 책 내용을 넘어서지 않습니다. 전체 내용을 한 장으로 입체적으로 구조화하는 통합정리단계로서 핵심 및 중요 개념도 다시 한 번 확인하는 단계입니다. 도화지나 큰 종이 또는 컴퓨터 마인드맵 프로그램을 이용해도 좋습니다.

제로수준의 독후 활동은 처리중심의 단계로 내용의 재구성 및 생각 더하기 과정으로 '여섯 색깔 바람개비'기술과 드보느의 '여섯색깔 모자'기술이 있습니다.

플러스수준의 독후활동은 출력 중심의 단계이자 삶에 적용하는 단계로 사고도구를 통해 삶에 적용할 점들을 찾아내고 감상적 글이나 논리적 글로 표현해볼 수도 있고, 사고 나침반을 만들고 토론할 수도 있으며, 탐구 주제를 뽑아 새로 연구를 시도할 수도 있습니다.

마이너스 통합 정리	시스템 원페이지 정리	마인드맵이나 로직트리 또는 도해로 한 장으로 종합해서 입체적 구조로 정리. 싱크와이즈나 알마인드 등 마인드맵 프로그램을 이용하여 정리하면 편하다. [학교 독서기록카드] 1)줄거리와 내용·구조 2)내 생각의 변화 3)가장 인상적인 내용과 그 이유 4)나에게 영향을 미친 점 5) 핵심 요지와 내용 평가 등
제로 생각 더하기 (재구성)	여섯 색깔 바람개비	견주기-풀이하기-보이기-아우르기-밝히기-따지기
	드보느 여섯 색깔 모자	하늘색(메타사고), 검정색(부정적 측면), 노란색(긍정적 측면), 초록색(새로운 측면), 하얀색(저자의 객관적 의도), 빨간색(저자와 자신의 정서적 측면)
플러스 메타융합 표현 (글쓰기)	싱크스톰 생각풍차	감성적 글쓰기 툴: 이해트기, 생각트기, 삶터트기, 관심트기
	싱크리버 징검다리	논리적 글쓰기 툴: 주장-이유-설명-강조
	사고 나침반	상황 분석, 영향 예측, 가설 분석(원인 분석, 해결 방안-결과 평가 예측), 가설 검증, 일반화-이론화
	표현 활동	기사문 쓰기, 상상 인터뷰 쓰기, 표어 만들기, 서평 또는 추천사 쓰기, 등장인물에게 편지 쓰기
	탐구 학습	탐구 주제(더 연구할 주제) 뽑기, 관련 도서 탐색(Syntopical Reading)

　전반적 독서 프로세스를 이해하셨나요? 앞에 소개한 다양한 독후 활동 중에서 유용한 생각도구들을 알아보겠습니다. 생각하기도 글쓰기도 공부처럼 대부분의 학생에게는 막연합니다. 그런데 그냥 쓰라고 합니다. 잘 쓰는 친구는 알아서 계속 잘 쓰고, 못 하는 친구는 계속 못하게 됩니다. 생각 및 글쓰기 기술 도구가 필요한 겁니다. 생각을 그려놓고 그것을 보면서 말하거나 글을 쓴다면 얼마나 쉬운지

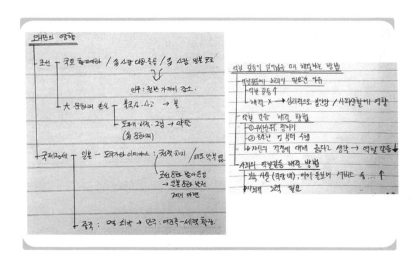

모릅니다. 처음 글쓰기나 논술을 모를 때는 막연하던 것이 역시 생각의 원리와 특징을 알고 글 쓰는 과정을 이해하면 누구나 쉽게 논리적으로, 깊이 있게 말하고 글을 쓸 수 있습니다.

생각나는 대로 글을 쓰는 것이 아니라 생각의 설계도 내지 그림을 그려두고 설계도를 보면서 글쓰기를 하면 깊고 체계적인 글을 쓸 수 있습니다. 즉 우뇌적으로 정리하고 좌뇌적으로 생각하여 좌뇌적으로 글을 쓰면 됩니다. 글쓰기나 말하기의 표현 활동도 크게 4단계로 진행됩니다.

1단계 – 생각 꺼내기	2단계 – 생각 조직화	3단계 – 표현 구상	4단계 – 쓰기 및 수정
직관: 총체적 경험 연결	논리: 관련 있는 내용을 묶고(분류) 엮고(순서 관계 부여), 개요 작성	창의적, 감성적 수사력	

1단계 '생각 꺼내기'는 주제와 관련된 재료들을 확보하는 겁니다. 다양한 영역의 지식과 경험 생각들을 무작위로 뽑아냅니다. 생각을 꺼내는 방법으로 가장 좋은 것이 발문입니다. 질문을 만들어내고 답을 찾아보는 겁니다. 이때 마인드맵을 이용하면 좋습니다.

2단계 '생각 조직화'는 꺼낸 생각들을 관련 있는 것끼리 분류하고 관계에 맞추어 위치와 순서를 잡아주는 겁니다. 말하거나 글쓰기 순서에 맞게 배열하여 개요를 작성하면 됩니다.

3단계 '표현 구상'은 만들어진 개요에 살을 입히는 겁니다. 글로 쓰기 전에 말로 설명해보면서 순서를 조정하고 동시에 다양한 감성적인 표현들을 찾아 입히는 겁니다. 마치 쓴 약을 먹은 후 사탕을 먹듯이 같은 내용이라도 다른 달콤한 표현들로 바꾸거나 다양한 수사법을 적용해보는 겁니다.

마지막으로 위 생각 및 개요를 보면서 글쓰기를 합니다. 다 쓴 후에는 시차를 두고 다시 읽어보면서 교정하면 좋습니다. 친구들과 돌려 읽으며 어색한 부분을 교정하는 방법도 있습니다.

다음에 나오는 도구들은 생각 꺼내기나 생각 조직화 단계에서 사용할 수 있는 도구들입니다. 도구화한다는 것은 모형구조를 만들고 순서와 질문을 만드는 겁니다. 그래야 어떻게 사용하는지 쉽게 알 수 있기 때문이죠.

여섯 색깔 바람개비 – 생각 더하기 툴[5]

첫 번째 생각더하기 도구로
사고원리로 풀어내는 대한
교과서의 논술 접근법이 좋
은 것 같습니다. 사고 원리
로 견주기, 풀이하기, 보이기,
아우르기, 밝히기, 따지기라
는 여섯 개의 방법을 제시합

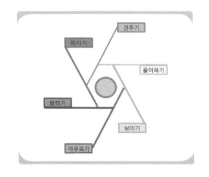

니다. 이것을 응용하여 바람개비의 모형으로 만들어 어떤 주제들에
대해 생각을 확장해가면 좋습니다. 평소 주문을 외우듯이 '견풀보아
밝따'이렇게 외워두면 유용합니다.

'견주기'는 설명하고 싶은 대상이나 현상을 다른 것과 견주면서
부각시키고 이해를 시도하거나 이해시키는 방법입니다. 공통점과
차이점을 비교해보거나 나아가 비유하거나 유추해서 문제해결을 실
마리를 찾는 겁니다.

'풀이하기'는 주제로 다루는 사물이나 현상의 본질을 파악하기 위
해 속성과 구성요소를 파악해 요소들의 관계를 살피고 어떤 역할과
기능을 하는지 확인하고 조작을 통하여 어떻게 변할 수 있는지 확인
하는 겁니다.

'보이기'는 주제로 다루는 사물이나 현상을 상하좌우 전체 상황을
파악하고 주변 인접 사례를 살펴보거나 관련해서 널리 알려진 속담

---

5) 김대행 외, 『고등학교 논술』(대한교과서, 2006) 참고.

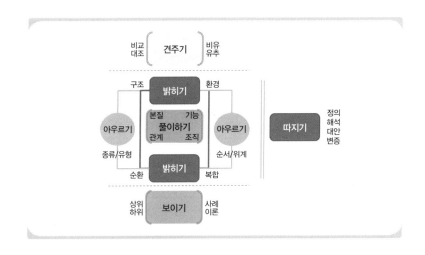

이나 경구 혹은 이론가들의 이론을 살펴보는 겁니다. 배경과 맥락을 파악하는 거라고 볼 수 있습니다. 보이기는 주제를 분류 분석하여 보다 큰 맥락에서 이해하려는 의도와 관련된 사례, 이론, 속담 등 다른 식으로 보여주기 위한 의도가 있습니다.

'아우르기'는 그룹화해보기, 범주화해보기 등의 활동을 하거나 연속적으로 배열하는 활동입니다. 대상을 가르고 묶어 종류나 유형을 나눠보거나 어떤 유형에 속하는지 파악하고, 과정이나 위계구조를 파악한 후 다시 전체를 묶어 어떤 위치에서 어떤 역할을 하며 어떤 가치를 지니고 있는지 판단해보는 활동을 의미합니다.

'밝히기'는 보다 근본적인 것이나 보이지 않는 것들을 드러내는 것입니다. 주제로 다루는 어떤 대상이나 현상이 발생하는 조건과 원인을 파악하는 데 초점을 두거나 모호하거나 명확하지 않은 부분을 찾아 구분하고 이면에 숨어 있는 부분들의 내적 체계나 그 관계를 명확히 밝혀내는 것입니다.

'따지기'는 비판적 사고 행위입니다. 정의, 해석, 판단을 내리고 다른 새로운 대안을 탐색해보고 역설이나 모순을 적극적으로 찾아보는 행위입니다.

드보느 여섯 색깔 모자_생각 더하기 툴

창의적 사고와 사고기법 분야의 세계적인 권위자인 에드워드 드보느가 개발한 효율적인 의사결정에 관한 사고기법입니다. 드보느는 생각의 종류를 여섯 가지 색깔의 모자에 비유하면서 한 번에 한 가지씩 같은 방향으로 생각하면서 문제 해결에 접근합니다. 예컨대 하얀색 모자는 '중립적이고 객관적인 사실과 숫자'를 상징하고, 검은 모자는 '잠재된 위험'에 대해 생각하는 것, 노란모자는 '희망적이고 긍정적인 관점', 초록색 모자는 '창조성과 새로운 아이디어'를 상징합니다.

이 도구는 독서토론 때 서로 다른 관점에 서서 중구난방으로 논의하는 것이 아니라 어느 한 순간 동일한 모자를 쓰고, 즉 동일한 관점에서 사고하자는 겁니다. 현장에서는 실제 모자를 준비해도 좋고 컬러 프린터로 각 색깔의 모자 그림을 준비해두었다가 돌아가면서 손에 들어주고 진행해도 됩니다.

각 모자의 색깔은 의미와 기능이 있습니다. 하얀색은 중립적이고 객관적입니다. 하얀 모자는 '객관적인 사실과 정보'에만 집중해야 합니다. 독서토론의 경우 저자의 객관적 의도나 객관적 상황, 또는 사실적이고 논리적 증거들에 대해 생각하면 됩니다.

빨간색은 분노와 노여움, 감정을 암시합니다. 빨간 모자는 '감정적인 관점'을 가집니다. 저자나 책 속 인물, 자신의 감정과 느낌에 관심을 갖고 감정을 예측하거나 그 영향에는 어떤 것들이 있는지 말할 수 있습니다.

검은색은 암울하고 진지합니다. 검은 모자는 신중하고 조심스럽게 '잠재된 위험'에 대해 생각하게 합니다. 부정적인 측면을 살피고 어떤 부분들이 다른 생각과 어긋나는지도 밝혀봅니다.

노란색은 밝고 긍정적입니다. 노란 모자는 '희망적이고 긍정적인 관점'을 의미합니다. 인물의 행동이나 사건의 긍정적인 가치와 좋은 영향 등을 생각하게 합니다.

초록색은 풀, 채소의 색으로 풍성하고 풍부한 성장을 나타냅니다. 녹색 모자는 '창조성과 새로운 아이디어'를 의미합니다. 책을 통해 새롭게 알게 된 사실이나 깨달음을 삶에 적용하거나, 새롭게 나누는 이야기 주제를 뽑도록 합니다.

파란색은 냉철합니다. 모든 만물 위에 있는 하늘의 색깔이기도 합니다. 파란 모자는 '순서를 짜는 일, 다른 모자들의 사용을 통제하는 일'과 관련이 있습니다. 파란색 모자가 메타인지 역할을 하는 겁

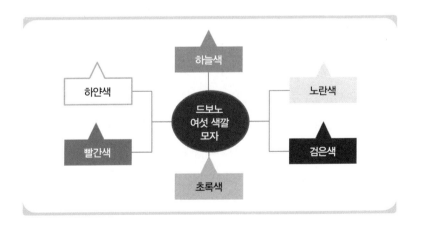

니다. 이것은 토론 리더가 쓰게 하거나 함께 파란색의 생각을 해도 좋습니다. 다음과 같은 다양한 질문을 할 수 있습니다. "왜 우리는 이 책을 선택했죠", "무엇에 대하여 생각할까요?", "상황을 어떻게 정의할까요? 다른 정의는 없을까요?", "결론은 무엇일까요?", "다음에 할 일은 무엇인가요?", "너무 많은 시간이 소요되는 것 같아요. 당신의 생각을 요약해 주실 수 있을까요?", "다음은 어떤 색 모자를 써 볼까요?"

여섯 색깔 모자를 이용하면 다양한 측면을 같은 방향으로 생각해 볼 수 있고, 특정 사람의 자아나 성격을 공격하지 않고도 토론이 아닌 토의가 이루어지도록 도와줍니다. 정보가 자동차고 지능이 자동차의 엔진의 세기라면, 사고는 자동차를 달리게 하는 기술과도 같습니다. 사고 기술에 더 관심을 갖고 개발해야 합니다.

싱크스톰 생각풍차_감성적 글쓰기 툴

학교에서 감상문을 쓰라고 하면 아이들의 진부하고 뻔한 글쓰기를 합니다. 어떤 아이들은 글쓰기를 힘들어 합니다. 싱크스톰 생각풍차는 감성적 글쓰기 도구입니다. 우선 책을 읽고 다음 4가지 차원에서 질문과 답을 기록합니다. 이때 논리질문을 할 수도 있고 가정적 사고 질문을 추가할 수도 있습니다.

생각순서는 보통 '이해트기-생각트기-삶터트기-관심트기' 순으로 하고 글쓰기 순서는 관심트기부터 시작합니다. 풍차는 계속 돌아가면서 바람을 이용해 방앗간의 기능을 수행하거나 동력을 주는 것처럼 여러 번 반복할수록 더 좋은 것을 많이 얻을 수 있습니다.

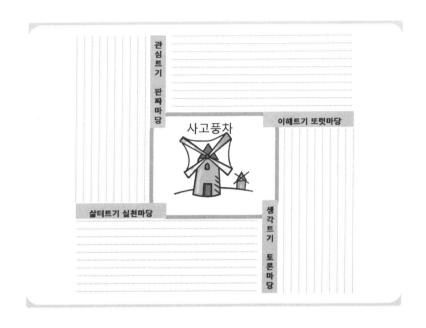

1단계: 관심트기

글을 쓸 때 '서론' 역할을 합니다. 이 단계는 주제와 관련한 사전 경험과 지식들을 확인합니다.

흥미 유발	주제를 나타낼 수 있는 이야기, 속담, 고사성어, 명언, 경험 등에는 무엇이 있나요?
내용 예측	이후 어떤 내용이 가능할까요?
목표 암시	이 글을 통해 얻고자 하는 것이나 알고자 하는 것은 무엇인가요?
예비 지식	이해를 위해 알아두어야 할 배경 지식은 무엇이 있나요?

2단계: 이해트기

주제의 의미와 내용, 구조, 핵심, 의도를 파악하는 단계입니다. 정확한 이해를 통해 사고를 또렷이 하는 거죠.

의미 파악	어려운 낱말과 문장의 상징적 의미와 종류는 무엇이고, 그렇게 생각하는 이유는 무엇인가요?
상황 배경	이야기의 시대적·공간적·맥락적 환경은 무엇인가요?
전체 구조	인물 관계도를 그리고 각각의 성격과 삶의 태도를 요약하고 비교해 봅니다.
저자 의도	이 이야기가 의미, 의도, 목표는 무엇인가요? 주장하는 것과 이유는 무엇인가요?

3단계: 생각트기

주제와 관련되어 다양한 측면에서 생각거리를 만들어가는 과정입니다. 친구들과 토론하면서 같이 하면 더 좋겠죠?

태도 분석	숨어 있는 생각과 가치관(태도)는 무엇인가요? 주인공 또는 저자의 생각과 행동에 대해 어떻게(긍정/부정, 찬성/반대) 생각하나요? 그 이유는 무엇인가요?
주제 분석	생각 거리는 무엇이 있나요? 이 주제를 철학적·사회적·공학적 측면에서 보면 어떻게 이해할 수 있을 까요? 다른 영역이나 분야 관련된 문제나 내용은 없나요? 그들의 공통점과 차이점은 무엇인가요?
입장 분석	나라면 어떻게 판단하고 대응했을까요? 당사자는 왜 그런 입장을 가졌을까요?
생틀 분석	다양한 생각틀(프레임, 관점)에서는 어떻게(미시/거시, 현상/본질, 개별/보편, 지/정/의 외) 분류 분석해볼 수 있나요?

④ 4단계: 삶터트기

주제의 내용과 깨달음을 바탕으로 우리 삶의 문제에 적용할 수 있는 것들을 찾는 겁니다.

문제 찾기	이 이야기로 비추어 볼 때 우리 삶에 어떤 문제가 있을까요? 그 문제를 해결하여 무엇을 이룰 수 있을까요?
인과 분석	문제의 긍정적, 부정적 영향은 무엇일까요? 그 문제의 원인은 무엇일까요?
목표 분석	우리가 목표로 해야 할 상황은 무엇이고 그것을 이루기 위해서는 어떻게 해야 할까요?
실천 세움	그렇다면 무엇부터 어떻게 해야 할까요?

싱크리버 징검다리 – 논리적 글쓰기 툴

'주이설강'은 주장-이유-설명-강조의 줄임말입니다. '주장'에는 주제에 대한 나의 생각과 판단을 적으면 됩니다. "나는~에 대하여 찬성/반대한다 또는 어떻게 생각한다"식으로 말이죠. '이유'는 그렇게 생각한 근거인데 세 개정도가 좋습니다. 이유가 더 많으면 모두 기록해 보고 그중에서 중요한 것 세 개를 선택하면 됩니다.

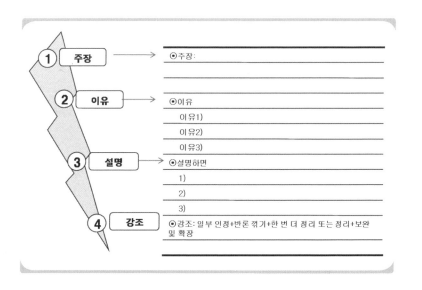

'설명'에는 더 구체적인 예나 비유를 들고, 세부적으로 나누어서 상술합니다. '강조'는 '일부 인정＋반론 꺾기＋한 번 더 정리' 또는 '정리＋보완 및 확장' 두 가지 방식이 있습니다. 먼저 방식의 반론 꺾기는 역지사지하여 상대방의 입장에서 "물론~라고 말할 수 있습니다. 그 이유는~입니다"라고 말하며 상대방을 이해해주고 "하지만~라는 이유로~이런 문제가 있습니다"라고 말하며 상대방의 단점과 문제를 제기합니다. 다시 한 번 "그래서 나는~이라고 생각합니다"라고 마무리 지으면 됩니다.

뒤의 방식은 우선 "그래서 나는~이렇게 생각합니다"라고 강조하고 "단~이런 점은 주의하거나 보완해야 한다" 또는 "이것을 실현시키기 위해 또는 발전시키기 위해~이런 것들을 준비해야 할 것입니다"라는 식으로 단점과 보완책을 제시하거나 더 구체적인 행동을 제안하는 방법입니다. 우선은 종이에 순서대로 적은 후 말로 하는 연습을 여러 번 해보기 바랍니다. 소리 내어 하는 말이 생각을 바꿀 수 있습니다.